新媒体环境下
新闻传播模式的变革创新

魏 洁 熊奕奕 汪 玲 著

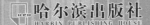

哈尔滨出版社
HARBIN PUBLISHING HOUSE

图书在版编目（CIP）数据

新媒体环境下新闻传播模式的变革创新 / 魏洁，熊奕奕，汪玲著. -- 哈尔滨 ：哈尔滨出版社，2025. 3.
ISBN 978-7-5484-8427-1

Ⅰ. G210

中国国家版本馆 CIP 数据核字第 2025JM1733 号

书　　名：新媒体环境下新闻传播模式的变革创新
XINMEITI HUANJING XIA XINWEN CHUANBO MOSHI DE BIANGE CHUANGXIN

作　　者：魏　洁　熊奕奕　汪　玲　著
责任编辑：李　欣
封面设计：研杰星空

出版发行：哈尔滨出版社（Harbin Publishing House）
社　　址：哈尔滨市香坊区泰山路82-9号　　邮编：150090
经　　销：全国新华书店
印　　刷：北京鑫益晖印刷有限公司
网　　址：www.hrbcbs.com
E-mail：hrbcbs@yeah.net
编辑版权热线：（0451）87900271　87900272
销售热线：（0451）87900202　87900203

开　　本：787mm×1092mm　　1/16　　印张：14.5　　字数：242千字
版　　次：2025年3月第1版
印　　次：2025年3月第1次印刷
书　　号：ISBN 978-7-5484-8427-1
定　　价：68.00元

凡购本社图书发现印装错误，请与本社印制部联系调换。
服务热线：（0451）87900279

前　言

在信息技术快速发展的今天，新媒体对新闻传播的深刻影响不容忽视。作为21世纪的主要传播力量，新媒体以其多元化、实时化、互动性和用户主导等特点，重塑了传统新闻传播的格局。受众的角色从单一的信息接收者转变为信息的生产者与传播者，新闻的传播路径也变得更加灵活。在这种背景下，新闻传播的模式正在经历一场深刻的变革，这不仅关乎媒体行业的生存与发展，更影响着社会信息的流动与公众舆论的形成。

本书旨在探讨新媒体环境下新闻传播模式的变革创新，试图为学术界与业界提供一些新的视角。全书分为十一章，涵盖了新闻传播在数字时代的各个重要方面。从新媒体环境下新闻传播的变革到传统报业的数字化转型，从内容生产的个性化与精准化到播音主持行业在新媒体时代的多元化发展，本书系统剖析了新闻传播的新趋势与新挑战。

在本书的撰写过程中，笔者深感新媒体技术对于新闻传播的重大影响，也意识到传统媒体在数字化浪潮中所面临的困境与机遇。如何实现传统媒体与新兴媒体的融合？如何在内容创作中实现个性化与精准化？如何利用新技术提高新闻的真实性与互动性？这些都是摆在我们面前的重要课题。面对这些问题，本书不仅从技术角度分析新媒体如何影响新闻传播，也从受众行为、内容创新及文化传播的角度进行深入探讨。通过对新技术支撑作用、移动端传播的特性，以及播音主持人在新媒体时代的角色变化的讨论，本书力图为读者提供一个新视角，帮助其更好地理解和应对新媒体环境下的新闻传播变革。

我们正处在一个信息爆炸的时代，技术的变革让新闻传播的途径变得更加丰富，但也带来了前所未有的挑战。在新旧技术更替的过程中，如何通过创新保持新闻的公信力和影响力，是媒体从业者和研究者需要共同思考和探索的课题。希望本书能够为新闻传播领域的学术研究和实际应用提供参考，也能为读者在理解新媒体环境下新闻传播的变革中，提供一些帮助。

目　　录

第一章　新媒体环境下的新闻传播变革

在信息技术飞速发展的今天，新媒体已深刻影响着新闻传播的方式和格局。本章将探讨新媒体的定义与特点，分析传统报业所面临的挑战与机遇，深入了解数字化转型的关键驱动因素，以及新技术和新平台对新闻传播的深远影响，为读者揭示新闻行业的变革之路。

第一节　新媒体的定义与特点

一、新媒体的起源和定义

新媒体的起源可以追溯到传统媒体的演化与技术的变革。传统媒体自古代便已存在，从口述历史到手抄本，从印刷术的发明到广播与电视的普及，每一次变革都推动了人类信息传播方式的前进。最早的媒体形式可以说是口口相传的传递方式，这种人际传播模式极大地受限于地域与人力。随着人类文明的进步，尤其是在古代文明中，文字的发明与书写工具的发展开启了手抄本时代，知识与信息的传播逐渐从简单的口述扩展到可以跨越时间与空间的文本记录。

印刷术的出现可以说是信息传播史上的一次革命，极大地促进了知识的扩散和普及。印刷术不仅使书籍和报纸的传播变得更为广泛，还推动了文艺复兴时期思想的交流和科学革命的兴起。进入 19 世纪后，工业革命的浪潮席卷全球，电报、电话、无线电广播等通信技术应运而生，这一时期的媒体形态开始更加丰富。广播和电视在 20 世纪逐渐成为主流媒体形式，它们实现了远距离大规模传播，不仅扩大了信息覆盖范围，也进一步改变了人们获取信息的方式和日常生活。

传统媒体的变革在 20 世纪末和 21 世纪初迎来了前所未有的颠覆和创新。随着信息技术的发展，计算机与网络技术逐渐普及。20 世纪 60 年代，计算机网络的雏形开始显现，这为日后互联网的诞生奠定了基础。1969 年投入使用的阿帕网（ARPANET）被认为是互联网的先驱，尽管最初是用于军事通信，然而其发展推动了人类在信息技术上的飞跃。此后，互联网技术开始向民用领域扩展，到 20 世纪八九十年代，互联网逐渐普及并逐步商业化，为新媒体的崛起提供了肥沃的土壤。

新媒体伴随着互联网的普及而兴起，它是相对于传统媒体而言的一种新的信息传播形式。新媒体通过数字化技术实现了信息的多样化、即时性、互动性和全球传播。其基本定义不仅包括基于互联网的媒体，还涵盖了所有使用数字技术进行信息交流的形式，如社交媒体、网络视频、电子报刊、博客、移动应用程序、网络电台等。与传统媒体相比，新媒体拥有更广泛的信息传递渠道，它打破了以往由报纸、杂志、广播、电视等主导的单向传播模式，实现了信息的多向互动。这种互动性使用户不仅是信息的接收者，而且是信息的生产者和传播者。

新媒体的特征集中体现为数字化、网络化、个性化和社交化。数字化使信息存储、编辑和传播更加高效和灵活，文本、图像、音频和视频内容都可以被轻松地处理和传播。网络化则指信息通过互联网实现快速而广泛的传播，无论是通过有线网络还是无线技术，信息的触达范围和速度都超越了传统媒体所能企及的范围。个性化是新媒体的另一个显著特征，通过大数据技术和算法的应用，新媒体平台可以根据用户的兴趣、习惯和偏好推送定制化的内容，用户因此获得了更有针对性的信息体验。社交化使用户之间的互动更加便捷和频繁，人与人之间的联系突破了地理限制，通过社交网络，人们可以分享观点、参与讨论，甚至发起舆论浪潮。

新媒体的定义涵盖了技术、内容和受众体验的多方面因素。它是信息传播与交流在数字化时代的产物，并且与计算机技术、互联网技术、通信技术的发展密不可分。新媒体的界定往往涉及数字媒体、网络传播和新兴传播形式的融合。信息传播的速度、内容的丰富性和多样性、用户的参与度和互动性共同构成了新媒体的核心特质。新媒体改变了信息获取的渠道，从传统以编辑和媒体机构为主导的信息发布，变为用户生成内容（UGC）与平台发布内容并存的模式，极大地丰富了信息来源。

新媒体的发展和普及在全球范围内产生了深远的影响，改变了人们的生活方式和社会结构。信息变得更加透明和开放，这不仅带来了机会，也提出了新的挑战，如信息的真实性、信息过载、隐私问题等。在信息技术日新月异的背景下，新媒体作为一种新的传播形式，逐步与传统媒体融合与互补。传统媒体通过创新和改进自身技术手段和内容形式，与新媒体协作，形成了全媒体的传播模式，从而共同推动社会信息传播和沟通效率的提升。

新媒体在本质上是传统媒体演进的结果，借助互联网和数字技术，在传播主体、传播模式和传播效果上实现了多层面的突破。其定义不仅指向技术层面的变革，更包含了信息传播与社会关系的重构，标志着媒体从单一的"传播者"角色走向了多维互动的复杂形态。

二、新媒体的主要特点

新媒体在当今社会中扮演着至关重要的角色，以其多种显著特点区别于传统媒体，这些特性决定了新媒体在传播信息、互动交流和平台整合方面的独特优势。实时性、互动性和跨平台传播是新媒体的重要特征，每个特征都有其深远的影响和多层次的含义，推动了全球范围内的信息流通和交流方式的变革。

新媒体的实时性使其在信息传递方面具有不可比拟的优势。信息通过新媒体平台几乎可以在瞬间触达全球各地的用户，这种特征彻底改变了信息传播的速度和方式。相比传统媒体需要等待编辑、排版和发布的过程，新媒体的实时性直接简化了传播链条，使信息能够在短时间内迅速呈现在受众面前。实时性的这一特点还使新媒体在重大事件、突发新闻和紧急情况中展现出卓越的反应能力。由于这种快速反应机制，受众能够在第一时间获取信息，作出及时的判断和反应。实时性在新闻报道、市场行情跟踪和社交互动等领域尤为重要，它增强了信息的时效性，使新媒体成为用户获取最新资讯的主要渠道之一。

互动性是新媒体的另一个重要特征，这种互动不仅限于用户之间，还包括用户与内容的互动。新媒体平台赋予了用户在内容创作和传播中的主动权，使其能够通过评论、点赞、分享、投票等多种形式参与到内容传播的过程中。用户可以根据自己的兴趣、观点和需求对信息进行反馈，从而形成一个双向交流的沟通过程。互动性使信息的传播不再是一种单向的流动，而是形成一个动态的、多层面的互动网络。这种互动特性带来了信息传播和接受方式的变革，用户不再只是被动的信息接收者，而是主动的信息创造者和传播者。互动性还体现在新媒体平台利用用户数据和行为分析来优化信息分发机制，使用户能够接收到更符合其兴趣的个性化内容。通过分析用户的互动数据，平台能够实现更精准的内容推荐和推广，提高用户黏性和活跃度。互动性促使信息传播在个人与社会之间形成更为紧密的联系，强化了用户在信息传播生态中的参与感和归属感。

跨平台传播是新媒体的第三个显著特点，它彻底打破了信息传播的边界，使信息能够在多种不同媒介之间自由流动。这种特性使信息传播不再局限于单一平台或渠道，而是能够通过多种设备和媒介进行无缝传递。新媒体用户可以在手机、平板、电脑等不同设备上获取和分享内容，不受地点和时间的限制。跨平台传播的特性还为媒体融合提供了新的可能，使传统媒体能够结合新媒体技术，实现内容的多元化传播和多层次覆盖。无论是文本、图片、视频还是音频，这些媒介形式在新媒体平台上都能够实现无缝转换和传播。跨平台传播使信息的接收和传递更加便捷和高效，用户可以轻松地在不同平台之间切换，而不必担心内容的连贯性和可访问性。

实时性、互动性和跨平台传播这三大特点的结合，使新媒体在信息传播领域具备了强大的竞争优势。实时性让新媒体能够迅速抢占传播先机，互动性强化了用户参与度和内容的社交属性，而跨平台传播则进一步扩大了信息的影响范围和传播深度。新媒体通过这三种特性实现了信息传播模式的多维革新，不仅改变了信息传递的速度和方式，还重塑了受众在传播过程中的角色。新媒体的这些特征不仅是技术层面的革新，更深刻地影响了信息生态系统的结构，推动了社会各领域信息流动模式的变革和演进。

第二节　传统报业面临的挑战与机遇

一、传统报业衰退的原因分析

传统报业在全球范围内正面临严峻的衰退挑战，这一趋势的背后涉及多方面因素。最为显著的原因之一是技术的迅猛发展。随着互联网和数字技术的广泛普及，新闻传播的形式发生了巨变。网络提供了更便捷、即时且互动性强的新闻渠道，使传统报纸的时效性显得不足。现代社会中，人们获取信息的方式越来越多样化，新闻网站、社交媒体、移动应用等全新的媒介形式逐渐成为主流。这些新兴媒介具备的实时更新和信息多样化特点，与报纸每日固定发行一次的模式形成了鲜明对比，使传统报业逐步失去了其信息传播的速度优势。

读者的阅读习惯发生了根本变化，这也是传统报业衰退的重要原因。现代生活节奏的加快使人们对信息的偏好从长篇大论转向了短小精悍、快速可读的内容。数字媒体通过简短新闻、标题新闻、图表与视频等形式满足了这种需求，使读者能够在最短时间内获得所需信息。与此同时，移动设备的普及进一步加剧了这种转变。智能手机和平板电脑成为人们的主要阅读工具，这一趋势导致传统的纸质媒体在竞争中失去了大量受众。人们习惯于在碎片化的时间里利用手机快速阅读新闻，而不是花时间翻阅报纸。基于此，报纸的受众逐渐减少，销售量和订阅量持续下降。

传统报业的广告收入显著下滑，亦是其衰退的重要经济因素。过去，报纸是广告商投放广告的主要平台，尤其是在地方和区域市场。然而，随着互联网广告的崛起，尤其是搜索引擎广告和社交媒体广告的迅速增长，广告商逐渐转向数字平台。这些平台能够提供精确的用户数据分析与定向投放功能，远远优于传统报纸广告覆盖广泛但缺乏精准性的特点。数字广告的费用更具吸引力，与传统媒体的广告费率相比低廉许多，效果却更佳。随着广告收入的减少，传统报业的经济状况进一步恶化，发行量下降与广告收入减少形成了恶性循环，导致报社面临越来越大的经营压力。

在此背景下，印刷与发行成本的上涨无疑是雪上加霜。纸张价格和印刷成本的上升进一步削弱了传统报业的盈利能力。在印刷与物流方面，维持报纸的高质量发行成为一项沉重的经济负担。此外，传统报业还需要应对物流配送中的延迟问题和发行范围的局限性，这些问题在数字时代显得尤为突出。与在线新闻能够跨越地域和时间限制传播不同，纸质报纸无法有效覆盖更广泛的读者群，尤其是在偏远地区或国际市场中。这种限制进一步加速了传统报业市场份额的萎缩。

编辑方针和新闻内容的僵化同样导致传统报业在新媒体竞争中落后。传统报纸多年来以其权威性和专业性为卖点，通常有一套固定的编辑流程和报道风格。然而，这种结构化和规避风险的内容生产方式在今天显得过于保守。与此形成对比的是，新媒体平台灵活多变，能够迅速调整内容以迎合用户的兴趣和市场需求。数字媒体不仅在内容的形式上更具创意，且能通过数据分析快速确定哪些报道受欢迎、受众的关注点在哪里，从而快速更新和调整策略。相较之下，报业的传统流程显得冗长且缺乏弹性，难以应对快速变化的信息环境。与此同时，社会整体对新闻消费的价值观也在发生变化。读者对于新闻的互动性需求不断提升，他们期望能够在新闻平台上发表评论、参与讨论或与记者进行互动。社交媒体的兴起正是基于这种互动需求，用户不仅是信息的接收者，还成为信息的传播者和评论者。相较之下，传统报纸依旧是单向的信息传递，这使其在用户体验和参与感上不敌数字媒体。在这种情况下，报纸失去了与读者之间的深度连接，不仅影响了其读者忠诚度，也使其无法在竞争激烈的新闻市场中保持吸引力。

传统报业面对新生代的挑战尤为艰难。年轻一代更习惯于使用数字工具获取信息，不再对报纸这一媒介怀有感情或习惯上的依赖。在年轻群体中，报纸作为获取新闻的渠道显得陈旧过时，他们的关注点更倾向于快速、便捷的手机应用或社交媒体平台。对于年轻人来说，传统报纸与他们的生活方式格格不入，其内容、形式和获取方式都无法与他们的数字化需求匹配。

从这些多方面因素可以看到，传统报业的衰退并非单一因素作用的结果，而是多种变革力量的共同作用。技术的快速进步改变了传播方式和速度，读者阅读习惯的转变推动了信息消费从纸质媒体向数字媒体的迁移，广告模式的转变削弱了报纸的收入来源，印刷与发行成本的上升加剧了经营困难，而内容与运营模式的僵化使传统报业无法适应现代读者的需求。在这种大背景下，传统报业要想重新获得活力和竞争力，需要全面反思其运营模式、内容策略和市场定位，以应对数字化和全球化带来的持续挑战。

二、数字化竞争压力

在现代社会中，随着科技的迅猛发展和信息传播方式的变革，新媒体已经成为一种主流的信息获取渠道，其多样化、即时性、交互性及海量信息的特点，使其在信息传播市场中占据了越来越重要的地位。新媒体的崛起给传统报业带来了巨大的竞争压力，促使这一传统行业不得不面对深刻的变革与调整。数字化竞争压力从多个方面显现出来，对传统报业的运作模式、盈利结构、受众群体和内容生产产生了深远的影响。

新媒体凭借其多样化的平台和技术优势，能够迅速将信息传递给全球用户。与报纸这种每日定时发布相比，新媒体具有即时更新的特点，使信息能够实时传递。这种信息传播的时效性对传统报业形成了直接挑战，迫使传统报业在时效性方面与新媒体竞争。然而，传统报业由于生产流程和编辑制度的限制，很难与新媒体的迅捷性匹敌，因而在市场竞争中逐渐丧失了吸引力。新媒体利用社交平台、移动应用和网络媒体实现了即时信息推送，使受众能够在第一时间了解新闻动态，这在很大程度上削弱了报纸的影响力。

在信息的多样性和互动性方面，新媒体具备显著的优势。用户通过互联网可以接触到丰富多彩的内容，从短视频、直播到图文报道，涵盖了社会生活的方方面面。与此相比，传统报业主要依赖文本和图片的报道的形式，内容相对单一，缺乏互动性。新媒体平台通过用户评论、分享、点赞等功能大大提高了受众的参与度，使信息传播变成双向甚至多向。这种互动机制使用户不再是被动的内容接收者，而是信息生态的一部分。传统报业在面对这种互动需求时显得力不从心，难以提供即时反馈和深度参与，进一步失去了受众的兴趣和忠诚度。

广告收入是传统报业的重要盈利来源，但随着新媒体平台的发展，这一收入模式也受到了严重的冲击。新媒体具有强大的数据分析和用户定位能力，可以通过精准投放广告来满足广告商的需求，从而实现更高的投资回报率。广告商因此将目光转向新媒体，而不再优先选择覆盖面广但精准度相对较低的报纸广告。这种变化导致传统报业的广告收入显著下降，直接影响其运营和发展。面对这一现实，传统报业必须探索新的盈利模式，如数字订阅和付费内容，但这些模式的实施和推广需要时间和资金投入，与新媒体已经成熟的商业模式相比，仍然存在较大的差距。

在技术应用和创新层面，新媒体无疑占据了优势。人工智能、大数据分析、虚拟现实（VR）等技术在新媒体中的应用，使内容生产和发布更加智能化和个性化。通过数据分析，新媒体能够准确了解用户的兴趣和阅读习惯，从而进行个性化推送，增强用户体验和黏性。而传统报业在技术创新上相对滞后，难以与这种高度个性化的内容推送模式抗衡。受限于传统的内容生产模式，传统报业面临的是较为冗长的采编流程，这样的生产机制难以满足现代读者对内容时效性和个性化的需求。

数字化竞争压力不仅体现在市场份额的争夺上，还包括对专业人才的吸引和保留。新媒体凭借其灵活的工作环境和多样化的表达形式，吸引了大量年轻、有创造力的媒体从业者。这些人才在新媒体的推动下，能够更自由地进行创作和创新，激发了新闻生产的活力。相比之下，传统报业因其相对稳定和严格的编辑流程，在吸引和保留人才方面逐渐处于劣势。新媒体的迅速扩展和创新环境，使传统报业面临着如何吸引新一代记者和编辑的问题，尤其是那些具备数字技术和多媒体创作技能的专业人才。

在受众的年龄结构和消费习惯上，新媒体也明显处于优势地位。年轻一代的受众成长于数字时代，更习惯通过手机、平板等移动设备获取信息。他们倾向于碎片化阅读，偏好多媒体内容和互动体验，这与传统报纸的阅读方式和内容呈现形式大相径庭。新媒体通过短视频、动态报道和交互式内容迎合了这部分受众的需求，进一步拉大了与传统报业的差距。尽管传统报业尝试通过在线版、电子报等方式吸引年轻受众，但难以真正满足他们对多样化内容和即时互动的期望。

随着新媒体的崛起，内容生产的门槛大幅降低，用户生成内容（UGC）逐渐成为一种常见的新闻形态。自媒体、博客和社交平台让个人和小型团队能够直接向公众传播信息，这对传统报业的权威性和内容把控构成挑战。读者不再仅依赖传统报业获取权威信息，而是会参考多方信息来源，包括那些通过新媒体传播的非正式信息。这使传统报业不得不面对如何在保持内容质量的同时，吸引更广泛的受众和提高点击率的双重挑战。

传统报业在这一数字化竞争环境中，必须深刻审视自身的内容生产和运营模式，以应对新媒体带来的多方面挑战。通过调整发展战略、提升技术实力和创新内容形式，传统报业才能在新媒体环境中维持生存和发展。否则，随着新媒体不断深化技术应用和扩大市场影响，传统报业面临的压力只会日益加剧。

三、传统报业创新的机遇

传统报业面临着巨大的挑战，但同时也迎来了新的发展机遇。数字化转型已成为传统报业谋求可持续发展的必由之路。这一过程不仅是对技术的适应，更是对商业模式、内容生产和用户体验的重新定义。传统报业要在日益激烈的媒体竞争中保持竞争力，必须拥抱数字技术，并利用其创造新的商业机会，实现从传统纸媒到现代多元化媒体平台的升级。

传统报业数字化转型的核心在于如何有效利用新技术来优化生产流程、提升内容的传播和互动性。首先是内容生产的数字化。随着技术的发展，传统报业可以借助大数据、人工智能等手段，实现新闻生产流程的自动化和智能化。大数据技术使报社能够更深入地了解用户的阅读习惯和兴趣，从而在内容策划和生产上更有针对性。新闻内容不仅依靠传统的记者和编辑，还可以通过智能算法快速筛选、整理和发布信息，提供实时新闻服务。人工智能不仅提升了内容的更新速度，还减少了内容制作的人工成本，允许新闻团队将更多的资源投入深度调查和专业报道中，这进一步增强了媒体的权威性和用户黏性。

在内容传播方面，数字化手段使传统报业能够借助多平台传播技术将内容推送至更广的受众。移动互联网和社交媒体的迅速普及，使人们获取新闻的方式发生了质的转变。传统报业需要在这些平台上进行全方位布局，保证新闻的即时性和互动性。自媒体和新型新闻分发平台的崛起，要求传统报业必须具备跨平台内容适配能力，这意味着内容要能够在不同的终端、屏幕和应用程序中得到优化呈现。视频、播客、图文结合等多媒体内容逐渐成为现代新闻传播的重要组成部分，使报社需要培养多样化的内容创作能力，满足受众日益多样的需求。

传统报业数字化转型还体现在用户体验的提升上。技术使媒体有了更多的手段来与读者互动，新闻已不再是单向的信息传递，而是一个多向交流的过程。传统报业可以通过推出互动性强的在线应用和会员制新闻服务，提供定制化内容和个性化推送。利用数据分析技术，报社能够根据用户阅读行为推送精准的内容，提高用户对新闻产品的满意度和忠诚度。数字化手段还赋予用户参与内容生产的机会，如通过评论、反馈和分享等功能，读者成为新闻生态的一部分。这种增强型互动不仅提高了用户的阅读体验，还在无形中促进了品牌影响力的扩大。

在业务模式的转型中，数字化手段也提供了更多的盈利机会。过去，传统报业的收入主要依赖报纸的销售和广告，但随着数字化进程的推进，新的商业模式逐渐浮现。付费墙和订阅服务成为传统报业探索营收新路径的热门选择。通过提供独家内容和专业分析，报社可以吸引愿意为优质内容付费的用户。此外，基于用户数据的精准广告投放也成为收入的重要来源。数字广告的精准性和可追踪性是传统广告形式无法比拟的，传统报业可以利用这些特点吸引广告主的投资。

技术带来的另一个关键机会在于传统报业可以开发新的内容产品和服务，以实现多元化经营。通过扩展业务线，报社可以涉足数字营销、线上教育、专题内容发布等领域。新闻行业不再局限于单一的内容提供，而是成为多种内容体验的提供者，从而吸引更多样化的受众群体。拓展至多平台和多业务模式也使报社能够更灵活地应对市场需求的变化，在全球竞争中寻求更多机会。

传统报业的创新需要与技术发展相辅相成，但不能仅仅依赖技术。管理创新、团队建设和文化变革同样是数字化转型的重要组成部分。管理层需要推动组织结构的调整，使其更适应扁平化和高效的数字生产模式。员工需要培训和提升技能，以跟上技术发展的步伐，尤其是在数据分析、社交媒体运营和多媒体内容制作等领域。在文化变革方面，报社需要培养一种灵活应变、乐于接受新事物的氛围，鼓励员工创新和尝试新的表达方式与工作流程。

尽管传统报业面临的外部挑战持续存在，如网络新闻的免费模式和信息泛滥带来的信任危机，但数字化转型无疑为其带来了新的机遇。报社可以通过更有效的新闻验证和透明的内容生产流程，重建与读者之间的信任关系。区块链技术的应用在这一点上显示出巨大的潜力，它可以保证新闻内容的来源可追溯，增加内容的公信力，从而在新闻传播中占据道德高地。

传统报业创新不止于内容和技术，还包括如何建立全新的传播生态系统。借助数据驱动的运营模式，传统报业可以与合作伙伴和技术提供商进行深入合作，共同开发新产品和服务，这使新闻业者能够在竞争激烈的市场环境中以更快的节奏进行创新和扩展市场。利用数字化手段进行全方位的创新，传统报业不仅能够保持竞争力，还可以开拓全新的市场，赢得现代读者的青睐。

第三节　数字化转型的关键驱动因素

一、技术创新的驱动作用

技术创新作为一种推动力，正在重新定义新闻行业的运作模式和价值创造过程。大数据和人工智能的应用让新闻的生产、分发和消费在数字化的背景下得到全方位提升。技术创新的驱动作用不仅是赋予新闻行业更高效的操作手段，更为新闻的呈现方式、传播路径及与受众的互动带来了全新的可能性。

大数据的使用在新闻业中发挥了核心作用。它使信息的采集、整理和分析变得前所未有的迅速和精确。新闻媒体可以通过庞大的数据集进行实时信息收集，挖掘重要的趋势和社会热点，从而为新闻选题提供可靠的依据。新闻机构能够根据数据分析，迅速判断新闻事件的影响力和公众的关注度。这种数据驱动的新闻策划使媒体能够更精准地响应社会需求，将有限的资源投入最有价值的新闻生产中。此外，数据分析还帮助新闻从业者发现以往难以察觉的关联，从而挖掘潜在的新闻线索。对于用户行为的分析，大数据能够帮助媒体更好地分析读者的偏好、浏览习惯和互动模式，从而在内容策划和呈现方式上进行有针对性的调整。

人工智能的融入，使新闻生产过程的自动化程度大幅提高。新闻生产中原本需要人工处理的诸多环节，如数据筛选、内容编辑和文稿校对等，现如今都可以通过智能算法和自动化程序来高效完成。人工智能技术通过自然语言处理（NLP）、文本生成和机器学习，不仅能够编写标准化的新闻报道，还能够为特定场景生成符合语境的文章。这样的技术提高了新闻生产的效率，尤其在需要实时发布的重大新闻事件中，自动生成的新闻文本能够快速覆盖受众，为读者提供第一手的信息。在新闻图表和数据可视化方面，人工智能能够自动生成复杂的数据展示，让新闻内容更加直观和易于理解。这些技术的应用，使新闻的传播不再受限于人力和时间，大幅提升了新闻的时效性。

技术的创新还体现在新闻的个性化推荐和分发上。基于大数据的智能推荐系统，通过分析用户的阅读历史、点击行为和内容偏好，能够实现新闻内容的精准推送。每位用户都能够接收到符合自身兴趣和需求的新闻报道，从而增加了用户的参与感和黏性。这样的精准推荐不仅有助于增加阅读量和点击率，还能为新闻机构带来更高的广告投放价值和收入。同时，个性化的新闻服务能够提升用户体验，使读者感觉到媒体在服务上的用心，从而培养出稳定的受众群体。这种技术的应用在传统媒体和新兴媒体中都有广泛的实践，使新闻内容的传播路径更加灵活和多元。

人工智能技术也让新闻业的互动模式更加丰富。通过智能语音助手和聊天机器人，新闻机构可以与受众进行实时交流，解答读者的疑问或提供个性化推荐。AI算法的智能学习和交互技术，让这些聊天工具能够根据用户的问题调整回答内容，使与用户的互动更具人性化和智能化。受众不再只是被动的内容接收者，而是能够主动参与到信息的获取和互动中来。这种技术驱动的互动性改变了新闻消费的传统模式，新闻从一个单向传递的过程，逐渐演变为双向甚至多向的交流。这不仅提高了用户的参与度，还促使新闻从业者不断改进内容和形式，以满足不同用户群体的需求。AI技术在图像和视频分析方面的应用也为新闻报道带来了新的体验。基于计算机视觉的技术能够在新闻报道中实时分析视频素材，识别人物、场景和事件，使记者和编辑能够快速筛选和使用符合报道需要的内容。对于涉及大量数据或复杂场景的新闻报道，这项技术拥有更高的效率和精准度。AI可以自动为新闻素材添加标签、进行排序和分类，使内容的组织和检索变得更简单和快捷。这种技术在突发新闻事件中尤为重要，能够帮助媒体快速反应、跟踪事件的进展并即时进行报道。

技术创新不仅提升了新闻行业的生产和传播效率，还彻底改变了新闻内容的消费体验和与受众的互动方式。大数据赋予了新闻业更精准的策略制定和数据驱动的洞察力，使新闻媒体能够实时适应受众需求，优化内容选择和推送方式。人工智能则带来了新闻生产流程的高度自动化，减少了人为干预的必要性，提高了报道的速度和质量。同时，AI技术为新闻的互动形式和可视化呈现带来了创新，使新闻消费从静态的阅读变为动态、互动式的体验。

这些技术创新为新闻业提供了新的工具和手段，媒体从业者能够在竞争激烈的环境中保持优势。未来，随着技术的进一步发展，新闻行业将在更多领域实现突破，借助更智能的技术手段，提供更精准、更人性化的新闻服务。这种趋势将推动新闻行业不断创新，满足现代受众对信息即时性、互动性和多样性的需求，使其在数字化的浪潮中实现可持续发展。

二、用户需求变化

用户需求的变化直接驱动了新闻传播模式的变革。随着信息技术的迅猛发展，受众获取信息的方式与渠道日益丰富，传统新闻传播的单向性和单一形式已无法满足现代受众的多样化需求。现代受众不再满足于被动接收信息，而是希望能够自主选择内容，获取的内容更加契合自身兴趣和需求。这种转变要求新闻传播在内容生产、信息传递方式和平台多样性上进行全面革新，以实现受众参与度的提升和信息传播覆盖面的扩大。

受众对信息的获取已从传统的固定时间、固定地点的模式逐渐演变为随时随地即时获取。移动端设备的普及催生了这一变化，智能手机、平板等设备使信息传播不再受限于时间和空间。新闻媒体需要在技术上进行不断创新，确保其内容能够通过各种渠道以快速而有效的方式触达用户。受众希望内容是短小精悍、图文并茂、甚至带有音视频互动的，以便在海量碎片化信息的环境中抓住关注点。这种变化促使新闻媒体注重多媒体形式的内容制作，通过直播、短视频、图解新闻等方式来吸引和保持用户的注意力。

在新闻的内容结构和主题上，用户需求日趋多元化意味着内容需要更广泛和深入。传统新闻以资讯和时事报道为主，而现在的受众期待从新闻中获得更多的分析、见解和背景信息。这种需求的变化催生了从业者对深度报道和专题内容的追求。受众期望的不仅仅是事实的呈现，还有事实背后的意义、影响和未来趋势。为了适应这种趋势，新闻媒体需要增加专业化和多元化的内容创作团队，包括研究人员、领域专家及新媒体创作者，以提供高质量、权威和见解独到的内容。

新闻传播的互动性也成为满足用户需求的重要方面。受众期望在信息传播中不是旁观者，而是可以参与其中的互动者。因此，新闻媒体不得不在互动性上下功夫，借助社交媒体、直播平台和互动问答等，使用户可以在阅读或观看新闻的同时进行内容互动，表达自己的观点，甚至参与到新闻事件的讨论中。互动性的增强不仅有助于提高用户的参与感，还能带动内容的传播，扩大新闻的受众面和影响力。

用户需求的变化还体现在对新闻速度的要求上。即时性成为新闻竞争的关键，受众希望在事件发生的第一时间获取信息。传统的新闻生产流程较为复杂，从采编到发布需要较长的时间，已无法满足受众对于即时性新闻的渴望。因此，新闻传播必须转向更加灵活、快速的生产和发布流程。这涉及新闻采编人员的工作模式变革，使用新技术手段如人工智能生成内容，利用大数据分析和社交媒体监测，快速获取信息并进行报道。实时更新和推送服务成为新闻媒体吸引和留住用户的重要手段。

随着用户需求的多元化，个性化的内容推送也成为新闻传播的重要趋势。每个用户都有自己的兴趣和需求，如何根据用户的浏览历史和偏好进行定制化的内容推荐成为新闻媒体需要解决的核心问题。大数据和人工智能技术的引入使这一目标成为可能，新闻平台利用这些技术实现了用户行为分析和兴趣建模，根据用户行为生成推荐算法，从而提供高度匹配用户兴趣的内容。个性化推荐的实现不仅提高了用户体验，还增加了用户的黏性，使他们更愿意在同一平台上停留更长时间。此外，用户需求的变化促使新闻内容在道德和可信度方面更加严谨。受众对信息的真实性和权威性有了更高的要求，尤其是在社交媒体和网络信息泛滥的时代，虚假信息的传播速度更快且更广。新闻媒体需要采取措施确保信息的准确性和可信度，以维护用户对平台的信任。这涉及信息的核实机制、新闻来源的甄别及信息发布后的反馈和纠错机制。透明和开放的信息来源说明也成为赢得用户信任的关键。

新闻媒体在适应用户需求变化的过程中，还需要在内容上注重用户体验。无论是文字、图片、视频还是其他形式的内容，都应符合用户的阅读习惯和审美需求。为此，用户界面的设计、内容呈现的方式、交互的便利性都变得至关重要。简洁、直观、易于导航的界面可以提升用户的满意度和参与度，优化用户的整体感受。

用户需求的变化是新闻传播模式变革的推动力，这不仅包括内容生产和传播方式的调整，还涉及对新闻传播整体结构的重新定位。创新和技术应用已经成为满足用户需求的关键，新闻媒体需要持续关注技术发展和受众需求，保持内容的实时性、互动性、多样性和权威性，以确保在信息传递的竞赛中保持优势。

三、媒体生态环境的变化

媒体生态环境的变化在数字平台和社交媒体的迅猛发展中发生了根本性转变，这不仅影响了新闻传播的方式，还重塑了受众的行为模式和新闻的整体生态。数字平台的兴起使新闻传播更加去中心化，新闻生产不再完全依靠传统媒体机构，个体用户和自媒体也成为新闻生产和传播的重要力量。网络技术的发展降低了信息发布的门槛，人人都有可能成为信息的发布者，这使新闻内容从专业机构的把控中释放出来，传播的范围更加广泛，形式更加多样。

社交媒体平台带来的影响尤为显著，这类平台通过其算法和内容推荐机制大大改变了新闻信息的传播路径和方式。社交媒体的即时性和交互性使信息的传播速度前所未有地快，新闻可以在短时间内迅速覆盖广泛的受众群体。与此同时，这也导致了信息爆炸式增长，用户的注意力被大量信息分散，内容的竞争变得激烈。在这种环境中，媒体机构不仅需要生产高质量的内容，还需要优化传播策略，以适应社交媒体算法的推荐机制，从而扩大其影响力。

随着数字平台和社交媒体的快速发展，新闻传播的内容形态和用户体验发生了深刻的变化。视频、图文结合、实时互动等多媒体元素逐渐成为新闻报道的主要形式，满足了现代受众日益增长的视觉和信息交互需求。这种多样化的报道形式不仅丰富了新闻内容的呈现方式，还提高了受众的参与感和互动性，进而加强了新闻与受众之间的联系。然而，这种变化也带来了挑战，新闻机构必须在吸引流量和保持内容的真实性之间取得平衡，避免过度迎合受众的偏好而牺牲新闻的客观性。

新闻传播生态中，算法推荐的应用改变了信息分发的传统逻辑，社交媒体和搜索引擎通过用户数据进行个性化推荐，使新闻内容的传播模式变得更加复杂。这种变化强化了"信息茧房"效应，即用户在算法推荐的内容中逐渐被包围，形成偏好一致、视角单一的信息环境。虽然这种推荐机制提高了用户对内容的参与度，但也带来了信息获取的偏向性和群体间沟通的障碍。新闻传播者在这种环境中需要考虑如何打破信息隔离，提供更为全面和多元的视角。

新闻生产模式的变化在数字平台的推动下表现得尤为明显。传统新闻报道以记者和编辑为中心，要经过严格的编辑和审查流程，而在社交媒体和数字平台上，新闻生产变得更加分散和去中心化。UGC和公民新闻的崛起使新闻报道更加民主化，任何人都可以借助智能手机和互联网工具成为新闻的发布者。这种模式的改变丰富了信息来源和内容的多样性，但也增加了信息准确性和真实性的验证难度。

社交媒体不仅改变了新闻的发布方式，还重塑了新闻的消费习惯。用户不再依赖特定的新闻来源，而是通过社交媒体中的朋友、关注的账户和算法推荐获取新闻。这种模式使新闻的传播更加碎片化，用户接收到的新闻信息以片段和推送的形式为主，缺乏对事件的系统梳理。新闻机构在这种环境中面临的挑战是如何在瞬息万变的信息流中脱颖而出，保持受众的关注和信任。

媒体生态环境的变化还对新闻内容的生产和质量提出了新的要求。过去，新闻报道以深度和全面性为导向，而现在的新闻更注重即时性和互动性，以适应社交媒体平台的传播特点。这导致新闻的生产流程必须加快，内容形式需要更加简洁和引人注目，同时还需包含多媒体元素，以迎合受众的碎片化阅读习惯。新闻报道在保持快速和多样化特征的同时，也需要维护其专业性和公信力，这是数字平台和社交媒体环境中新闻传播者面临的持续挑战。

社交媒体平台还为新闻内容的传播带来了新的经济模式，影响了新闻机构的盈利模式和发展战略。广告收入是社交媒体平台的重要经济来源，这使新闻机构也被迫调整策略以适应数字广告市场的需求。新闻内容在与广告争夺受众注意力的同时，还面临着如何避免过度商业化和内容浅薄化的考验。

数字平台和社交媒体的影响不仅限于新闻内容的生产和传播，还深刻改变了新闻与受众之间的关系。社交媒体的互动功能为新闻内容的即时反馈和评论创造了条件，受众不再是单纯的内容消费者，而是新闻传播过程中的参与者。用户的评论、转发和分享行为对新闻内容的传播起到了放大和二次传播的作用，使新闻的影响范围得以扩大。然而，这种即时互动也为虚假新闻和错误信息的传播提供了便利，媒体机构和平台面临如何管理和消除虚假信息的挑战。

在媒体生态环境快速演变的背景下，新闻传播的可持续性和可信度成为新闻机构必须面对的议题。数字平台和社交媒体的多元化发展虽然为新闻传播带来了机遇，但也增加了新闻内容管理的复杂性。新闻传播者在这新的生态环境中，既要适应技术和用户行为的变化，也需要在信息准确性、内容深度和传播速度之间找到新的平衡。

第四节　新技术、新平台对新闻传播的影响

一、人工智能在新闻中的应用

人工智能技术在新闻行业中已然成为现代传媒的重要组成部分，推动了新闻业从传统的人力密集型产业向技术驱动型行业转变。自动化新闻撰写和个性化推荐作为人工智能在新闻领域的两大主要应用方向，不仅优化了新闻生产流程，还改变了新闻的传播和消费模式，使信息获取变得更加快捷和贴近读者的需求。

自动化新闻撰写是人工智能技术在新闻领域中最具突破性的应用之一。通过自然语言生成（NLG）技术，新闻媒体能够实现快速、高效的内容生产。人工智能技术利用大量已存储的数据和算法，能够在短时间内生成内容丰富、结构完整的新闻稿件。尤其在实时事件、体育赛事、财务报告等数据密集型领域，自动化新闻撰写的优势尤为显著。自动化新闻撰写不仅提升了生产效率，还减少了记者

处理基础性信息的时间，使他们能够将精力集中在更具创造性和分析性的任务上。这样的写作系统能够根据输入的数据信息进行快速组织和呈现，从而达到发布速度与内容质量的平衡。此外，自动化新闻撰写正在逐渐扩展应用范围，从基础的事件报道延伸到更复杂的长篇分析类文章。这种拓展主要依赖机器学习模型的不断优化，令其不仅能撰写结构化报道，还可以进行一定程度的分析和解释。通过持续训练，人工智能系统能够学习写作风格和语言模式，从而在不同类型的新闻中实现多样化输出。新闻编辑们对这些自动生成的稿件进行快速审核和调整，进一步提高了新闻发布的时效性与准确性。

个性化推荐是人工智能在新闻传播中的另一关键应用。随着数字信息的爆炸性增长，信息过载的问题日益严峻，个性化推荐技术成为解决这一问题的重要手段。利用机器学习和大数据技术，人工智能系统能够分析用户的阅读历史、偏好和行为数据，实时生成个性化推荐列表，向用户推送更感兴趣的新闻内容。这不仅提高了用户的阅读体验，也提升了新闻网站和应用程序的用户黏性。个性化推荐系统通过分析用户与内容的交互，如点击、停留时间和分享行为，不断优化推荐算法，使内容推荐更加精准。

这种技术的核心在于深度学习模型的使用，通过大量用户数据的训练，推荐系统可以自动调整推荐机制，从而为不同用户提供独特的新闻浏览体验。个性化推荐还改变了新闻消费的模式，用户不再依赖传统的分类和导航来寻找新闻，而是借助推荐技术快速获取相关信息。这种改变让用户更容易接触到感兴趣的内容，进而增强了阅读的连贯性和新闻网站的参与度。

在技术不断更新迭代的背景下，自动化新闻撰写和个性化推荐相辅相成，推动新闻行业迈向智能化与定制化。两者的结合使新闻生产与传播更加高效，同时也带来了新的挑战和思考。自动化新闻的广泛应用使新闻业逐步向更高效、标准化的内容生产迈进，而个性化推荐则在个体化阅读体验中发挥着至关重要的作用。新闻业不仅需要从内容生产的角度加强技术应用，还应在新闻传播过程中优化用户体验，平衡新闻的客观性与个性化推荐带来的信息茧房效应。

新闻机构越来越多地将资源投入这些技术的研究和开发中，以确保他们能够在激烈的市场竞争中占据优势。自动化新闻系统和推荐算法的优化也成为新闻媒体技术部门的工作重点。随着人工智能算法的进步，未来的新闻生产和消费将更加智能化，新闻工作者需要在技术辅助和新闻伦理之间找到平衡。如何在自动化与个性化之间确保新闻的真实性、客观性和全面性，是将人工智能应用于新闻行业需要持续关注和解决的问题。

自动化新闻撰写和个性化推荐在促进新闻业发展的同时，也提出了如何更好地满足受众需求和履行媒体责任的议题。新闻行业在引入技术时，必须考虑如何在保持信息多样性和透明度的同时，实现个性化内容推荐技术的合理应用。随着技术的不断演进，这两大应用将在推动新闻行业革新方面扮演越来越重要的角色，帮助媒体提升生产效率和用户体验，从而在现代信息环境中保持竞争力。

二、社交媒体平台的作用

社交媒体平台在新闻传播中具有深远的影响，改变了新闻的发布和获取方式。其核心在于将新闻传播从单向线性模式转变为多向、互动式的传播网络。传统新闻传播主要依赖电视、广播、报纸等单向媒介，而社交媒体平台的出现打破了这种传播局限，为用户提供了一个动态、开放、双向沟通的空间。这种变革大大加快了新闻传播的速度，使信息的发布变得更加迅速，同时也增强了新闻内容的多样性和个性化。

社交媒体平台的优势在于其去中心化的结构，使新闻生产和传播不再局限于专业新闻机构。任何个人或组织都可以成为信息的生产者和发布者。这种开放性和多元化极大地丰富了新闻内容的来源，使公众能够获得更多元的视角和信息来源。不同于传统媒体，社交媒体通过算法和用户偏好实现了新闻内容的精准推送。平台会根据用户的浏览历史、关注内容和互动记录进行分析，从而推荐与用户兴趣相关的新闻。这种个性化的内容推送使新闻传播更加符合个体需求，增加了新闻的传播效率和效果。

社交媒体平台还改变了新闻的传播速度。新闻事件的第一手信息不再仅由记者或新闻机构发布，而可能由在场的任何目击者通过智能设备即时上传和分享。这种即时性推动了新闻传播的"实时化"进程，使新闻报道的时间跨度缩短到几乎是事件发生的同时。这种实时性不仅增加了新闻的时效性，也使受众获得信息的途径更加直接，增强了用户对新闻事件的"参与感"。

在社交媒体的生态中，新闻传播不再是一种单纯的输出行为，而成为一种双向互动和参与行为。受众通过点赞、评论、分享等互动方式，积极参与到新闻内容的传播和讨论中。这种参与性增强了新闻的扩散效果，同时也形成了一个广泛的社交网络。通过这些互动，受众不再是被动的接收者，而是变成了新闻内容的"共同传播者"和信息的"共创者"。这种参与式的传播方式使新闻的传播路径更加复杂和多元化，不仅限于发布者到受众的单一链条，而是转变为网状传播，极大地提升了新闻的覆盖广度和传播效率。

社交媒体平台在新闻传播中的另一个显著作用在于舆论的形成和引导。通过社交媒体，公众可以更容易表达自己的观点，形成对社会事件和公共政策的共识或分歧。平台的讨论区、话题标签和直播功能为公众提供了广泛的表达和交流渠道，新闻事件往往会引发大规模的在线讨论，甚至催生出与事件相关的新话题。这种动态的互动机制使公众舆论的形成更加迅速，信息的扩散范围和讨论的广度也变得更大，直接影响了社会与政策的讨论和决策过程。然而，社交媒体在推动新闻传播和互动方面的作用并不总是积极的。由于其开放性和即时性，社交媒体平台也容易成为虚假信息和误导性新闻的温床。信息在缺乏专业审核的情况下快速传播可能会引发谣言，影响受众对新闻的判断和理解。因此，在这种环境中，新闻的真实性和可靠性常常受到挑战。为了应对这一问题，新闻发布者和社交媒体平台逐步引入人工智能技术和审核机制，以识别和阻止虚假信息的传播，确保新闻的准确性和公信力。

社交媒体平台在新闻传播中还赋予了用户更大的选择权和主动权。用户可以选择关注哪些话题，加入哪些讨论，甚至通过自己的账号发声，成为新闻传播的一部分。这种选择权改变了新闻消费的被动模式，使新闻获取和传播更具灵活性和个性化。受众在这种环境中有了更多主动权，能够自主选择关注的新闻来源、获取的信息形式，以及传播信息的方式。这种改变极大地丰富了受众的体验，使其不再局限于传统媒体单方面提供的内容，而是可以积极参与到新闻的创作和传播中。此外，社交媒体平台推动了新闻传播的多样化和创新性发展。短视频、直播、图片新闻和互动式内容成为新的新闻传播形式，吸引了更广泛的受众群体。这些创新形式不仅增加了新闻的可看性和趣味性，也改变了新闻的叙述方式，使其更加贴近受众的生活和兴趣。受众通过多样化的传播形式获取新闻，更容易理解复杂信息，增强了对事件的参与感和认同感。

社交媒体的这种创新传播模式，增强了新闻内容与受众之间的互动性，使新闻传播不再只是单向的信息传递，而是一个多层次、多角度的交流过程。受众通过各种互动手段参与新闻的发布和扩散，新闻内容因此在传播中不断被丰富和修正，形成一个动态的内容生态。

三、视频和直播技术的普及

视频和直播技术的普及使新闻传播发生了深刻变革，极大地丰富了内容的表现形式和传播渠道。随着这一技术的发展，新闻的即时性与多样化获得了前所未有的发展，使受众能够更为便捷、深入地接触和理解新闻事件的全貌。在这种技术背景下，新闻报道不仅仅是单向的叙述，更发展为一种立体化、互动性强的体验，从而显著增强了报道的吸引力和影响力。

视频技术为新闻内容的呈现提供了更加直观和生动的手段，使复杂的信息变得易于理解和接受。与传统的文字报道相比，视频具有更强的视觉冲击力和情感共鸣力。画面能够捕捉到新闻事件的真实场景、当事人的表情与肢体语言等细节，这种视觉化的信息传递方式可以唤起观众的情感共鸣，使他们产生代入感。视频报道可以跨越语言和文化障碍，借助影像的力量，向全球观众传递共同的感受和理解。这种直观的体验是传统媒体难以企及的，因此，视频技术的广泛应用使新闻报道更具吸引力和传播效果。

直播技术的兴起将新闻的即时性推向了新的高度，使受众能够在事件发生的瞬间便实时了解其发展情况。直播报道不仅突破了时间和空间的限制，还增加了新闻内容的真实性和透明度。当重大新闻事件发生时，直播能够以秒为单位将信息传递给观众，使他们仿佛置身于事件的中心。这种无时滞的报道方式增强了新闻的可信度和吸引力，促使受众持续关注和参与讨论，从而提高了新闻传播的覆盖面和影响力。直播技术的使用促使新闻报道从单一信息发布转变为互动交流的平台，受众不仅是信息的接收者，更可以通过留言、提问等方式参与到新闻事件的讨论中，进一步激发了他们的兴趣和参与感。

视频和直播技术推动了新闻内容多样化的进程。新闻机构不再局限于单一的报道形式，而是将视频短片、纪录片、现场采访等多种类型的内容结合起来，形成了多元化的报道体系。这种报道方式不仅能够展示事件的全貌，还可以深入挖掘新闻背后的故事，分析新闻的背景和影响，从而增加新闻报道的深度和广度。短视频平台的兴起也为新闻机构提供了更多与观众接触的机会，这些平台上的视频内容通常更为简洁有趣，能够迅速吸引观众的注意力，并在短时间内传递有效的信息。借助这些创新形式，新闻报道不再局限于重大事件，而是涵盖了生活的方方面面，从突发新闻到人文故事，再到深入调查报道，内容形式日益多样化，极大地丰富了受众的新闻体验。

直播和视频技术的普及还引发了新闻报道与社交媒体之间的深度融合，使新闻传播变得更为社交化。社交平台上的视频新闻和直播内容往往会引发大量的讨论和分享，推动新闻事件的传播范围迅速扩大。观众在观看视频和直播的同时，也会自发地在社交平台上发表评论，甚至创作与新闻相关的二次内容。这种互动不仅增强了新闻的吸引力，还让新闻传播变得更具影响力和生命力。社交平台与新闻内容的结合使信息传播更加快速、多样，新闻内容在网络上的互动讨论和分享热潮也进一步增强了其影响力，使其成为热点话题，吸引更多的关注。

视频和直播技术还为新闻报道的即时性带来了新的技术支持。借助无人机、移动摄像机等技术手段，新闻记者能够在各种复杂和危险的场景下进行直播报道，如自然灾害现场或冲突地区。这种报道形式为受众提供了第一手的真实信息，使新闻传播更为透明。即时性是新闻报道的核心竞争力之一，视频和直播技术大幅提升了这一能力，满足了现代受众对新闻的迅速获取需求，使报道更加贴合社会发展的快节奏和信息获取的即时需求。直播报道的出现让受众在第一时间就能获知事件的发生和进展，建立起了与新闻事件的紧密联系，进一步提升了新闻报道的吸引力。

通过视频和直播技术的应用，新闻报道获得了新的生命力，受众的期待和需求也因此不断提高。新闻机构需要在内容创作中更关注报道的丰富性和深度，以满足观众对高质量、多样化内容的需求。视频和直播使新闻更为生动、即时和可互动，吸引了更广泛的受众群体，不仅提升了新闻的传播效果，还在一定程度上改变了新闻传播的形态与模式。新闻不再只是传播信息的工具，而是逐渐成为促成观众思考和讨论的平台，增强了受众对新闻的参与感。

第二章 新闻内容生产与传播模式创新

随着受众需求的多样化和个性化,新闻内容的生产和传播模式也在不断创新。本章重点讨论如何实现内容创作的个性化与精准化,探讨社交媒体数据分析及多媒体内容在新闻传播中的深度融合,UGC 对新闻行业的影响,并介绍大数据技术与算法推荐在新闻传播中的应用,为新闻从业者提供新的思路。

第一节 实现内容创作个性化与精准化的路径

一、受众需求分析

在现代新闻传播和内容创作中,深入了解受众需求成为提升媒体竞争力和内容质量的关键手段。大数据技术的快速发展为此提供了重要的支持,使媒体从粗放式的内容制作走向精细化、数据驱动的生产模式。通过大数据技术进行受众需求分析,可以更好地解读受众兴趣、行为和偏好,从而为内容创作提供科学、精准的依据,确保媒体传播更有针对性和有效性。

受众需求分析基于大数据技术的应用,使对用户行为的监测和理解达到了前所未有的精细程度。媒体和内容创作者能够通过网络平台和社交媒体上的行为数据,分析出用户在哪些时间段活跃、停留在哪些页面、与哪些类型的内容互动最频繁等细节。这些信息揭示了用户的兴趣和习惯,不再仅仅依赖传统问卷调查和抽样调查。基于这些数据,媒体可以精准调整发布的内容,以更贴合用户需求。例如,利用点击率、浏览时长、分享次数等指标,创作者能够深入了解哪些主题更具吸引力、哪些标题更能吸引眼球,以及用户倾向于使用何种表达风格。这样一来，媒体可以降低试错成本，提高内容制作的效率和质量。

行为分析是大数据技术在受众研究中的另一大亮点。借助现代数据挖掘和机器学习算法，媒体可以对用户的历史行为进行建模和预测。通过记录用户的阅读历史、观看习惯和交互记录，系统能够自动生成用户的偏好画像。这不仅限于文本内容，还包括用户对视频、音频和图像内容的选择。行为分析还可以揭示用户的隐性偏好，比如他们在潜意识中更倾向于某种观点或倾向性话题。大数据技术通过深度学习模型对这些数据进行综合处理，使这些隐性需求逐步显现。结果表明，受众在不同情境下的反应和行为模式不仅受个人兴趣驱动，还与当前社会热点、区域文化背景等因素密切相关。因此，数据支持下的受众分析不仅是数字和表格的呈现，更是动态、立体的，对用户心态和行为的透视。

随着大数据分析技术的不断进步，媒体不仅可以实时跟踪用户的行为，还可以预测未来的内容需求和趋势。算法通过分析历史数据和实时数据，结合外部环境的变化因素，如节假日、突发新闻事件、国际热点等，自动推断出未来某段时间内受众可能感兴趣的话题。这种预测功能大大增强了媒体的前瞻性，使其能够在内容创作和发布节奏上保持领先。这种预见性让创作者在时间和空间维度上，都能够更从容地应对市场竞争，通过提前制作符合预期热点的内容来抢占流量红利。

深入分析受众的偏好同样是大数据在内容创作中的一项重大应用。大数据技术能够通过情绪分析和语义识别，捕捉用户在阅读和评论时表现出的情绪和态度。这对于内容的策划和调整具有重要指导意义。用户在面对不同内容时，可能表现出不同的情绪反应，比如愉悦、愤怒、惊讶或平淡。通过 NLP 技术，分析这些情绪反应的频率和强度，创作者可以更精准地把握受众对不同类型内容的情感需求，进而调整内容的表达方式和角度。

在数据支持的受众需求分析中，数据质量和数据隐私是需要严谨对待的两大要素。数据质量的高低直接影响分析的准确性和结果的应用价值。媒体在获取和处理数据时，需要确保数据来源的合法性和数据处理的准确性，以防止因错误分析结果导致误判。另外，受众在面对数据技术介入的分析时，也越来越关注个人隐私和数据安全问题。为此，媒体在运用大数据技术时，需要遵循相关法律法规，采取严格的保密和加密措施，避免用户数据的滥用和泄露。

受众需求分析在大数据技术的支持下，已经成为现代内容创作中不可或缺的一环。大数据使媒体能够以全新的视角和更科学的方法洞察受众的真实需求，为内容创作提供了源源不断的数据支持。通过对受众兴趣、行为和偏好的深入分析，媒体不仅能够提高内容的契合度和传播效果，还能够优化其生产流程，增强用户黏性。数据技术的普及和应用为内容创作注入了新的活力，同时也提出了新挑战，媒体在利用数据优势的同时，需要保持对技术道德和用户隐私的重视。

二、内容定制化生产

内容定制化生产是新闻传播在新媒体环境下实现个性化的重要途径。当前，随着技术的不断进步和人们对信息需求的日益个性化，新闻传播正面临着一场深刻的变革。定制化生产不仅是一种趋势，更是一种满足多样化受众需求、提升新闻传播效果的战略。

在内容定制化生产的过程中，了解受众的兴趣和需求是基础。大数据和人工智能技术的应用为这一目标的实现提供了坚实的技术支撑。通过对用户行为的跟踪和数据分析，可以描绘出受众的阅读习惯和内容偏好，这些数据包括用户在平台上的浏览历史、点赞评论行为、搜索习惯等。对这些数据的分析使新闻生产者能够更好地理解受众的兴趣点、关注的热点议题及用户在不同时间段的内容消费偏好。这种分析不仅停留在表面的阅读数量统计，还能深入挖掘用户的阅读深度、停留时长等行为特征，为内容生产提供科学的数据参考。

内容定制化生产并不仅仅意味着提供多种选择，而是要通过智能推荐算法和数据分析来推动信息的个性化呈现。这种智能推荐基于对用户行为数据的分析，能够自动生成符合受众兴趣的新闻内容，并在合适的时间和平台进行推送。用户体验因这种个性化推荐而得以优化，从而显著提高用户黏性。用户一旦体验到定制化内容带来的便利和满足感，便更容易形成持续的使用习惯，这为媒体平台带来了长期的用户留存率的提升。

定制化生产过程中，新闻内容的策划和创作需要具备更强的针对性和灵活性。媒体从业者应将内容生产过程看作一个动态调整的环节，以适应不同用户群体的兴趣变化。内容的灵活性要求编辑和记者不仅能够捕捉社会热点，还要能够将其转换为适合目标受众口味的新闻形式。这种新闻报道从主题选择到语言风格的设定都要契合受众的审美和认知习惯。

技术手段的多样化也为内容定制化生产提供了更多可能性。虚拟现实（VR）和增强现实（AR）等技术的应用，让用户能够身临其境地参与到新闻事件之中，这种沉浸式体验增加了新闻的吸引力，使新闻消费不仅限于传统的阅读和观看，还包括互动和参与。这种技术驱动的创新为新闻内容的生产方式带来了质的飞跃，拓展了用户获取信息的渠道和深度，使新闻产品从单纯的信息提供变为一种综合的感官体验。

新闻的定制化生产并不仅仅是依靠技术手段和数据支撑，内容的真实性和公信力仍然是核心。即便在高度定制化的生产模式下，新闻内容也必须遵循新闻伦理和报道准则。内容的定制化不能以牺牲内容的准确性和全面性为代价，因此，生产过程中需要在满足受众个性化需求和保持新闻公正性之间取得平衡。如何在提供符合用户兴趣的内容的同时，确保其具有足够的深度和权威性，是内容定制化生产面临的一个重大挑战。

为满足定制化生产的要求，媒体组织需要对内容生产的各个环节进行深度整合。新闻内容从采集、编辑到发布，每一个环节都需与用户需求紧密对接。生产流程中的实时反馈机制能够帮助内容创作者迅速调整新闻报道的方向和角度，确保内容的动态性和即时性。这种灵活的生产模式要求编辑和记者具备更高的综合素质，既要具备扎实的新闻专业知识，又要熟悉技术工具的使用，并对用户数据进行有效解读。在这个过程中，用户的参与也是内容定制化生产中不可或缺的一部分。用户通过评论、互动和反馈与新闻内容进行交流，这些行为成为平台改进内容推荐和定制化生产的重要依据。通过与用户的互动，新闻内容的创作能够不断贴近受众的真实需求，使用户不仅是新闻内容的接受者，更是新闻生产过程中的参与者。这种生产和消费的双向互动加强了用户与平台之间的联系，提高了用户黏性和忠诚度。

新闻内容的定制化生产不仅有助于增强用户的阅读体验，还使媒体平台在竞争激烈的市场环境中获取差异化优势。与传统的单向信息传播模式相比，个性化生产让每位用户都能感受到量身定制的信息服务，提升了整体用户体验。通过不断迭代和优化内容生产的策略和工具，媒体平台能够持续满足用户变化的需求，确保其在信息海量且快速更迭的数字时代中始终保持竞争力。

这种生产模式的核心是以用户为导向，实现从内容生产到内容分发的全面创新。通过深入分析用户需求并结合技术手段，媒体平台能够有效地实现定制化生产，提供高度符合用户兴趣的新闻内容，并通过互动和参与不断增强用户黏性和满意度。这一模式是新闻传播适应新媒体环境的必然选择，推动了新闻行业向更加智能化和人性化的方向发展。

第二节　社交媒体数据分析及多媒体内容在新闻传播中的融合

一、社交媒体数据分析

社交媒体数据分析已经成为理解新闻传播效果和优化内容策略的重要手段。当前，社交媒体平台不仅是新闻传播的重要渠道，也是用户表达观点、分享信息和互动的主要场所。通过对这些平台上产生的大量数据进行分析，新闻机构和媒体从业者能够深入洞察用户行为和反馈，从而制定更有针对性的内容策略，实现传播效果的提升。

在进行社交媒体数据分析时，首先需要获取大量的用户数据，这包括用户的点击、评论、分享和点赞等行为数据，以及他们在平台上的停留时间和浏览路径。通过这些数据，媒体可以判断哪些新闻主题和内容形式更能引起用户的兴趣和参与。这种行为数据不仅能够反映用户的阅读偏好，还能揭示他们对不同类型新闻内容的情感态度和接受程度。结合这些信息，媒体可以逐步摸索出用户的兴趣点，从而有针对性地调整新闻内容和报道角度。

要更加准确地分析用户反馈，还需要利用文本分析和情感分析技术。这些技术可以帮助识别用户评论和互动中蕴含的情绪和观点，从而判断内容的受欢迎程度及舆论导向。通过情感分析，媒体能够快速识别内容中引发强烈共鸣或争议的部分，从而对未来的报道方向和策略作出相应调整。负面反馈或评论能够为新闻机构提供宝贵的改进建议，帮助其在后续报道中避免类似的问题。

数据分析还能够揭示新闻内容传播路径及其扩散的影响力。在社交媒体上传播的内容，往往通过分享和转发迅速扩散，这种扩散的速度和范围是衡量新闻传播效果的关键指标之一。通过对传播链路和用户网络的分析，媒体可以找出传播过程中哪些节点和用户具有更高的影响力，这对于推广新闻内容和吸引更多关注有着重要意义。分析高影响力用户的行为习惯和偏好，有助于媒体在内容设计和发布策略上进行有针对性的优化，以促进内容的病毒性传播。此外，社交媒体数据分析还可以用于识别新闻内容的最佳发布时间。在不同的时间段，用户的活跃度和互动频率会有所不同。通过分析历史数据，媒体可以找出用户访问和互动最频繁的时间，从而找到最佳发布时间来提高内容的曝光率和阅读量。这种时间管理策略，不仅能够增加新闻内容的可见度，还能促进用户更积极地参与，进而提高整体传播效果。

对社交媒体数据的深入分析，还能够帮助新闻机构更好地理解用户的多样化需求，优化内容策略，以满足不同用户群体的偏好。社交媒体用户具有明显的多样性特征，他们的兴趣和需求随着社会热点、个人偏好和文化背景的不同而有所差异。通过对不同用户群体的行为和兴趣点进行细分分析，新闻机构可以采取分众化策略，推送个性化新闻内容。这种定制化内容策略能够提高用户的忠诚度和活跃度，使新闻传播更有针对性和有效性。

基于数据分析的内容优化策略，还可以帮助媒体在新闻报道中实现更多的创新和突破。通过对用户数据的持续监测，媒体可以识别新的趋势和热点话题，及时调整内容生产计划，以保持新闻报道的时效性和吸引力。对用户反应的快速反馈机制，也能帮助媒体在新闻发布后迅速作出调整。

在优化内容策略时，数据分析不能仅仅局限于当下的用户行为，还应当着眼于长期趋势和用户习惯的变化。通过对长时间数据的积累和分析，媒体能够发现用户行为和兴趣的变化轨迹，预测未来的新闻需求。这种前瞻性的分析，为媒体提供了调整内容战略的依据，使其能够始终保持与用户需求的同步和互动。

社交媒体数据分析已经成为新闻传播领域不可或缺的一部分。通过精准的数据分析，新闻机构不仅能够掌握传播效果，还能对内容策略进行有针对性的优化，提升用户体验和参与度。用户行为和反馈是最直接的效果检验工具，通过对这些数据的分析，媒体能够更好地理解用户，提升新闻传播的整体效率和影响力。

二、多媒体内容融合

在当今新媒体迅速发展的时代，多媒体内容的融合已成为新闻传播中不可或缺的一部分。这种融合不仅仅是不同内容形式的简单拼接，而是一种深度结合，以充分发挥各类媒介的优势，提升新闻的表现力和用户体验。通过将文字、图片、视频等多种形式有机地结合在一起，新闻报道可以在内容表达和信息传递上呈现更高层次的效果。

文字作为最传统和核心的新闻表达方式，具有清晰传递信息的优势。它能够以精确的语言传递复杂的概念和细节，适合深入剖析和长篇报道。结合图片和视频，文字可以被赋予更多层次和情感，使新闻内容不仅在理性层面打动读者，还能让他们在情感和视觉层面产生共鸣。图片作为一种视觉符号，具有即时吸引读者注意力的效果，它能迅速传递情绪和背景，帮助读者更直观地理解事件的场景和氛围。视频则将动态和声音结合，能够更全面地再现新闻事件的全貌，在生动性和代入感方面具有独特优势。通过多媒体内容的相互补充，新闻内容可以被塑造得更为立体。

在新闻报道中，将文字和图片相结合能够提升读者对文章的理解和兴趣。图片通过形象化的方式增强了文字的说服力和生动性。尤其是在报道灾难、体育赛事、时尚活动等场景时，图片带给读者的冲击力能够激发强烈的情感共鸣。文字与图片的结合能够帮助读者在文字叙述中找到更清晰的参照，使信息更为具体。文字描述中可以补充图片无法直接表达的内容，如数据、背景分析、专业解释等，从而让读者在理解新闻事件时获得更为全面的视角。

视频内容的引入则进一步拓展了新闻传播的边界。视频不仅提供视觉和听觉的双重体验，还能够通过声画结合的方式增强新闻内容的感染力和真实性。例如，在新闻采访中，视频展示受访者的表情、语气和肢体语言，这种动态信息传递比单纯的文字或图片更有冲击力和说服力。新闻中加入视频能够为用户提供更深入、更丰富的感官体验，使他们仿佛置身新闻事件的现场，感受到事件发展的紧张氛围。尤其在突发新闻和重大事件报道中，视频的实时性和动态性可使新闻内容更具有时效性和权威性。

多媒体内容的融合不仅提升了新闻的表达层次，也改变了用户的阅读和观看习惯。随着社交媒体和移动设备的普及，用户越来越倾向于快速获取信息。单纯的文字报道在这种情况下难以满足用户的需求，而结合了多媒体内容的新闻能够通过多元的呈现方式更快抓住用户的注意力，并保持其兴趣。图片、视频和文字的组合可以有效减少信息的枯燥感，用户通过扫描图片、观看短视频，再加上文字阅读，在短时间内获取新闻的主要信息和细节。这种综合体验式的新闻内容极大地契合了现代用户的碎片化阅读习惯。

通过多媒体的结合，新闻从以往单一、线性的叙述模式转向多维度、互动式的传播模式。读者不仅是被动的接受者，他们还能够通过观看、点击、分享等多种方式参与到新闻的传播中来。这样的互动让用户更有参与感，并在潜移默化中增强了他们对新闻内容的接受度和记忆度。同时，多媒体内容的应用使新闻传播者能够以创新的方式讲述故事，将复杂的事件和抽象的信息以更生动的方式呈现给受众，使新闻更易被理解和接受。

在这种多媒体内容融合的趋势中，新闻媒体的策划和制作方式也在不断变革。传统的新闻采编模式需要适应新的技术和用户需求，记者和编辑不仅需要具备写作和拍摄的基本技能，还需掌握图片编辑、视频剪辑和多媒体制作等跨领域能力。多媒体新闻的制作涉及文本撰写、图像处理、视频拍摄与剪辑等多种工作流程，媒体团队需要在新闻素材的整合与创意表达方面保持高度协作与创新。新闻报道的策划者必须考虑如何将各类多媒体形式融入内容中，使之既能保持新闻的客观性和专业性，又能在呈现方式上丰富多彩，以此来提升新闻的吸引力和传播效果。由此可见，多媒体内容融合已经成为新闻报道中不可或缺的一部分。通过多种形式的内容结合，新闻在信息传递、用户参与、阅读体验等方面实现了质的飞跃，既满足了现代用户的多样化需求，也推动了新闻传播在新媒体环境下的不断创新和发展。这一发展趋势不仅提升了新闻的竞争力和影响力，也为未来新闻的多样化与互动性发展提供了更多可能性和空间。

第三节 用户生成内容对新闻传播的影响

一、用户生成内容的兴起与发展

用户生成内容（UGC）的崛起已经深刻改变了新闻传播的格局，推动了媒体环境的多样化与自由化。UGC，指的是非专业用户通过社交媒体、博客、论坛等平台创作并分享的信息。伴随着互联网技术的迅猛发展，特别是社交媒体平台的普及，这种内容创作模式逐渐成为一种全球性现象，为信息的生产与传播提供了新的动力和视角。

UGC 的兴起始于早期的网络论坛和博客，这些平台提供了大众表达观点和分享见解的途径。随着社交媒体平台的爆炸式增长，UGC 的普及进入了一个新的阶段，用户不仅能轻松地发布文本，还能传播视频、图片和音频等多种形式的内容。无论是突发新闻事件的直播、时事评论，还是个人观点的表达，UGC 都在满足大众对即时信息获取和多样化视角的需求。相较于传统媒体，UGC 在内容创作和分发上的自由度和灵活性使其更能及时反映公众的关注焦点和情绪，成为一种更具互动性和参与感的传播方式。

在 UGC 主导的新闻传播中，信息的生产不再局限于受过专业训练的记者或编辑，而是任何拥有智能设备和网络接入的用户都能参与内容的创建和分享。这种参与性打破了传统媒体单向输出的传播模式，使信息的来源更加广泛，内容涵盖范围也更加多样。通过这种模式，新闻报道更加快速和贴近生活，能及时捕捉到一些主流媒体未能覆盖的角落或细节。UGC 的高度互动性也为受众提供了更多表达意见和反馈的机会，使传播内容不再是单向输出，而是形成了一种双向或多向交流的模式。用户不仅是新闻信息的消费者，还成为新闻信息的生产者和推动者。然而，UGC 的崛起给传统媒体带来了严峻的挑战。其一是内容生产的速度与数量，传统媒体审核、编辑和发布内容需要经过一系列的程序，以确保信息的准确性和权威性。而 UGC 则可以随时随地发布，速度远远超过了传统媒体，形成了竞争压力。与此同时，UGC多以个性化和情感化的表达为特点，这种方式对传统媒体在内容创作上的风格与方法提出了新的挑战，传统媒体往往难以达到UGC在即时性和个性化方面的效果。

UGC的普及也对新闻真实性和公信力产生了冲击。由于UGC缺乏专业的编辑和审查程序，其信息的真实性和准确性难以保障，传播虚假信息和谣言的风险随之增加。传统媒体的公信力建立在长期的专业性和编辑伦理之上，而UGC的随意性和非专业性却可能损害整体新闻生态。在这种背景下，传统媒体必须思考如何应对UGC对公信力的冲击，是否需要在与UGC互动时引入更有效的验证和协作机制。

技术的进步进一步推动了UGC的演变和发展。AI、数据分析和其他数字工具的应用，使UGC不仅能实现更大规模的传播，还能够通过算法定向推送，实现高度个性化的内容分发。UGC逐渐在多个领域中展示出强大的影响力，包括政治运动、社会问题、娱乐业和商业推广等。这种内容传播模式能迅速调动公众情绪，发动大规模的社会活动和舆论浪潮，甚至对政策的讨论和实施产生间接影响。尽管如此，UGC的优势和潜在问题并存。它的开放性和广泛性提高了新闻的可达性，但也对内容的监管提出了难题。传统媒体在这一转型过程中需要寻找一种平衡，即如何在保持自身专业性和可信度的基础上，吸收和利用UGC的即时性和多样性。与其简单地将UGC视为竞争对手，传统媒体不如探索更多协作方式，例如引入用户内容作为报道的补充或背景，强化新闻的现场感和互动性。

从长远看，UGC的持续发展趋势将引导新闻传播进入一个更加开放、多元的时代。UGC不仅推动了媒体生态的转型，还重新定义了大众与媒体之间的关系，赋予了受众更大的话语权。随着新技术和新平台的不断出现，UGC的形式和影响力也将进一步扩展和变化。传统媒体与UGC的融合及共存，或将成为未来新闻传播领域中的重要课题，这不仅关乎传播模式的创新，更关乎信息传播的真实性、权威性和可持续性。

二、UGC的真实性与可信度

UGC在新媒体环境中的兴起，为信息传播带来了显著的多样性和速度提升，深刻地改变了传统媒体信息传播的格局。然而，随着UGC的广泛应用，其内容的真实性和可信度逐渐成为不可忽视的问题。UGC指的是由非专业用户创建并发布的内容，这种内容及形式因其灵活性、时效性和丰富性受到人们的欢迎，但其中的真实性和质量往往因用户动机、知识水平和信息来源等因素而存在差异。因此，如何审视和提升UGC的真实性，以及如何建立科学有效的审核机制，是新媒体环境下的关键课题。

UGC的真实性问题在于其高度开放性。任何人都可以在网络平台上发声，这种开放性虽然增强了言论的自由度，但也带来了较高的信息混杂性。UGC中，不同用户基于个人主观观点、立场和经验发布内容，容易导致信息偏见和不完整。尤其在涉及突发事件、政治新闻或社会热点时，UGC往往受到用户情绪、倾向和目的的影响，这样的情况下，内容的真实性容易被质疑。信息发布的门槛降低后，大量未经核实的信息随之涌现，其中不乏谣言、误导性信息甚至恶意虚假信息，这不仅影响公众对事实的判断，还可能对社会舆论造成消极影响。

在UGC的环境下，内容创作者的动机多样，包括分享知识、吸引关注、表达观点，甚至有时为了博取点击率或流量而发布夸张或失实的内容。在这样的动机驱使下，一些用户在内容生产中不遵循基本的真实性原则，导致UGC的信息质量呈现参差不齐的状况。此外，UGC缺乏专业审查，发布者并非新闻专业人士或信息验证专家，这也进一步加剧了信息真实性的难题。因此，如何在广泛应用的UGC平台上确保内容的真实性和可靠性，成为平台运营者和信息使用者需要面对的重要挑战。

要在UGC环境中建立和保持内容的真实性，需要平台方和用户共同努力。平台方需要构建一套科学有效的审核机制，这是确保内容真实性的根本所在。审核机制应当包括多层次、多渠道的验证方法，将先进的技术手段和人工审核相结合，以确保UGC内容的真实性和可信度。技术手段如NLP、机器学习和人工智能等，已被证明可以在大量信息中自动检测出潜在的虚假内容。这些技术通过分析内容的词汇、语义和逻辑结构，判断内容是否具有潜在的虚假或夸大成分，提升内容初步筛选的效率和精准度。

在技术手段之外，人工审核的作用同样重要。尽管算法在信息处理上具有高效性，但对于某些复杂的信息内容，如涉及政治或文化敏感问题的 UGC，仅依赖技术无法完全判断其真实性和可信度。人工审核可以通过内容背景、上下文和多角度分析，作出更全面的判断。审核员在审核过程中需要经过专业训练，以掌握必要的信息验证技能和标准，使审核工作更有针对性和权威性。此外，人工审核的介入可以弥补技术在处理微妙内容时的不足，确保审核过程的完整性和公正性。

审核机制的建立不仅需要技术与人工相结合，还要有系统的内容审核标准和流程。平台方可以制定并公开审核政策，使用户对 UGC 的发布规范有清晰的认知，这样有助于抑制恶意内容的生成，提高内容的整体质量。用户在创作 UGC 时，需要了解哪些内容符合平台的规范，以及不符合的后果是什么，进行自我审查。规范可以涉及内容的真实性、完整性、来源可靠性等方面，为内容的审核提供具体的执行依据。与之相辅的是审核结果的透明化，平台应当让用户知晓内容被审核的原因和结果，这样有助于提高审核工作的可信度，增强用户对平台的信任感。

要提升 UGC 的真实性，用户教育和培养内容责任感也是关键一环。内容创作者应被鼓励养成良好的信息发布习惯，尊重事实并注重内容的真实性。通过平台的引导和教育，用户可以学习如何筛选可靠的信息来源、验证信息的准确性，以及如何发布对社会有益的信息。平台可以定期推出信息素养教育内容，或通过合作进行相关的培训和讲座，提高用户的信息审查意识。通过多方共同努力，用户可以更清晰地认识到内容真实性对公共信息环境的重要性，进而更加自律地生产 UGC。

真实性和可信度的维护并非一劳永逸，必须与时俱进，不断优化审核机制。随着新兴技术的发展，内容审核的挑战也在变化，平台方应当与时俱进，定期更新审核策略和技术手段，以应对不断变化的信息环境。通过建立综合全面的审核机制，UGC 平台能够更有效地维护内容的真实性和可信度，从而为用户提供更有价值的信息服务，并促进健康的网络生态形成。

三、UGC与专业新闻的互补

在新媒体环境下，UGC和专业新闻报道之间的互补关系正变得越来越重要，尤其是在新闻多样性和信息传播方面具有深远影响。UGC是互联网时代发展的重要产物，伴随着社交媒体的普及而快速崛起。这类内容来源广泛、更新迅速，通常由普通用户创造和发布，因此展现了社会各阶层的视角。与此同时，专业新闻报道则秉承着新闻的真实性、客观性和专业性原则，经过新闻从业者的审查和筛选，以严谨的方式呈现信息。二者的结合，不仅丰富了新闻内容的来源和视角，还提升了新闻整体的深度和广度。

UGC在当下信息传播中扮演了极其重要的角色，尤其是在突发新闻事件和热点话题的报道中具有独特优势。由于每个人都能成为信息的发布者，UGC在事件发生的第一时间，通过即时的图片、视频和文字描述，使公众得以迅速了解事实的原貌。这样的报道方式，弥补了专业新闻因采访、核实等程序性工作而无法立即发布的缺陷。UGC的即时性和广泛性，使其能够在信息传播的初期阶段提供独特的内容补充，丰富了公众对事件的初步认知，扩展了新闻的多样性。然而，仅靠UGC难以完全满足公众对新闻的需求。UGC在真实性和准确性方面存在一些潜在风险。由于内容发布者通常缺乏专业的新闻采编训练，他们在撰写或发布内容时可能带有主观性或缺乏严谨的事实核查。信息的碎片化、偏向性和虚假信息的传播，都可能导致公众被误导。这时，专业新闻的重要性显现出来。专业新闻以其严格的采访流程、可靠的新闻来源和编辑把关，能够从UGC中筛选出有价值的信息，进行核实、扩展和分析，从而提供更为全面和真实的报道。这样的新闻既吸收了UGC的即时性和多样化，又通过专业的视角赋予其权威性和可信度，形成了良性互补。

两者的融合不仅体现在信息的获取和验证上，还表现在新闻议题的深度探讨和多角度呈现。UGC常常带有强烈的个人体验和独特的社会观察角度，能够反映专业新闻中可能未被重视的小众声音和边缘群体的诉求。这种内容在新闻多样性方面起到了重要的补充作用，使新闻媒体在报道时能更全面地考虑不同群体的观点和情绪，进一步丰富了公共讨论的多样性。与此同时，专业新闻的介入能够使这些声音不至于被淹没在信息的洪流中，通过深度报道和分析，使之引发更为广泛的社会关注和政策讨论。此外，UGC 在技术层面也推动了新闻传播方式的变革。社交媒体的兴起和移动设备的普及，使 UGC 的生产和分享变得更加便捷和多样化。短视频、直播和图片分享平台，使用户能够用新的表达方式记录和传递信息。这种技术进步为新闻行业提供了新的素材和报道方式，专业记者在报道中引用 UGC，使新闻更加生动和接地气。UGC 的广泛应用，也促使新闻媒体探索和应用新技术，增强报道的互动性和体验感。

同时，专业新闻的存在，使 UGC 不再只是短暂的新闻"碎片"，而是成为报道中的重要环节。新闻媒体在面对 UGC 时，通过筛选和验证，使其中的有效信息成为正式报道的一部分，不仅增加了新闻的真实性，还提升了公众对新闻的信任度。在此基础上，新闻媒体可以通过 UGC 提供的线索进行深入调查和追踪报道，使事件的脉络更加清晰，报道的深度更加突出。这样的互动模式，促进了 UGC 和专业新闻的共同发展，使新闻生态更加丰富和完整。

在新的媒体环境下，UGC 和专业新闻的互补关系对新闻行业的未来发展至关重要。UGC 可以通过多样的视角和极高的传播速度，为专业新闻提供新的素材和报道契机；而专业新闻则以其权威性和深度分析能力，将 UGC 的优势充分转化为公众需要的高质量信息。在这其中，新闻工作者的角色也随之转变，不再只是信息的单向发布者，而成为 UGC 与专业报道之间的桥梁，协调不同信息来源，提供综合视角，使新闻的质量和深度得到进一步提升。如此，UGC 与专业新闻的结合不仅扩展了新闻的表达方式，还提升了新闻的社会价值，推动了整个行业的多样化和进步。

第四节　大数据技术与算法推荐在新闻传播中的应用

一、数据采集与分析

数据采集与分析在现代新闻传播中扮演着至关重要的角色。借助大数据技术，媒体机构能够以更为精准和高效的方式理解受众行为，这种能力极大地提升了新闻报道的针对性和传播效果。通过对用户行为数据的采集和分析，新闻媒体可以洞察用户的兴趣、习惯和偏好，从而在新闻内容的策划和发布上作出更加符合用户需求的决策。这种以数据为驱动的新闻生产模式，使新闻内容不再单一，更具个性和互动性。

大数据技术的应用涉及多方面的技术与工具，主要用于从多元数据来源中获取信息。这些数据来源可以包括社交媒体、新闻网站的用户行为记录、搜索引擎使用数据、在线新闻评论和用户反馈等。通过运用爬虫技术和数据挖掘算法，数据采集系统能够不断从互联网和其他数字平台获取最新的用户行为信息，这些数据会被集中存储在数据库中，以便进行后续的分析。

在数据采集阶段，保证数据的广泛性和多样性至关重要，这样才能够描绘出用户行为的全貌。采集到的原始数据往往是杂乱和多种多样的，可能包括结构化数据和非结构化数据。结构化数据包括用户的点击记录、浏览历史和互动情况，而非结构化数据可能是用户的评论和反馈。对这些数据进行清洗和预处理，以去除噪声、修复缺失值和统一格式，是进行有效分析的必要步骤。大数据系统需要使用高效的处理框架，如 Hadoop 和 Spark 等，来应对海量数据的存储和计算需求。

分析数据的过程则是将采集到的用户行为信息转化为对用户需求和兴趣的深入理解。分析技术可以包括统计分析、机器学习和 NLP 等手段。统计分析可以帮助识别用户在新闻平台上的使用模式，例如什么时间段访问量最大，用户对哪类新闻感兴趣等。机器学习算法则通过预测模型帮助媒体机构预判新闻内容的点击率、评论量等关键指标。通过使用这些技术，新闻机构能够预先判断某篇新闻可能的传播效果，从而合理安排编辑资源。

NLP技术在用户评论和反馈的情绪分析中发挥着重要作用。通过情绪分析，媒体机构可以识别用户对不同类型新闻内容的态度，这在新闻报道的内容策划中有着广泛的应用。了解用户对新闻的情绪反应能够帮助媒体在内容创作和发布时把握好尺度和方向，避免引发不必要的争议，同时也能够根据用户的情绪偏好调整新闻的语调和内容风格。

通过用户行为数据的分析，新闻传播还能够实现内容的个性化推荐，这在提高用户黏性方面效果显著。算法推荐技术可以根据用户的历史阅读记录和兴趣标签，向用户推荐可能感兴趣的新闻内容。这种方式不仅增强了用户的阅读体验，也有效延长了用户在平台上的停留时间。对于媒体机构来说，这意味着更高的广告收益和用户忠诚度。推荐系统的实现依赖协同过滤算法和深度学习模型，这些模型通过不断学习用户行为和新闻内容的特征来优化推荐效果。

数据分析的结果也能够为新闻报道的策略提供支持。通过对热点话题的实时监控，媒体机构可以迅速把握时事趋势并及时发布相关报道。这种基于数据的新闻发布策略提高了新闻传播的时效性和相关性，使媒体能够在激烈的竞争中保持领先地位。此外，用户行为数据的分析也使媒体能够更好地掌控内容发布的时间点，从而最大限度地提升内容的阅读量和互动量。值得关注的是，数据采集与分析在新闻传播中也面临一些挑战和伦理问题。例如，数据隐私保护和用户同意是数据采集中必须严格遵守的原则。媒体机构需要在采集数据时采取有效的保护措施，避免侵犯用户隐私。同时，分析过程应保证数据使用的合法性和透明度，防止数据滥用带来的负面影响。用户信任的维系依赖对数据采集和分析过程的清晰解释与合理运用。

通过合理的数据采集和分析，新闻传播不仅能够精准地触达受众，还能基于数据反馈不断优化自身的传播策略。这种以数据为基础的新闻传播模式提高了信息传播的效率和效果，为媒体行业带来了全新的发展机遇。尽管数据采集与分析的实施需要一定的技术投入和专业技能，但其在信息社会中的作用不可替代，已然成为现代新闻传播发展的核心推动力之一。

二、算法推荐机制

算法推荐机制是现代数字媒体中至关重要的技术，通过对用户数据的深度分析和处理，提供个性化的新闻内容。这种机制依赖多种算法模型，这些模型能够深入理解用户的兴趣和行为，进而优化新闻内容的推送策略。算法推荐机制的核心是通过机器学习和数据挖掘等技术，建立起用户与内容之间的精确匹配，提高阅读体验和平台使用率。

算法推荐的起点是数据的收集和预处理。用户在使用媒体平台时，系统会采集用户的阅读历史、搜索行为、停留时间、点赞、评论和分享等多种数据。这些信息不仅包括显性行为，还包括隐性特征，如阅读速度和内容偏好。通过对这些数据的初步处理和筛选，算法能够形成用户的兴趣画像，描绘出用户在特定情境下的行为模式。

在数据准备完成后，算法模型进入建模和训练阶段。常见的模型包括协同过滤、内容推荐和基于深度学习的模型。协同过滤技术是基于用户行为相似性的一种方法，通过分析不同用户之间的交互，找出具有相似兴趣的用户群体，并推测用户可能感兴趣的内容。另外，内容推荐模型主要依赖对新闻文本本身的分析，例如使用 NLP 技术来提取新闻主题、关键词和内容特征，从而匹配用户的偏好。

随着机器学习技术的发展，深度学习在推荐系统中扮演着愈加重要的角色。深度学习模型如神经网络，能够处理复杂的多维数据关系，并通过多层感知器、卷积神经网络或循环神经网络进行高级特征提取和预测。这类模型不仅提高了推荐的精准度，还使推荐系统具有较强的适应性和扩展性，能够根据用户行为的细微变化进行实时调整。

算法推荐机制的另一个关键点在于其反馈回路。用户在接受推荐内容后的行为数据会被系统持续监测和记录，这些数据反过来会被输入模型中，作为新的训练数据，不断优化算法的性能。这样，推荐系统得以实现自我学习和迭代升级，使内容推荐更加个性化和贴合用户需求。随着用户行为数据的增加，推荐系统的预测能力和智能化程度也会逐步提升。除了传统的协同过滤和内容推荐，近年来的算法推荐机制还引入了混合推荐模型。这种方法结合了多种单一模型的优势，弥补了单一模型在个性化、实时性和覆盖面上的不足。混合模型能够综合用户历史行为、上下文信息和时间维度等多种因素，构建出更加全面的用户画像。混合推荐系统的灵活性让其在面对新用户时表现更加出色，能够迅速进行兴趣预测，缓解冷启动问题。

算法推荐机制在新闻推送中的应用也面临一些挑战和难点。过度依赖算法推荐可能导致信息茧房现象，使用户在相对狭窄的兴趣圈内循环，缺乏多样化的视角。在这种情况下，用户获取的信息越来越局限于其已有的兴趣领域，从而限制了视野的广度。为了应对这一问题，许多平台在算法中引入了随机因素或反向推荐机制，定期向用户推荐与其兴趣不完全一致的内容，以扩大阅读面和信息来源。

算法推荐机制的实现还涉及隐私保护和数据安全的问题。用户数据是算法推荐的基础，但数据的收集和使用需要遵循相关法律法规，保证用户的个人信息安全。为了平衡数据使用与隐私保护，平台需采用匿名化和数据加密技术，同时保持数据处理的透明度，赢得用户的信任和支持。数据伦理和隐私政策的制定也是算法推荐机制中不可忽视的一环，确保推荐内容的合规性和用户的自主选择权。

在技术实现上，算法推荐机制离不开计算能力的支持。高效的计算平台和云服务能够帮助处理海量数据，快速训练模型并实时更新推荐结果。分布式计算和大数据处理技术进一步增强了系统的响应能力，保障用户在高并发环境下仍能获得顺畅的阅读体验。计算能力的提升也为复杂模型的应用创造了条件，使平台能够尝试使用更为精细的模型，如强化学习模型，在用户体验和推荐效果上实现进一步优化。

算法推荐机制的未来发展趋势包括算法的智能化、多模态数据融合及更高的个性化水平。通过结合文本、图像、音频和视频等多种内容形式，推荐系统将实现对用户兴趣的多维度解析。此外，随着情感分析技术的进步，系统能够根据用户情绪状态调整推荐策略，提供更符合情境的内容推送。这种技术不仅提高了用户对平台的黏性，还能为用户创造更加丰富和愉悦的阅读体验。

第三章　新技术对新闻传播的支撑作用

新技术为新闻传播带来了前所未有的机遇和挑战。本章将介绍人工智能与自动化新闻生产的前沿动态，探讨大数据与个性化推送如何提升用户体验，展示VR与AR技术在新闻中的创新应用，以及区块链技术对新闻真实性验证的推动作用，帮助读者把握技术发展的脉搏。

第一节　人工智能与自动化新闻生产

一、新闻生产流程的智能化变革

人工智能技术的快速发展给新闻生产带来了深刻变革，使传统新闻生产流程逐渐被智能化技术重塑。整个新闻生产从采集到内容生成的过程正在借助智能化手段实现自动化和高效化，极大地提高了新闻生产的速度和质量，同时推动了新闻媒体行业的现代化转型。

新闻采集是新闻生产的第一步，人工智能在这方面已经展现了强大的潜力。智能化采集依托于数据爬虫技术和 NLP 系统，使新闻媒体可以全天候自动从各类信息源获取内容，无论是社交媒体、新闻网站、政府公告，还是其他数据平台，系统可以快速识别和收集相关信息。通过复杂的算法和机器学习模型，人工智能能够识别关键信息，过滤掉冗余或无关数据，实现高效的信息获取和筛选。这样的采集过程不仅缩短了人工检索的时间，还大大提升了新闻的时效性。

在数据筛选和分析的阶段，人工智能发挥着重要作用。大量的数据在采集之后，如何高效地分析和提取有价值的信息是一大挑战。人工智能的机器学习模型具备强大的数据处理和分析能力，可以迅速识别趋势、模式和异常，帮助新闻生产者确定最具新闻价值的主题。算法不仅能通过关键词和语义分析理解文本，还能结合上下文和实时数据进行更深层次的分析。借助这些技术，新闻编辑可以减少人工分析的工作量，将更多精力放在新闻价值的判断和决策上。

人工智能技术的发展为新闻写作和生成带来了全新的可能性。NLG 技术通过模拟人类语言结构，使新闻内容的自动化写作成为现实。自动化内容生成系统可以根据采集和分析的结果撰写初步的新闻稿，涵盖事件的基本信息、背景及相关数据。这种技术不仅能生成简短的新闻快讯，还能够创建更复杂的报道，如数据分析报告、体育赛事概述和财务总结。系统通过深度学习算法实现持续学习和改进，逐步增强其表达的准确性和流畅性，使其输出的文本能够达到接近人工撰写的水平。

内容定制是新闻生产流程智能化变革中另一个显著的发展方向。基于大数据和用户行为分析，人工智能可以帮助媒体根据受众的偏好和习惯生成个性化的新闻推送。这样，读者不仅能够接收到即时新闻，还能获取符合其兴趣的深入分析和专题报道。人工智能可以通过分析用户的浏览历史、点击行为、阅读时长等，精准判断其兴趣点，并推送与之匹配的内容。这种智能化推荐系统提高了新闻的阅读率和用户黏性，同时也为媒体带来了更高的广告收益和市场竞争力。

智能化变革还促进了新闻生产流程的协作与管理。人工智能辅助的编辑系统可以协调多个新闻生产环节，从新闻策划到内容审校，实现无缝协作。智能协作系统利用云技术和算法，自动分配任务、跟踪进度，并提供数据驱动的优化建议，帮助新闻团队在紧迫的时间框架内完成高质量的新闻内容。这样的系统不仅提高了新闻编辑的效率，还减少了人为错误，确保新闻生产在技术支持下保持高效、精确和可靠。

智能化技术还拓展了新闻内容的形式和表达方式。语音合成技术和视频自动化生成工具使新闻不再局限于文字形式，而是以多媒体内容为主导。人工智能能够将文字新闻自动转化为音频或视频格式，并配以合成语音或虚拟主播进行播报。这样的多媒体生产过程无须人工干预，系统可自动分析新闻文本，提取要点并生成相应的多媒体内容。这种智能化的新闻生产方式迎合了现代受众对信息获取的多样化需求，也为媒体带来了全新的发展机遇。

尽管人工智能技术为新闻生产流程带来了巨大的变革，也引发了一些值得关注的问题。对新闻伦理和真实性的把控变得更加复杂，尤其是在信息自动化处理的过程中，如何确保生成内容的客观性和公正性是行业面临的重要挑战。新闻生产的核心任务是为社会提供真实、可靠的信息，智能化技术虽然提高了生产效率，但也可能在存在数据偏误和算法缺陷的情况下引入误导性内容。因此，智能化新闻生产仍需要与人类记者和编辑的智慧相结合，以确保新闻的专业性和道德标准。

智能化技术在新闻生产流程中的应用代表了未来媒体行业发展的方向。它通过智能采集、内容分析、自动生成、个性化推送和多媒体转化等技术，为新闻生产赋予了全新的动能。新闻生产的每个环节都在逐步变得更加高效和精确，同时也在与人类的新闻敏感性和判断力协同发展，共同推动新闻行业的变革与进步。

二、自然语言处理在新闻撰写中的应用

自然语言处理技术在新闻撰写中的应用已经深刻改变了新闻业的传统操作方式。作为人工智能的重要分支，NLP 技术通过对人类语言的理解、生成和处理，赋予新闻媒体更高的效率和灵活性。在新闻内容生成中，NLP 技术通过自动文本生成和摘要撰写，极大提高了新闻内容的生产速度和质量。此类技术使新闻机构能够在第一时间生成高质量的新闻报道，尤其是在时效性至关重要的新闻事件中。NLG 作为 NLP 的一部分，通过分析庞大的数据集，提取核心信息，并将这些信息转换为可读的文本，帮助新闻从业者快速提供全面的报道内容。

新闻撰写中使用 NLP 技术不仅限于内容的生成，还包括其在文本审校和优化过程中的重要作用。传统新闻审校往往需要投入大量人力，这不仅延长了新闻发布的周期，也容易出现人为疏漏。而 NLP 技术通过运用机器学习算法和语言模型，可以在语法、拼写和语义层面进行自动校对，提高新闻稿件的准确性和一致性。语言模型能够分析新闻内容中可能存在的逻辑错误、重复信息或潜在歧义，为编辑提供优化建议，使新闻内容更加精炼且准确。这种智能化的审校机制使新闻团队能够将精力集中在更具创造性和战略性的工作上，减少了烦琐的内容检查任务。

多语言翻译是 NLP 技术在新闻撰写中发挥作用的另一个重要方面。随着全球化进程的加快，新闻的跨国传播已成为主流。为了满足不同语言和文化背景的读者的需求，新闻机构必须迅速、准确地将新闻内容翻译成多种语言。传统的人力翻译耗时长且成本高，难以适应快速变化的新闻报道需求。NLP 技术通过神经网络机器翻译（NMT）实现了更加自然和高效的翻译效果。NMT 系统通过学习大量双语数据集，掌握语言之间的细微差异，从而能够生成符合语境、流畅自然的译文。这种技术不仅提高了新闻翻译的速度，还保证了译文质量，帮助媒体机构迅速扩展其国际影响力和受众范围。此外，NLP 技术在新闻内容的语义分析中同样不可或缺。通过分析文本中的关键词、话题趋势和情感倾向，NLP 系统帮助新闻编辑深入理解当前读者的关注点和情绪反馈，从而调整新闻内容的撰写策略。这样的分析能力让新闻机构不仅能够创建具有新闻价值的内容，还能在发布前提升新闻的吸引力和受众契合度。NLP 技术通过将大量非结构化数据转化为有价值的洞见，使新闻内容的制作过程更加智能化。编辑团队可以根据这些洞察调整报道的侧重点，选取更加引人注目的角度呈现新闻。

在新闻内容多样化和个性化的需求下，NLP 技术也在个性化推荐和内容推送中发挥关键作用。通过分析用户的阅读行为和兴趣偏好，NLP 驱动的算法能够精准匹配用户需求并推送个性化新闻内容。这种技术手段改变了传统的“一刀切”新闻发布模式，使新闻内容更加贴合读者的阅读习惯和兴趣，增强了用户的黏性和满意度。个性化内容推送不仅增强了用户体验，也增加了新闻机构的流量和点击量，为其带来更多的广告收益和用户转化机会。

NLP 在新闻撰写中的应用，还带动了智能化新闻生产系统的全面发展。现代新闻编辑平台逐渐结合 NLP 技术，将新闻的策划、写作、编辑和发布过程统一到一个协作的生态系统中。这样的系统不仅能够自动生成新闻稿，还能实时进行文本分析和语言校对，并通过内置的多语言翻译模块将内容快速翻译成目标语言，完成从内容创作到国际传播的一体化流程。这种技术整合使新闻机构在面对突发事件时，能够迅速反应并发布多语言版本的新闻内容，从而在竞争激烈的新闻市场中抢占先机。

NLP 技术的应用推动了新闻撰写的全方位变革，使内容生产过程更加自动化、智能化和高效化。通过与大数据和机器学习算法的结合，NLP 技术不仅优化了新闻的写作和编辑流程，还提高了新闻质量和跨语言传播的便捷度。未来，随着 NLP 技术的进一步发展，新闻撰写中的应用范围和深度将会不断发展，新的语言模型和智能系统将继续推动新闻业的数字化和全球化进程。最终，NLP 技术不仅能改变新闻的生产方式，还将重新定义新闻的呈现和传播模式，使新闻机构能够更好地满足全球化背景下的受众需求。

第二节　大数据与个性化推送

一、用户数据采集与分析

大数据技术的崛起为新闻媒体行业带来了前所未有的革新，尤其在用户数据采集与分析领域，展现了其巨大的潜力和应用价值。在信息传播中，用户的行为数据作为一种新型"资源"，成为内容生产和推送的重要依据。通过数据采集和分析技术，新闻媒体机构可以精准洞察用户的偏好和行为特征，从而实现新闻内容的个性化推荐，提升用户体验与促进内容的有效传播。

用户数据采集的核心在于多维度、多渠道的整合，涵盖用户在新闻平台上的点击、浏览、页面停留、转发、评论、搜索记录等行为数据。数据采集不仅局限于单一的新闻客户端，还包括网站访问、社交媒体互动、移动应用数据、甚至邮件订阅和推送提醒的反馈。通过将不同平台和设备上的信息同步，数据整合变得更加全面和精确，从而为分析提供更广泛的基础。

在数据采集完成之后，分析是实现个性化推荐的关键步骤。数据分析技术通过算法和模型，将用户行为数据转化为有价值的信息。机器学习和深度学习模型在这一过程中起到了重要作用，它们能够自动识别用户行为模式，并不断优化内容推荐系统。基于历史数据和实时交互，算法能够预测用户在未来可能感兴趣的新闻主题、板块甚至媒体形式。例如，某一用户经常浏览与科技相关的新闻，系统会识别出这一偏好，并推送更多科技新闻。同时，分析还能够得出用户的点击频率和偏好更新的速度，以确保推荐内容的及时性和相关性。

在数据分析的过程中，用户画像的建立是不可忽视的部分。用户画像通过将用户的行为数据、人口统计信息及社交网络数据相结合，描绘出用户的兴趣图谱和行为特征。这样的用户画像能够细致到年龄、性别、职业、居住地、上网时段等维度，甚至分析用户使用不同设备的习惯。通过这些信息，新闻平台不仅能够提供更为精准的内容，还可以在用户感兴趣的时间进行推送，提高用户的点击率和使用黏性。

实现新闻内容的个性化推荐还需要在推荐系统中引入复杂的协同过滤算法和内容推荐算法。协同过滤算法通过寻找用户之间的相似性进行内容推送，即通过分析多个用户的行为和偏好来预测单个用户可能喜欢的内容。这种方法能够发掘用户潜在的兴趣领域，扩展他们的阅读边界。而内容推荐算法则基于内容本身的相似性进行分析，将与用户曾经浏览或喜欢的新闻内容相似的内容进行推送。例如，如果用户对某一时政专题持续关注，系统会优先推荐与该专题相关的更新内容。

大数据分析技术不仅提升了个性化推荐的准确性，还优化了新闻内容的生产流程。基于用户行为数据的分析，新闻编辑团队能够更好地把握受众需求和市场趋势，从而调整新闻选题和发布策略。数据分析提供的洞察能够帮助编辑设计更为吸引用户的标题和导语，选择内容呈现形式，如短视频、长图文或实时报道。这种以用户数据为导向的内容生产模式，提高了用户的阅读体验和信息获取效率。

个性化推荐的成功依赖数据采集的广度和深度及分析模型的先进性。随着用户在不同媒介上留下的数字足迹不断丰富，推荐系统的训练数据量持续增大，算法的迭代优化便能更迅速、更精准地捕捉用户需求。此外，为了在推荐内容时避免信息孤岛效应，数据分析还需关注用户的整体兴趣图谱，避免过度聚焦于单一偏好，使用户在个性化推荐中获取多样化的内容体验。

数据采集与分析同样面临着数据隐私和道德问题，特别是在用户行为信息被广泛使用的背景下，如何在个性化推荐中平衡用户隐私保护与数据使用是各大平台面临的重要课题。通过严格的数据加密、匿名化处理和透明的数据使用声明，新闻媒体机构能够在提供个性化服务的同时，增强用户对平台的信任度。

大数据技术的持续发展推动了个性化推荐系统的不断进化。未来，这种技术将与更多新兴技术融合，如 NLP 和情绪分析，通过深度理解用户的文本偏好和情感倾向，提供更为智能和人性化的新闻推送。用户数据采集与分析不仅改变了新闻传播的方式，还重新定义了媒体与用户之间的关系，使新闻内容的个性化推荐更具价值和未来发展潜力。

二、新闻内容精准匹配算法

新闻内容精准匹配算法的实现涉及多层次的数据分析、复杂的计算模型及多样化的技术手段。通过这一算法的应用，媒体机构可以对用户的兴趣进行精确预测，从而实现新闻的高效推送，使内容分发更加贴近用户的个性化需求，达到更好的传播效果。

实现用户兴趣的精确预测依赖大量的数据收集和处理。这一过程的基础在于对用户行为的细致分析。用户在浏览新闻内容时会产生一系列的行为数据，如点击率、浏览时长、页面停留时间、互动反馈、历史搜索记录等，这些数据通过算法被持续监测和收集，并经过预处理去除噪声，形成一个结构化的用户行为数据集。为了准确捕捉用户偏好的变化趋势，系统需对用户数据进行实时跟踪，并动态调整预测模型，使之能够反映用户的最新兴趣。

在用户数据的基础上，个性化算法会利用机器学习技术进行模型训练，常用的方法包括协同过滤、深度学习模型、内容推荐模型等。协同过滤算法能够通过分析用户与其他用户的行为相似度，预测潜在的新闻偏好，从而进行内容推荐。这一算法的有效性在于其利用了大量用户群体的数据关系，能够通过对比和匹配找到具有相似兴趣的用户。深度学习模型则通过神经网络来进行复杂的非线性分析，其结构模仿了人脑的学习方式，能够在大量数据中自动识别深层次的关联，适合用来处理带有语义、情感分析等的新闻内容匹配。此外，内容推荐模型基于用户过去访问的内容特征，如关键词、主题和语调等来推荐相似新闻，这种方法适合处理新用户的数据冷启动问题。

除了模型的选择，特征工程也是算法实现的关键部分。通过提取和优化特征，算法能够更有效地分析数据中的关键信息。为了实现用户兴趣的精确预测，特征工程需要将用户行为数据转化为多维度的特征向量，如用户的阅读时段偏好、对特定话题的关注度、内容呈现形式的喜好等，这些都能丰富模型的预测能力。此时，NLP 技术在提取文本内容的特征上尤为重要，它能够解析新闻文本中的主题、情感和关键句式，使推荐系统不局限于浅层次的匹配，实现基于内容的深度匹配。

在进行兴趣预测时，算法还需具备高效的反馈机制。用户的兴趣并非一成不变，而是受外界因素如时事热点、社交圈影响、个人生活变动等因素的干扰而动态改变。因此，算法需要有能力通过反馈机制不断更新和优化。通过对用户的点击、跳出、二次访问等数据进行分析，算法可以自我学习和调整，形成闭环优化过程，使推荐结果越来越贴合用户的实际需求。长期来看，这样的自适应能力是确保内容推荐保持高效和精准的重要因素。

实现高效的新闻推送还需要综合考虑时效性和相关性。在新闻推送中，实时性是用户体验的核心。推送系统需要具备快速响应的能力，能够根据用户的实时行为变化进行推送内容的调整。这涉及分布式计算技术和云服务架构的支持，通过分布式的数据处理平台，如 Hadoop 和 Spark，算法能够对大规模用户数据进行并行处理，保证在最短的时间内完成数据更新和结果生成。此外，缓存策略也能够在降低数据处理负担的同时，实现数据的快速访问，从而提升推送速度。

在推送的相关性上，个性化算法需处理好内容多样性与用户兴趣的平衡。单纯依据兴趣预测推送内容，可能导致信息"茧房"效应，使用户只能接收到符合其既有兴趣的新闻，缺乏新鲜和多样的信息刺激。因此，在实现新闻高效推送时，算法需要引入一定的探索机制，比如加入适量的热点新闻、行业趋势，或者与用户兴趣关联度较低但具有潜在吸引力的内容，进一步激发用户的兴趣。这不仅有助于用户开拓视野，也能提高用户黏性，使内容推荐系统保持吸引力。

算法在实现精准匹配和推送的过程中，还必须考虑隐私保护和数据安全。由于用户行为数据往往涉及个人隐私，算法设计应遵循数据保护规范，确保用户数据在收集、处理和存储过程中的匿名化和加密。建立透明的数据使用政策，并赋予用户数据控制权，也有助于提升用户对个性化推送的信任和接受度。

实现用户兴趣的精确预测与新闻的高效推送是一个多层次、多技术整合的过程，涉及数据收集与预处理、模型选择与训练、特征工程、反馈机制、实时响应技术、内容多样性处理及隐私保护等多方面。随着技术的不断进步，算法在实现新闻内容与用户需求的精确匹配上将更加高效智能，为新闻传播的个性化和精准化推送开拓更广阔的前景。

第三节　VR 与 AR 在新闻中的应用

一、沉浸式新闻报道

沉浸式新闻报道利用 VR 与 AR 技术将观众带入新闻情境中，使他们能够体验到前所未有的互动性和感官参与感。随着技术的不断发展，新闻的呈现形式正从传统的平面报道和视频报道逐步转向全方位的、体验式的沉浸报道。这种报道模式旨在让观众不仅成为信息的接收者，更成为虚拟体验的参与者，深度感受事件的氛围、环境和细节。

VR 技术通过创建一个完全虚拟的环境，使用户仿佛置身于事件现场。用户可以佩戴头戴设备，进入一个三维的、逼真的新闻场景。无论是战场的残酷、自然灾害的无情，还是体育赛事的激烈，VR 技术都能够为观众带来如临其境的感觉。在这种沉浸式体验中，观众不仅仅是听或看新闻，他们更能"感受"新闻。这种沉浸感使用户的情绪和认知发生深刻的转变，从而让新闻的真实性和冲击力得到提升。用户在这种互动环境中能与虚拟场景产生联系，这种联系会促使观众更深刻地理解报道内容，激发他们对事件的共鸣和思考。

AR 技术则是在现实环境中叠加数字信息，使用户能够在现实场景中观察到新闻事件的动态呈现。与 VR 不同，AR 在用户的真实世界中增添了数字层次，将真实与虚拟结合得更为紧密。用户可以通过智能手机、平板或专用的 AR 眼镜，将新闻中的信息、图像和视频叠加到实际环境中，从而为观众提供更为多元的报道方式。AR 技术让新闻报道具有即时性和互动性，用户可以根据自己的兴趣和需要随时调整视角、探索内容细节，体验与新闻事件的多维互动。这种互动不仅改变了用户与新闻内容之间的关系，也改变了新闻传播的方式和受众的期待。

沉浸式新闻报道能够极大地增强用户的记忆力和参与感。研究显示，当人们参与到情境中时，他们的理解和记忆更为深刻。VR/AR 技术在新闻报道中的应用正是利用了这一点。通过虚拟的体验，人们可以更好地理解复杂的新闻议题，例如难以理解的地缘政治冲突或需要同理心的社会问题。沉浸式体验让观众身临其境地观察到平面新闻中无法传达的细微信息，例如人物的表情、环境的氛围及各种细节，从而让观众能够获得更全面的情感体验和认知。

新闻媒体在使用沉浸式报道技术时面临一些技术和道德挑战。VR/AR 报道的制作需要价格高昂的技术设备和专业人才，制作成本和技术门槛较高，限制了这一形式的普及和广泛应用。同时，沉浸式新闻给道德规范和真实性验证也提出了新的问题。由于 VR/AR 技术的模拟能力极强，如何保证新闻内容的真实性和公正性成为媒体需要面对的挑战。制作方在运用这类技术时，必须遵循新闻职业伦理，确保报道的真实性不受技术影响，避免过度渲染和偏见。

技术的进步为新闻行业带来了无限的可能。沉浸式报道使观众在接收新闻时获得了更加个人化的体验，增加了报道的影响力和观众的参与度。新闻不再是观众被动接收的信息，而是可以探索、体验和参与互动的内容。这种互动性和感官体验会让新闻更具说服力，使观众对新闻的理解更为全面和深入。VR/AR 技术的应用使新闻从单向的传播变为双向的沟通，在这种全新的模式下，观众可以有更大程度的参与和反馈。

沉浸式新闻报道正在改变新闻行业的未来发展方向。这种变革不仅体现在技术的应用上，还体现在新闻生产、传播和消费模式的根本转变上。随着 VR/AR 设备的普及和技术的成熟，沉浸式报道将有可能成为未来新闻报道的标准方式之一。新闻行业可以通过这种技术发挥更强的教育功能和信息传播功能，帮助观众更好地理解新闻事件的复杂性和背后的深层次问题。

在新闻报道不断变革和创新的背景下，VR/AR 技术的加入标志着新闻传播新阶段的到来。通过沉浸式报道，新闻从一条平面的信息变为一种多感官的体验，观众可以深入探索新闻的每一个角落。这种体验不仅让观众更好地理解新闻，还能激发他们思考，从而让新闻的社会影响力得以扩大。新闻行业如何平衡技术应用与报道真实性及伦理，是未来发展的重要议题，但可以肯定的是，沉浸式新闻将会成为新闻传播不可或缺的一部分。

二、互动式新闻叙事

AR 技术是近年来新闻领域中被广泛讨论和应用的新兴技术之一。它的出现打破了传统新闻叙事中观众被动接收者的角色，使其可以更深入地参与到新闻的传播中。通过在真实世界中叠加虚拟信息，AR 技术使新闻内容不仅仅是一段文字或视频，而是与观众的现实生活相融合的一种沉浸式体验。

在互动性新闻叙事中，AR 技术的使用为观众带来了一种独特的参与感。新闻不再是单向的信息传递，而是一种双向互动的过程。观众能够通过智能设备与新闻内容进行互动，深入挖掘细节、探索背景信息，甚至参与到报道的某些环节中。AR 技术的优势在于其能够将虚拟元素精准地叠加在现实环境中，这使新闻的呈现更加立体和丰富。观众可以通过移动设备的摄像头或 AR 眼镜，将新闻内容映射到眼前的实景中。这种互动不仅改变了信息的获取方式，还创造了一种身临其境的新闻体验，激发了观众的兴趣和参与欲望。

AR 技术在新闻叙事中的运用增加了信息的层次性和多样性。通过 AR 技术，新闻报道可以在不同层次上为观众提供信息。观众不仅可以看到文字和图片，还能够与新闻中的虚拟元素进行互动，获得相关的多媒体内容，比如图表、三维模型和视频讲解。这种层次化的信息呈现方式丰富了新闻内容，使观众能根据自己的需求选择关注的重点。对于复杂的新闻议题，AR 技术可以通过可视化数据的形式呈现出动态分析，帮助观众理解信息的全貌和细节。观众不仅是信息的接收者，也是信息的探寻者和创造者。

通过 AR 技术，新闻叙事的空间感和沉浸感得到了前所未有的提升。观众不再只是通过屏幕上的二维画面了解新闻内容，而是能够将自己置于新闻事件的场景中。例如，当新闻报道涉及自然灾害或重大工程建设时，AR 技术可以为观众呈现事件的模拟场景，使他们能够直观感受事件的规模和影响。这种沉浸式的体验有助于提高观众的代入感和理解深度，使新闻的传递更具吸引力和教育意义。

AR 技术带来的互动性不仅表现在内容的呈现上，还体现在新闻叙事的模式和观众体验的设计中。新闻制作者可以通过 AR 技术引导观众在新闻中进行探索，从而激发观众的主动性。观众能够根据自己的兴趣和需求，在新闻报道中进行选择和导航，探索更深入的信息。这种选择权使新闻不再是被动地灌输信息，而是观众主导的一种动态体验。在这一过程中，新闻叙事从单向传播向互动传播转变，观众从旁观者转变为参与者，进一步增强了新闻与观众之间的联系和共鸣。

AR 技术赋予了新闻叙事更强的互动性，这也使新闻的教育和科普功能得到强化。观众能够通过与虚拟元素的交互更深入地理解新闻中涉及的专业知识和复杂问题。特别是对于科学、技术和文化类新闻的报道，AR 技术可以通过直观的三维模型和虚拟演示，帮助观众轻松理解专业概念和技术原理。这种互动式的学习能够有效提高观众的知识储备量，提高其对新闻内容的接受度和记忆力。

在新闻制作方面，AR 技术为新闻从业者提供了全新的创作工具和表达手段。新闻制作者可以通过设计具有互动性的 AR 元素，激发观众的好奇心和探索欲望，吸引他们深入了解新闻内容。新闻报道可以通过这些互动元素呈现更多信息层次，使观众能够在短时间内获取全面的信息，从而提高新闻的传播效果和影响力。AR 技术还能够增强新闻报道的视觉冲击力和吸引力，使新闻内容更加生动和引人入胜。

AR 技术能增强观众与新闻内容之间的互动性还体现在情感交流方面。传统新闻报道中，观众往往与新闻内容保持一定的情感距离，而通过 AR 技术，观众能够在互动中建立起与新闻内容的情感联系。当观众能够通过互动感受到新闻事件的真实环境和氛围时，其情感体验会更加深刻。这种情感的共鸣不仅有助于观众对新闻的记忆和理解，还能够在一定程度上影响其行为和态度，使其更容易被新闻内容触动，进而采取行动或表达观点。

在新闻消费不断个性化的趋势下，AR 技术的应用满足了观众对互动性和定制化体验的需求。观众希望能够根据自己的兴趣和偏好获取信息，并在信息的消费过程中进行自主探索。AR 技术使新闻报道能够提供个性化的互动体验，观众可以根据自身兴趣选择不同的互动方式和信息层次，新闻传播因此变得更加灵活和生动。这不仅提升了新闻的传播效果，还增强了观众对新闻的黏性和忠诚度，使新闻内容在竞争激烈的媒体环境中更具优势。

三、技术成本与推广难题

VR 和 AR 在新闻传播中的应用带来了技术革新，为新闻受众提供了沉浸式、互动性更强的体验。然而，随着这些技术逐渐被探索并应用到新闻行业，成本和推广难题也成为不可忽视的挑战。尽管 VR/AR 新闻具有很大的潜力和优势，但推广的复杂性和高昂的成本限制了其大规模应用和发展。

VR 和 AR 技术的引入往往涉及高昂的前期投资，包括硬件设备、软件开发、人员培训和后续的维护成本。新闻机构如果要推出高质量的 VR/AR 内容，需要专门的摄像设备、计算机图形技术和专业人员，如程序员、3D 建模师和音效工程师。这些资源的投入远高于传统的新闻生产方式，增加了新闻机构的运营成本，使中小型新闻公司难以承受。同时，高端设备的价格和复杂性也使其难以普及，限制了其在公众中的渗透率。即便在一些有能力尝试的大型新闻机构中，项目的持续性也受到财政预算的限制，因为投资回报率往往难以在短时间内体现。

除了硬件和软件的高昂成本，VR/AR 新闻制作还需要特别的内容制作流程，这与传统的视频或文字新闻完全不同。新闻工作者需要运用新的技能来制作这些技术驱动的内容，这对人力资源的配置和培训提出了更高的要求。经验丰富的 VR/AR 技术人员和具有新闻敏感性的专业记者之间的协作成为必须，新闻机构需要投入大量时间和资源以建立这样的人才队伍。同时，制作 VR/AR 内容耗时费力，更新频率较高的新闻报道难以匹配这种制作周期较长的方式。

推广困难也是制约 VR/AR 新闻发展的重要因素之一。尽管一些受众对新技术充满兴趣，但大多数新闻消费者对沉浸式体验的理解和接受度有限。人们习惯了通过手机、电脑或电视获取新闻，接受 VR/AR 的交互模式需要改变长期养成的媒介消费习惯。推广新技术，需要克服用户对复杂操作的畏惧感并提供清晰的使用指导。然而，硬件的昂贵价格和不够普及限制了用户群体的扩展，普通消费者难以为此购买额外的设备，因此降低了潜在的受众规模。

VR/AR 内容的推广也面临着基础设施方面的障碍。使用这些技术进行新闻传播需要高速度和稳定的网络支持，尤其是在实时报道或交互体验中。网络条件的不稳定可能影响用户的体验效果，使推广 VR/AR 新闻在技术尚不成熟的地区更为困难。新闻机构在此方面的推广策略往往需要配合电信和互联网基础设施的发展，这对行业整体推进提出了外部条件的要求。此外，VR/AR 新闻的盈利模式尚未成熟，增加了推广的不确定性。广告和订阅服务是传统新闻机构的重要收入来源，但在 VR/AR 新闻中，如何高效地进行广告投放并吸引用户付费仍然面临探索。用户对高质量、复杂交互的 VR/AR 内容是否愿意支付额外费用，市场的接受度如何，都是新闻机构在推广过程中需要考量的核心问题。即便有一定数量的用户愿意为新体验买单，如何将这种需求扩展到可盈利的规模也是难题之一。

新闻行业的内容版权和隐私保护问题也随之凸显。VR/AR 技术的内容制作涉及复杂的技术框架和数据应用，对新闻素材的使用和处理提出了新要求。如何保证用户隐私，如何在沉浸式新闻中妥善处理用户数据，都是挑战。在此背景下，新闻机构不仅需要投入资金进行内容制作，还必须加大在数据安全、用户隐私保护上的投入，以应对不断变化的法律和监管环境。

推广 VR/AR 新闻还需要新闻机构与技术公司进行深度合作。与技术巨头合作可以缩减部分研发成本，但也可能面临一定的技术和运营主导权丧失问题。新闻机构要想使用这些技术，可能需要与这些公司谈判，确保内容的制作和分发符合自身的运营和盈利模式。合作中的技术壁垒和商业模式的冲突，使推广工作复杂化并充满不确定性。

VR/AR 新闻的发展面临技术和推广方面的双重挑战。从高昂的硬件和软件成本到复杂的内容制作流程，再到用户接受度和推广策略等难题，所有这些因素共同构成了其在新闻行业中普及的障碍。要在这些挑战中脱颖而出，新闻机构不仅需要进行长期的战略规划，还需要密切关注市场和技术的动态变化，逐步降低技术成本，提高用户体验，最终实现 VR/AR 新闻的可持续发展和广泛应用。

第四节 区块链技术对新闻真实性验证的推动

一、去中心化的新闻验证系统

区块链技术正在逐步成为新闻业中确保真实性和透明度的重要工具。去中心化新闻验证系统通过其独特的结构和技术特点，提供了一个强有力的框架，使新闻信息的验证不再依赖单一权威机构，而是通过广泛分布的节点网络进行数据共享和确认。其核心理念在于建立一个无法被单一实体篡改的分布式账本，使信息的透明度和可靠性大大提升。

在区块链技术的作用下，新闻内容的来源和传播路径都可以被清晰地记录和追踪。每一条新闻在发布和传播时都可以被视为一个数据块，这个数据块包含新闻的创建时间、来源、编辑记录等信息，这些数据被永久地存储在区块链网络中。由于区块链的分布式特性，所有的参与节点共同维护账本，确保数据的一致性和透明度，任何试图更改已记录信息的行为都会被整个网络的其他节点察觉并阻止。这种机制有效地防止了新闻内容被篡改和虚假信息的传播，使每一则新闻的真实性得到了高度的保障。

区块链技术的去中心化特点使其具备抵抗外部干预的能力。传统的新闻验证系统通常由集中式组织或平台控制，这样的结构容易受到攻击或被操控。然而，在区块链网络中，信息的验证和记录依赖数以千计的节点共同参与，无论是新闻机构、媒体从业者还是公众，都可以成为这一网络的一部分。通过分布式共识机制，网络中的所有节点协同验证新闻内容的真实性，这种多方参与的方式极大地增强了新闻验证过程的客观性和公正性。

去中心化新闻验证系统依赖智能合约来实现自动化的验证流程。智能合约是一种内嵌在区块链上的自执行代码，它能够根据预先设定的条件自动运行。在新闻验证中，智能合约可以用于检查新闻来源的信誉度、交叉验证多个来源的报道、核实相关数据的真实性等。当新的新闻数据被上传到区块链时，智能合约可以立即启动验证流程，自动扫描数据库中相关的历史记录和已知数据，以便确认该新闻是否符合真实性标准。这种自动化过程不仅提高了验证的效率，还减少了人为因素带来的主观偏见和错误。

另外，区块链中的溯源功能为新闻验证提供了有力支持。通过区块链技术，新闻从产生到发布的整个过程都可以被完整地记录下来。这使每一个参与编辑、修改和传播的环节都具有可追溯性，从而有效抑制了新闻制造中的虚假行为。当新闻消费者或验证者需要确认某条新闻的真实性时，只需查看区块链上该新闻的链上记录，即可了解其起源和编辑历史。这样的透明度在以往的集中式新闻系统中是无法实现的。此外，去中心化验证系统也为新闻提供了一个更加可信的审核机制。通过共识机制，节点网络会依据特定的算法来协商和验证某一条新闻的真实性。为了通过验证，每一条新闻数据必须满足网络设定的真实性标准。如果有节点试图提交错误或伪造的信息，其他节点会拒绝这些信息，并保持整个区块链系统的完整性。不同于传统的审核机制，区块链的共识算法通过计算能力和逻辑运算进行验证，而不是依赖少数人的判断或权威意见。这种做法进一步消除了人为干预和利益冲突的风险，使新闻的验证更加客观、公平。

区块链技术在新闻验证系统中的应用还可以提高公众的参与度和信任度。由于去中心化结构允许所有人访问链上记录，公众可以直接查阅新闻的验证信息，了解新闻的真实性来源及编辑历史。这样的开放性不仅增强了用户对新闻平台的信任，也促进了信息的公开透明。此外，区块链的不可篡改性确保了新闻验证信息的长期保存和可查性，防止了信息在时间的流逝中被人为修改或删除。

去中心化的新闻验证系统还对防止虚假新闻和虚假信息的传播起到了积极作用。在信息传播速度飞快的新媒体环境中，虚假新闻的出现往往伴随着重大的社会影响，甚至可能导致公众恐慌和错误决策。区块链通过其安全性和透明度，使每一条信息都必须经过验证和确认。这种验证过程不仅针对新闻内容本身，还可以扩展到对发布者的背景和信誉进行评估，从而让虚假信息无处遁形。

这种去中心化的验证方式为未来的新闻行业提供了一个新的安全基石。在未来的发展中，随着技术的进一步成熟和应用范围的扩展，去中心化新闻验证系统有望被更广泛地应用于媒体行业和公众传播领域，推动整个信息生态系统向着更加健康、透明和公正的方向迈进。

二、区块链在版权保护中的作用

区块链技术的应用逐渐渗透到各个领域，其去中心化、透明、安全和不可篡改的特性，为解决新闻版权保护问题提供了新的路径。新闻版权问题一直是新闻行业的痛点，由于内容数字化传播的迅速发展，侵权和版权纠纷频发。区块链技术通过其独特的结构和运作机制，能够有效保护新闻内容的版权，从而为新闻行业的健康发展提供保障。

区块链技术具有分布式账本的特性，每一份新闻作品都能够通过在区块链上进行加密注册，实现数字版权的确权。每条新闻内容在上传到区块链后，会获得一个独一无二的数字指纹，确保该内容的所有权和来源可追溯。由于区块链记录的是不可篡改的数据，新闻作者或媒体机构一旦在区块链上注册了其内容的版权，任何人想要修改或删除这些记录几乎是不可能的。这种数据的透明性和永久性使版权的确认和追踪变得更加高效和可信，减少了传统版权登记中因人为错误或蓄意篡改导致的问题。

在实际应用中，区块链技术能够在内容创作的整个生命周期内提供支持。新闻从撰写到发布，作者可在初始创作阶段将其内容上链，并生成与之关联的时间戳和数字签名。时间戳记录了创作的确切时间，数字签名确认了创作者的身份，进一步加强了版权的法律效力。当其他媒体或平台想要转载该内容时，可以通过区块链验证内容的原创性和版权所有者的授权情况，确保使用的合法性。这样不仅保护了原创作者的权利，还能够有效减少未经授权的侵权行为。

智能合约作为区块链技术的重要组成部分，在新闻版权保护中具有重要作用。智能合约是一种自动化的执行协议，可以在特定条件满足时触发程序的自动运行。新闻机构和内容创作者可以利用智能合约实现自动化的授权和支付流程。当第三方需要使用某篇新闻内容时，可以通过智能合约进行授权申请和使用费支付。智能合约会自动处理交易，包括验证授权方的身份、收取使用费、转移使用权等环节。这种方式简化了传统版权保护中复杂的流程，提高了版权交易的效率和透明度，降低了运营成本，同时确保内容创作者获得应有的报酬。

区块链的去中心化特性还解决了新闻版权保护中常见的权力集中和不透明问题。传统的版权管理往往需要依赖集中化的中介机构，如版权协会或平台公司，这不仅会带来费用高、时间长的问题，还存在数据泄露和篡改的风险。区块链技术通过将数据分布在多个节点中，每个节点都维护着同样的数据副本，避免了单点故障和权力滥用。信息的存储和管理由所有参与者共同参与和监督，使版权保护更加公平和透明。

新闻行业在利用区块链技术保护版权的过程中，还能通过这种技术建立一个开放且共享的数据库。该数据库中记录着所有上链的新闻内容和版权信息，方便用户快速查询和验证。在这种环境下，即使是新的媒体平台或个人创作者也能够获得便捷的版权登记和查询服务，避免了重复创作和不必要的版权纠纷。同时，区块链技术还可以记录每次内容的使用情况和传播路径，使版权方可以准确了解其作品的使用情况。这种数据对于新闻作者和机构来说，不仅能够用于监测内容的影响力，还能够根据使用情况调整未来的版权策略和收费模式。

除了保护新闻内容的版权，区块链技术还能够在防止虚假新闻传播方面发挥作用。通过结合区块链和其他验证工具，新闻行业可以在区块链上注册可信内容，并对其进行标记。当读者或用户接收到新闻信息时，可以通过区块链上的信息核实新闻来源的真实性和可信度。这种验证机制可打击假新闻的传播，提升公众对新闻媒体的信任度。

在推动区块链技术在新闻版权保护中的应用时，还需要应对一些挑战和阻力。尽管区块链技术已经在许多领域显示出巨大的潜力，但其在新闻版权保护中的普及仍面临技术壁垒、用户接受度、监管框架等方面的难题。为此，新闻行业、技术公司和监管机构需要共同努力，制定相关标准和协议，推动区块链技术在新闻版权保护中的广泛应用。技术公司需要提供更加易于操作和经济实惠的区块链解决方案，使新闻机构和个人创作者能够轻松上链登记作品。同时，监管机构需要在法律层面提供支持和保障，确保区块链在新闻版权保护中应用的合法性和有效性。

区块链技术通过其透明、去中心化和安全的特点，为新闻版权保护带来了新的希望。通过结合区块链和智能合约，新闻行业能够更有效地实现版权的登记、确权、追踪和授权，提升了版权保护的效率和公平性。这种技术应用不仅保护了原创作者和新闻机构的利益，还促进了行业的健康发展与创新。未来，随着技术的不断成熟，区块链在新闻版权保护中的作用将愈加显著，推动新闻传播领域迈入一个更加安全和透明的新时代。

第四章 新媒体环境中的受众行为分析

在新媒体环境下，受众的行为方式和需求发生了显著变化。本章将分析受众的数字化转型过程，探讨新媒体环境下受众需求的变化趋势，研究如何提升受众的参与感与互动性，以及如何通过用户反馈优化新闻内容，为媒体从业者提供宝贵的参考。

第一节 受众的数字化转型

一、信息获取方式的变革

信息获取方式的变革随着科技的迅猛发展和数字化浪潮的不断推进，经历了深刻的转型。从前的传统媒体时代，信息的传播和获取以报纸、广播和电视为主要载体，受众获取信息的方式相对固定且单向。报纸每日定时出版，广播和电视在特定时段播出新闻，人们的阅读、收听与收看需要依赖这些既定的时间和物理设备。信息流多集中掌控在媒体机构手中，传播者和接收者之间的互动极少，信息传递主要是单向的，受众在这一过程中只能被动接受。

随着互联网和信息技术的普及，获取信息的方式迎来了划时代的变革。数字平台迅速兴起，各类网站、社交媒体打破了信息传播的时空限制，使信息的传播和接收变得更加即时和多元化。个人电脑逐渐成为获取新闻的主要工具，受众可以随时登录新闻网站或浏览网络平台，选择感兴趣的内容进行阅读。信息的传播由单向演变为双向甚至多向，不再是传统媒体的独角戏，用户可以通过评论、分享和回复与信息源进行互动，形成有互动和共鸣的社区氛围。

移动互联网的出现再次推动了信息获取方式的飞跃式发展。智能手机和平板电脑成为主流信息获取设备，将信息传递的便捷性提升到新的高度。得益于这些设备的便携性，受众不再受限于固定的空间和时间，可以在任何地方通过手机应用、社交媒体、新闻客户端等平台获取信息。相应地，信息的更新频率显著加快，新闻报道实现了 24 小时不间断更新，随时向用户推送最新消息。受众不必再等待次日早报或者夜间新闻，他们可以通过推送通知和应用内的即时信息，快速掌握世界范围内的最新动态。

移动设备的普及带来的不仅是便捷获取信息的方式，更是信息内容的丰富与形式的多样化。文字、图片、视频、直播等多种媒体形式融入了信息传播体系，使内容的呈现更加生动立体。用户不仅可以阅读长篇深度报道，还能观看短视频新闻、参与实时直播讨论，甚至收听以访谈或故事为载体的音频节目。信息获取变得更加灵活和个性化，不同用户可以根据自己的偏好和习惯，选择最适合自己的方式来接收信息。

社交媒体平台成为移动互联网时代信息传播的重要枢纽。微信、微博、Meta、X 等社交平台迅速崛起，将社交互动与信息传播完美融合。受众不再只是信息的被动接收者，而是转变为信息的传播者和创造者。每个人都可以通过发布动态、转发新闻、撰写评论等方式参与信息的传播和讨论。信息获取的过程被注入了个人表达的成分，极大增强了信息的流动性和传播广度。

算法推荐技术的应用则为信息获取方式带来了深远影响。人工智能和大数据分析技术的广泛运用，使信息的推送更加个性化和精准化。移动端应用和浏览器通过分析用户的浏览历史、兴趣爱好和行为模式，自动为用户推荐符合其喜好的新闻、文章和内容。尽管这一技术极大地提高了用户获取信息的效率，但也引发了"信息茧房"的问题，使受众容易局限在符合自己兴趣和观点的圈子内，减少了与不同声音和多元观点的接触。

移动设备和数字平台使信息获取的自主性和便利性大大增强，但也带来了新的挑战和问题。信息的碎片化、过度推送和信息噪音使受众需要具备更强的信息筛选和辨别能力。在信息获取过程中，受众要面对源源不断的信息流，挑选出有价值且可信的内容变得困难重重。受众在享受即时获取海量信息的便利性的同时，也承受着更大的认知负荷。

信息获取方式的变革是从传统媒体的单向传播，逐渐走向移动设备和数字平台的多元化、互动性和个性化。通过智能设备获取信息，已经成为当代人日常生活的重要组成部分，进一步模糊了传统新闻传播和社交的界限。这一转变不仅体现了技术进步对社会和人们生活的深刻影响，也预示着未来信息传播和获取方式将朝着更加智能化、便捷化和融合化的方向发展。

二、社交媒体的影响

社交媒体已然成为现代信息传播的重要渠道之一，对受众获取和分享新闻的方式及行为产生了深远的影响。随着科技的不断进步，社交媒体作为即时、便捷的信息传递工具，不仅改变了受众的新闻消费模式，还重塑了他们的互动和表达方式。社交媒体的普及使新闻的获取不再依赖传统媒体的固定时间和内容，打破了单向传播的壁垒，提供了前所未有的自由度和互动性。

在这种新的传播环境中，受众从被动的新闻接收者转变为信息的主动参与者和传播者。社交媒体平台允许用户通过点赞、评论、分享等方式表达观点和态度，从而形成了一个复杂的反馈系统。新闻内容不再是记者与编辑团队的专属产物，而是由于社交媒体中众多受众的参与被赋予了更多维度。受众在这一过程中不仅是信息的接收者，还成为二次传播的参与者，将新闻推向更广的受众群体。

社交媒体改变了新闻传播的速度和广度。新闻事件可以在几分钟内迅速扩散到全球范围，任何用户都可以通过发布和分享新闻，使新闻的扩散速度和影响力大大增加。这种快速传播的特性使社交媒体成为信息传递的高效渠道，满足了现代社会中人们对即时信息的需求。然而，这种极速传播也带来了新的问题，例如信息的真实性和准确性受到挑战。社交媒体上信息的验证机制较为松散，虚假新闻、误导性内容及谣言容易蔓延，使受众在获取信息时必须更为谨慎和具备判断力。

社交媒体还影响了受众对新闻的信任和选择。社交平台根据用户的兴趣、行为和社交圈定制新闻推送，导致信息泡沫现象的出现。受众在这种环境下更容易接触与其已有观点一致的信息，从而强化了个人的主观立场，与不同观点的信息逐渐减少接触。这种信息的过滤和选择性推送虽然提高了用户体验，但在某种程度上也削弱了多样化的信息获取，限制了受众对新闻事件的全面理解。社交媒体提供了言论和思想自由表达的空间。受众通过社交平台不仅可以获取信息，还可以对新闻事件进行讨论和评论。这种双向互动模式提高了参与度，使新闻事件不再只是冷冰冰的文字，而是富有生动和多元的视角。受众通过评论区和讨论组可以与其他用户进行思想碰撞，形成广泛的社会讨论。这种讨论一方面增强了用户的参与感，使新闻不再仅仅体现新闻工作者的视角，而是集体智慧的体现。也加剧了观点对立和情绪化表达，社交媒体上缺乏监管的讨论可能导致极化现象，甚至引发社会矛盾。

社交媒体在传播新闻的过程中突出了可视化和娱乐化趋势，新闻报道在编排和呈现方式上不断调整以适应受众的偏好。图片、视频、短视频和直播形式的使用，让新闻内容更具吸引力和感染力，使受众在短时间内获得丰富的信息体验。然而，这种新闻娱乐化和碎片化趋势可能影响受众对深度新闻内容的关注和分析能力。社交媒体的滚动更新和短平快的内容发布机制，使受众更倾向于快速浏览新闻标题，而忽视了对事件背景和细节的深入了解。

社交媒体改变了新闻发布的权利结构和信息流动的方向，传统媒体不再是唯一的新闻发布主体。自媒体、博主和普通用户都可以成为新闻的发布者，这种去中心化的特征让信息的传播和获取变得更加多样和开放。社交媒体上每个人都有成为"记者"的机会，通过自己的视角记录和发布新闻。这种趋势虽然增强了新闻的广泛性和多样性，但也导致信息质量参差不齐，缺乏专业的核实和筛选机制。

在社交媒体的影响下，新闻传播逐渐从严肃和深度走向碎片化和即时性。为了适应社交媒体的特点，新闻机构越来越注重新闻内容的短小精悍和互动性。标题党、引人注目的短视频和个性化推送成为新闻吸引受众注意的手段。虽然这提高了新闻的传播率和受众的活跃度，但也引发了对新闻质量和社会责任的思考。如何在保证传播速度的同时，维护新闻的真实性和深度成为新闻行业的重要课题。

受众在这个新环境中也面临着诸多挑战和机遇。他们在享受更自由的信息获取和表达权利的同时，需要提升信息素养，学会辨别信息的真伪，培养批判性思维。社交媒体提供了获取和分享新闻的多样化途径，但也需要受众意识到潜在的局限性和风险。未来，随着技术的进一步发展和社交平台的演化，受众的行为和新闻传播的模式将继续变化，如何在多样化的新闻环境中平衡信息自由、真实性和社会责任是值得长期探讨的课题。

三、数字素养的提高

数字素养在新媒体环境中显得尤为重要，随着信息技术的快速发展和数字平台的普及，人们面对的信息量激增，信息传播的方式和速度也得到了极大改变。在这种环境下，受众面临的最大挑战之一是如何提高自身的数字素养，从而有效地应对信息流的复杂性和多样性。数字素养不仅是指对信息技术的操作和使用，更包括对信息的理解、批判性思考及应用的能力。数字素养的提高，要求受众具备一系列技能，如筛选信息的能力、辨别信息真伪的能力、对信息来源和意图的批判性分析能力等。

受众在新媒体环境中，常常面临信息过载的状况。信息过载导致信息接收者在短时间内无法有效吸收和理解内容，因此必须提高自我筛选信息的能力。信息筛选并不是单纯地挑选或排除，而是基于个人需求、知识背景、兴趣和现实意义进行的有意识的选择过程。面对网络中各种各样的信息，受众需要学会分析和评估其真实性和权威性。没有这种能力的受众容易受到虚假信息、偏见或误导性新闻的影响，进而影响他们的判断力和决策能力。

在数字素养的培养过程中，信息甄别和批判性思维显得尤为重要。新媒体的信息流具有开放性和无序性，很多未经验证的信息可以迅速传播，这对受众的判断力构成了挑战。提高批判性思维能力，是让受众在接收到信息时，不仅是被动接受，还要进行分析和质疑。要做到这一点，受众应具备基本的知识储备和认知能力，能够辨析不同来源的信息，识别其中的逻辑漏洞或潜在偏见。这不仅能帮助受众降低被误导的风险，还能培养他们更加理性和全面的思维方式，使他们在处理复杂信息时更加从容和精准。

信息筛选能力的提高还依赖于对数字工具的有效使用。各种数字工具为信息管理和筛选提供了技术支持，如过滤器、阅读器、数据可视化工具等。学习如何使用这些工具，让受众能够在繁杂的信息流中快速找到对自己有用的内容，进而减少信息冗余和认知负担。有效使用这些技术工具不仅提升了受众的数字素养，也增强了他们对信息的主动掌控能力，使他们在获取信息时更加高效和有条理。此外，受众需要在提高数字素养的过程中，培养信息安全和隐私保护意识。新媒体环境下，信息共享和传播带来了隐私风险和数据安全问题，受众在信息获取和分享时，需保持警惕，了解基本的网络安全知识，包括如何保护个人数据、识别钓鱼信息和虚假网站等。受众具备良好的信息安全意识，能够提高他们在数字空间中的自主性和保护自己权益的能力。这也是数字素养的重要组成部分，帮助受众在复杂的网络环境中维护自身的信息安全。

提高数字素养的过程还应包括培养对信息的多角度解读能力。单一的信息源往往不能提供全面的视角，受众在获取信息时，需要有能力从多个来源进行比较和分析。信息的多元性和对比性有助于受众形成更全面的认识，避免受到单一来源的信息影响而形成偏见或错误观念。信息的多角度分析不仅提高了信息质量，还能帮助受众培养全球视角和包容性思维，使他们在新媒体环境中更加具有批判性和开放性。

数字素养的提高与信息管理能力密切相关。随着数据量的持续增长，信息分类、存储和查找变得越来越重要。受众需要掌握如何在数字平台上对信息进行有效管理，以便未来查阅和利用。这涉及知识管理和数据素养，包括如何存储有用信息，如何对信息进行分类和标记，以及如何利用技术工具进行快速检索。良好的信息管理能力能提高受众处理信息的效率，使他们在信息繁多的世界中保持有序和高效。受众在新媒体环境中提高数字素养，还需要具备一定的创造性和信息表达能力。新媒体不仅是信息的接受平台，更是信息分享和创造的舞台。数字素养的提高要求受众不仅是信息的消费者，更要成为信息的生产者和传播者。通过内容创作和信息表达，受众能更深刻地理解信息的逻辑和结构，同时提高自身在数字环境中的表达能力和影响力。数字素养的提高有助于受众在新媒体环境中更好地与他人互动，形成良好的信息交流习惯和社会沟通能力。

在培养数字素养和信息筛选能力的过程中，受众的自我学习和持续实践显得尤为重要。新媒体技术的迅猛发展带来了新的挑战和机会，受众必须保持学习和适应的态度，持续提高自身的能力。这种学习不是一时之举，而是长期的积累和实践，是在不断探索中提升自我信息素养和掌控能力的必由之路。通过不断强化这些能力，受众才能在信息过载和信息多样化的时代中保持清晰的视野和理智的判断。

第二节　新媒体环境下的受众需求变化

一、个性化内容的需求

在当今数字化时代，受众对个性化内容的需求日益增加。这种趋势不仅是技术进步的结果，更是人们在海量信息涌入的前提下追求高效获取和专属体验的自然延伸。现代社会的信息流量极其庞大，受众面对的资讯在数量和复杂性上都呈现出爆炸性增长态势。为了在这样的环境中获取符合自己兴趣和需求的内容，用户开始期望信息提供者能够提供更加定制化和有针对性的内容服务。

对个性化内容的需求本质上源于人类对高效和精准的渴望。在信息泛滥的背景下，受众不再满足于传统的、广泛覆盖的内容分发方式，而是倾向于寻求能够迅速满足其特定兴趣和需求的信息。这种倾向改变了媒体行业、出版业和数字内容提供平台的生产和推送模式。为了迎合用户的这种需求，内容生产者需要采用数据驱动的策略，通过算法和数据分析来了解和预测受众偏好，使其提供的内容更加契合受众的期望。

对个性化内容的需求推动了内容推荐系统的普及和进化。通过大数据和机器学习技术，平台能够分析用户的浏览历史、搜索习惯、点击率和互动记录，从而形成用户的兴趣画像。这些用户数据能够使内容分发更加精准，实现从"大众传播"到"精准传播"的转变。基于此，个性化推荐系统不仅能够提高用户体验，还可以显著增加用户的黏性和平台的使用频率。受众更愿意回到这些符合其偏好的平台，原因在于其提供了用户想要而非冗余的信息。

从心理学的角度来看，个性化内容满足了受众的认同感和归属感。当用户看到符合自己兴趣的内容时，他们会感受到与内容的共鸣。这种体验增强了用户对平台的依赖和忠诚度，形成了一种积极的循环，即用户提供数据，平台分析数据并优化内容推荐，用户体验进一步改善，数据反馈更加全面。通过这种反馈循环，个性化内容的精度不断提升，满足用户需求的能力持续增强。

个性化内容的需求不仅体现在信息的准确性上，还涉及信息的呈现方式。不同的用户在内容消费上有不同的习惯和偏好。一些人偏好视觉内容，例如图片和视频；一些人则偏好文本内容，例如细致的分析和长篇的解读；还有人希望通过音频的形式接收信息，比如播客或有声书。因此，内容提供者在开发和生产内容时，不仅要考虑信息的相关性，还要多样化其形式和呈现方式以满足不同用户的消费习惯。

技术的发展在个性化内容的推送中起到了不可或缺的作用。人工智能、数据挖掘和机器学习等技术的应用，使内容的定制化与用户需求更加紧密结合。通过分析用户在线行为，平台可以预判用户对内容的偏好，从而提供"量身定制"的内容体验。例如，智能推送功能能够让用户在浏览时自动获取感兴趣的新闻或文章，而不需要在海量信息中自行筛选。这样的技术不仅简化了用户的搜索过程，还能增强用户获取信息的效率，使整个过程更加自然和顺畅。

从商业角度来看，个性化内容的需求也为企业创造了更多的机会。广告商和品牌主可以通过精确的用户数据，将定制化信息推送给目标受众，以提高广告投放的转化率。与传统的广告相比，个性化广告通过数据的支持，能够更精准地接触真正感兴趣的用户，避免了资源的浪费，同时也减少了用户的反感和对广告的排斥。个性化的内容不仅使广告更有效，也让用户获得更贴合其需求的信息，形成了一种双赢的局面。然而，个性化内容的需求也带来了一定的挑战。隐私和数据安全问题成为人们普遍关心的焦点。在内容推送个性化的过程中，平台和公司获取和处理大量的用户数据，这些数据需要确保在用户知情和同意的情况下使用。同时，过度的个性化可能导致"信息茧房"的现象，即用户接收到的信息过于单一，只反映其已有观点和兴趣，阻碍了对多样信息的接触，降低了信息获取的广泛性和多元性。因此，内容提供者在推送个性化内容时，也需要找到用户体验和信息多样性之间的平衡。

对个性化内容的需求已经渗透到人们日常生活的方方面面，从新闻阅读到娱乐内容的观看，从购物推荐到社交媒体的更新，都在迎合着这种趋势。未来，随着技术的不断发展，内容个性化的程度会愈加深入和细化。内容提供者不仅需要不断提升内容的精准度，还要在尊重用户隐私和提供多元化信息之间找到最佳的平衡点。个性化内容的需求反映了现代社会对信息消费的高期望，也为未来的内容生产和分发模式指明了方向。

二、实时更新的需求

在新媒体环境中，实时更新的需求已成为不可忽视的重要元素，它直接关系到受众的吸引力和新闻传播的有效性。即时性内容不仅是信息的快速传递，它更是一种满足现代受众需求的关键策略。随着技术的发展和人们生活节奏的加快，信息的时效性已从附加价值变为核心竞争力之一。每个媒体平台都在竞争中追求更快、更精准的内容输出，以吸引和留住受众。

即时性内容的重要性体现在其对信息传播速度和覆盖面的强化。传统的新闻周期已无法满足当前的需求，受众不再愿意等待一整天或几小时来获取最新的动态。他们希望在事件发生的那一刻便能知晓相关信息。因此，媒体平台和新闻工作者需要迅速收集、处理并发布内容，以满足这种需求。这种快速的更新不仅提升了信息的鲜活度，还增强了媒体的公信力和用户黏性。一个新闻媒体能否及时提供内容，直接影响受众对其的信任和忠诚度。

从受众行为来看，获取信息的即时性已深刻影响了他们的消费习惯和期望值。人们越来越倾向于选择能够实时更新的平台，因为这些平台让他们感到信息获取更加方便和高效。即时更新意味着受众可以在极短的时间内了解最新情况，帮助他们在工作、学习和日常生活中作出快速决策。随时更新的内容让受众感到时刻与外部世界保持连接，这种连接感为他们提供了安全感和信息控制感。

即时性内容的生产对新闻从业者提出了高标准的应对能力。他们必须具备快速反应和精准判断的能力，以确保内容在迅速发布的同时不失去真实性和准确性。这种要求使内容的审核和校对流程也需要同步加快，而不会因为速度而降低质量。

为了实现这一点，许多媒体已经采用了自动化工具和人工智能技术，这些技术能够帮助新闻从业者在短时间内处理大量信息并提供初步的内容校对功能，从而提高效率并减少人为错误。然而，这并不意味着记者的作用减弱，相反，他们的责任更重大，必须在保持速度的同时确保内容的专业性和道德标准。

实时更新还催生了对媒体传播模式的重新思考。即时性内容推动了内容形式的多样化和互动性的增强。直播、短视频、推送通知等形式的出现，使信息传播不再仅限于文字和图片的组合，更加注重现场感和参与度。受众不再只是被动的信息接收者，他们希望通过评论、分享和反馈等方式参与到内容的传播中来。这种互动性的增加，使媒体平台在传播内容的过程中，不仅要关注如何快速传递信息，还要考虑如何吸引受众的深度参与和持续关注。

即时性内容的重要性同样体现在其对竞争格局的影响上。在当今高度饱和的信息环境中，受众的注意力已成为一种稀缺资源，任何延迟发布或反应迟缓的媒体都可能在瞬间失去用户。因此，许多媒体投入了大量资源以确保其信息更新的时效性，例如建立全球新闻网络和加速数据传输技术。这些举措在确保快速发布的同时，也提高了内容的广泛传播能力和准确性，进一步加深了媒体在受众心中的权威地位。在受众层面，即时更新的内容能够满足他们对信息及时性的渴望，同时影响他们的选择和行为习惯。当受众感到他们可以随时了解最新事件时，他们更有可能形成对信息来源的依赖性。这种依赖性反过来推动媒体在内容生产上不断提高速度和质量，以保持其受众基础的稳定性和扩大化。及时性信息还增强了受众的参与感，尤其在社交媒体上，受众更愿意围绕最新内容进行讨论和分享，形成高度互动的社群氛围。这不仅促进了内容的二次传播，也为媒体提供了更多用户数据，帮助其在未来更精准地满足受众需求。

从技术角度来看，信息的即时性是对传播技术和手段的考验。新的数据收集和分析技术，使新闻工作者能够在更短的时间内处理和发布信息，这种能力已经成为许多媒体的竞争优势。实时更新不仅要求硬件设施的配合，如高速网络和强大的服务器支持，还需要软件系统的优化，以确保内容在流量高峰期的稳定传输。

实时更新的需求推动了受众对媒体消费习惯的转变，并且这种变化已不可逆转。媒体必须不断进步和创新以保持其在市场中的竞争力。即时性内容的重要性日益突出，成为现代新闻传播不可或缺的一部分，而这种内容的不断完善也在深刻地塑造着未来的传播环境和受众行为。

三、多媒体内容的吸引力

多媒体内容的吸引力在现代信息传播中扮演着至关重要的角色，它的核心在于通过视听结合的方式在信息传达中产生更强的感官刺激，从而吸引受众的注意力。视频、图像和音频等多形式内容的运用不仅丰富了信息呈现的形式，也提高了信息的传递效率和影响力。这种形式的内容在快速传播与抓住受众兴趣方面具有独特的优势，能够迅速传递复杂的信息，并在短时间内引发情感共鸣，使受众愿意花费时间与精力进行深入了解。

在视觉传播方面，图像和视频具有独特的即时性和冲击力。视觉信息通过图像或视频传递时，能够直观地展示细节、表达情绪和描绘场景，让受众迅速理解和吸收内容。在一张图像中，细节、色彩、构图等要素共同作用，能够有效地吸引受众的注意力并激发情绪反应。视频则在此基础上进一步扩展，不仅展示静态画面，还能够结合动作和动态变化，增强视觉吸引力。在视频中，镜头语言、剪辑节奏和视觉效果等要素结合使用，能够在短时间内传递大量信息，并营造特定氛围，使受众产生代入感。这种动态视觉体验对受众的吸引力远高于单纯的文字或图片，特别是在现代生活节奏加快、信息流速加剧的情况下，视频内容在保持注意力和传递信息效率方面表现出色。

音频作为多媒体内容的重要组成部分，通过声音的变化、语调、节奏和音乐等元素，能够有效引起听觉注意，补充视觉信息的不足。音频信息常常用于营造特定的情绪氛围或背景环境，让受众能够更深入地体验和理解内容。音效和背景音乐能够强化情感表达，使信息传递不再局限于单一感官，而是形成一种多感官协同的体验。通过结合图像、视频和音频，传播者能够创造出引人入胜的多媒体内容，使受众在短时间内接收到强烈的情感刺激和丰富的信息量。多感官协同作用不仅有助于吸引注意力，还能加强对信息的记忆和理解，让信息在受众心中留下深刻印象。

视频内容通过时间轴将故事或信息进行连贯表达，受众可以在观看的过程中逐渐构建对信息的理解和认知。通过视听的结合，传播者能够利用叙事手法、视觉效果和音频背景，营造悬念、高潮等戏剧性情节，激发受众的情绪波动和好奇心。信息以这种方式呈现，不仅增强了趣味性，还让受众对内容产生更高的参与感。音频的运用进一步丰富了这一体验，无论是通过解说、对话还是背景音乐，声音都能使信息表达更有层次和立体感。音频中的音调和节奏能够引导受众情绪，使他们在无意识中受到内容情感基调的影响。

图片和图像的吸引力在于其简单、直接的表达方式。受众在浏览图像时无须进行过多的思考，便能快速领会其核心信息。图片的色彩搭配、人物表情、视觉焦点等都能够激发受众的直觉反应，从而使其在信息中停留更长时间。利用图片来传递信息的优点在于其不受语言限制，可以跨文化和地域传播，这使其在全球化传播中表现突出。视觉元素的合理设计能够引导受众视线，使其注意力集中在特定信息上，形成有序的信息吸收。

多媒体内容的优势还体现在其对信息记忆的增强作用上。相比单纯的文字信息，多媒体内容可以通过多维度的感官刺激加深受众的记忆。视听结合的信息传递，使信息在大脑中形成更丰富的联想网络。视频中的视觉与音频内容同步出现，让信息在视觉和听觉的共同刺激下被大脑迅速接收和储存。音频与视觉元素之间的相互作用，使受众在回忆信息时，能够更容易回想起内容的具体细节。这种深层次的记忆体验，有助于增强信息在受众心中的印象，提升信息传播的效果。

信息的广泛传播和用户注意力的争夺是当今媒体环境中的核心挑战。在这种背景下，多媒体内容因其多样的表现形式和生动的表达方式而具有天然的吸引力。通过对视听元素的巧妙组合和互动设计，传播者能够在信息量过载的环境中脱颖而出，得到受众的关注并促使他们进一步参与和分享。多媒体内容的这种特性，促使现代信息传播逐渐由传统的单一文字表达转向更为复杂和多样的表现形式，以满足和吸引更加挑剔和多样化的受众需求。

第三节　受众参与感与互动性的提升

一、互动性工具的应用

在数字化时代的推动下，互动性工具的广泛应用显著改变了人们获取信息的方式，尤其是在直播和互动视频的使用上，这些工具不仅扩展了传统媒体的边界，也在深层次上增强了受众的参与感。无论是直播还是互动视频，它们通过实时性、沉浸性、社交性等多种元素，将受众从过去被动接受信息的角色，转变为积极参与内容创作与传播的重要一环，进而推动信息传播效率和效果的提升。这种互动形式不仅影响了信息的传播方式，还重新定义了受众的观看体验和参与行为，使每一个受众都成为信息流通的节点。

直播作为一种高实时性的互动工具，以"此时此地"的特性打破了传统传播方式的时空限制。它将内容创作者与受众之间的物理距离通过技术手段缩短，使双方能够在同一时间内进行多维度的交流。在这种实时互动中，受众能够通过文字、表情、虚拟礼物等方式参与到直播进程中，进一步增加了他们的存在感和影响力。而这种实时互动的特性，让受众感到自己不仅是信息的接收者，更是内容的创造者和推动者之一，这种归属感无形中增强了受众的参与意愿。此外，通过主播的实时反馈，受众也能够迅速了解他们对内容的影响，这种双向互动的交流机制形成了一个良性循环，不仅提升了内容的互动性，还增加了受众的忠诚度。

互动视频作为另一种典型的互动工具，具备了更强的可操作性和个性化特征。在传统视频观看中，受众只能被动接受固定的内容，而互动视频则赋予了受众一定的选择权，通过交互按钮、弹窗、选择题等形式，使受众可以根据自身需求与偏好进行定制化观看体验。这种互动模式不仅提高了观看的趣味性，还大大增强了受众的沉浸感和参与感。在观看互动视频时，受众不再是单纯的观众，而是内容的一部分，通过不断的选择和互动，受众的观看体验也变得更加个性化和有深度。在这种过程中，受众与内容之间的距离逐渐缩短，形成了一种共鸣式的互动关系。这种由观众主导的互动方式，也使视频内容的制作更加注重观众的反馈和需求，从而进一步提升内容的吸引力与黏性。

在互动性工具的应用中，直播和互动视频所呈现的社交性也是增强受众参与感的重要因素之一。在直播过程中，受众可以通过弹幕、评论等方式与其他观看者交流，这种社交互动的加入，使观看直播不再是一种单向的观看体验，而是变成了一种多向的社交活动。通过实时分享观看体验和感受，受众能够在虚拟空间中找到志同道合的朋友，这种社交化的观看方式极大地增强了受众的参与感。而在互动视频中，虽然社交互动的形式相对直播较少，但通过在社交媒体上分享观看体验或是对互动视频的选择结果进行讨论，受众依然能够在观看过程中获得社交满足感。社交互动的加入不仅拉近了受众之间的距离，还让内容的传播更加多样化，从而进一步增强了受众的参与感。

互动性工具在增强受众参与感方面，还依赖内容的高沉浸性。通过高质量的视效、音效及精心设计的互动环节，受众能够更加深入地进入内容构建的虚拟世界中。在这种沉浸体验中，受众可以暂时摆脱现实的束缚，全身心投入内容之中。对于直播来说，沉浸感不仅体现在画面和音效的真实感上，也体现在主播与受众之间的互动氛围上。而互动视频的沉浸感则体现在受众通过自主选择剧情发展的过程中，逐渐构建起一种沉浸式的观看体验。这种沉浸体验使受众在观看过程中能够更加专注，同时也增强了他们的参与动机，从而提升了内容的吸引力。

互动性工具在增强受众参与感方面的作用还体现在其信息反馈机制的灵活性上。不同于传统媒体中受众的意见反馈周期较长，互动性工具让受众的反馈可以在极短的时间内传达给内容创作者。在直播中，主播可以实时接收受众的反馈，并据此调整内容或回答受众的问题。这种实时反馈机制不仅让受众的意见能够被重视，也让他们感到自己是内容构建的一部分，增强了他们的参与感。而在互动视频中，受众的选择会直接影响剧情走向，这种反馈机制让受众能够以一种更加自主的方式体验内容，获得一种与众不同的观看体验。实时反馈机制的应用，不仅加深了受众与内容的联系，还提高了受众对内容的满意度和忠诚度。此外，互动性工具在增强受众参与感方面的意义还在于其对内容个性化定制的可能性。在传统媒体中，受众的观看选择受到较多的限制，但互动性工具通过其强大的数据分析和技术支持，能够根据每一位受众的观看习惯、偏好等进行内容推荐。这种个性化的内容推荐机制让受众能够更快地找到符合自己兴趣的内容，从而提升观看体验。与此同时，个性化推荐还让受众感到内容制作方对他们的需求和偏好较为重视，这种被重视感进一步增强了受众的参与感。在直播和互动视频中，个性化推荐不仅使内容传播更加精准，还增强了内容的互动性和趣味性，提升了受众对内容的兴趣和参与度。

互动性工具在增强受众参与感方面具有显著的作用，通过直播和互动视频的应用，受众得以从被动的观看者转变为内容的参与者，甚至是共创者。直播的实时性与互动视频的个性化选择赋予了受众更高的自主性，而社交性、沉浸性及灵活的反馈机制进一步强化了这种互动体验。互动性工具不仅拓宽了内容传播的渠道，也在更深层次上改变了受众的观看行为和心理，使他们在观看过程中获得了更高的满足感和归属感。在未来，随着技术的进一步发展，互动性工具将继续发挥其在增强受众参与感方面的潜力，推动信息传播模式的创新和受众参与方式的多样化。

二、受众在内容生成中的角色

UGC 的迅速发展对当代数字传播生态产生了深远影响，也在潜移默化中改变了受众的角色和行为。UGC 不仅丰富了数字内容的多样性，还促进了个体与媒体的互动，使受众从传统意义上的被动接受者逐渐转变为积极的内容生产者和传播者。UGC 的出现并非偶然，而是社交媒体、数字技术和智能设备普及的共同结果。在传统媒体时代，信息的生产和发布掌握在少数专业机构手中，受众的角色较为被动，仅能通过观看、阅读或聆听来获取信息。然而，随着数字技术的进步和内容平台的多样化，普通个体得以参与到内容生产的过程中，成为内容生成的重要组成部分。

UGC 改变了受众的角色，使其从内容的消费者转变为生产者和传播者。这种转变的实质在于个体获得了自我表达的权利和话语权。通过社交平台、视频分享网站、博客和论坛等平台，普通用户得以创建属于自己的内容，并能够以低成本的方式向大众传播。UGC 赋予了受众前所未有的传播自由，打破了信息传播的权威性，使普通个体也能通过数字平台发声。这一现象不仅扩大了信息传播的覆盖面，还增加了信息的多样性与丰富性。由于每个人的生活经历、兴趣爱好和视角不同，UGC 呈现出多样化的特点，能够满足不同人群对信息的需求，使信息消费呈现出个性化、分散化和细分化的特征。

UGC 的出现和普及对受众行为产生了显著的影响，促使受众在内容消费过程中逐渐展现出参与性、互动性和创造性等特征。相较于被动接收信息，受众在 UGC 模式下更倾向于主动参与内容的讨论和反馈，并通过评论、点赞、分享等行为与内容产生互动。受众不再满足于仅仅消费内容，而是倾向于通过互动表达个人观点，甚至通过评论、转发等方式对内容进行二次创作和传播。这种互动性的增强使受众逐渐在信息传播中获得了一定的控制权，并对内容的影响力产生了积极的作用。与此相对应的，是受众创造性的激发。在 UGC 模式的推动下，普通个体也能基于个人的兴趣、专业知识或特定场景进行内容创作，这不仅丰富了内容生态，也使受众的创造性得到释放和认可。

在 UGC 生态下，受众的行为也逐渐呈现出群体化和社群化的特点。数字平台为不同兴趣和需求的用户提供了聚集地，形成了各类以兴趣为导向的社群。这些社群不仅是 UGC 的主要发布场所，也是内容讨论和传播的重要平台。受众在社群中能够找到志同道合的伙伴，通过内容的分享与讨论获得认同感，并产生归属感。社群化的 UGC 环境还使受众行为在一定程度上具有了共鸣效应，个体在社群内的行为可能会对其他成员产生影响，从而形成内容传播的网络效应。UGC 使信息传播具有了一种社会性的特点，不仅仅局限于内容的单向传播，而是呈现出一种多向、互动、共享的传播模式。受众行为的社群化和群体化特征使内容传播的范围得以迅速扩展，推动了信息的快速流动和广泛覆盖。此外，UGC 模式还使受众的角色在内容生成的过程中发生了分化。在数字内容生态中，受众的角色不仅是内容的消费和生产者，还可以是编辑者、策划者和传播者。这种多重角色的分化使 UGC 中的受众行为更加多样化和复杂化。例如，某些受众在内容生成过程中充当了编辑和审核的角色，他们会对他人的内容进行选择、加工、甚至再创作，从而形成新的内容形式。同时，也有受众专注于内容的传播，充当社交平台的"信息中介"，通过分享、转发和推荐等方式扩大内容的传播效果。这种角色分化使 UGC 生态更加繁荣，也使受众在内容生成和传播中占据了更为重要的地位。

受众在 UGC 中的角色演变反映了个体与信息媒介关系的重构。在 UGC 兴起的背景下，受众的身份已经不再是单一的"信息接收者"，而是成为信息生态中多层次的参与者。受众在内容生成中所扮演的多重角色，意味着信息传播已逐渐由单一的自上而下的传播模式转向多元化、互动性的传播结构。这一变化不仅改变了内容传播的路径，还重新定义了内容生产与传播的权力关系。

三、反馈机制的作用

反馈机制在当今信息化和数字化的社会中扮演着极为关键的角色，特别是在网络社交平台的应用上，反馈机制能够显著地影响用户的归属感和参与度。评论区和在线讨论作为现代网络社区中重要的组成部分，为用户提供了一个自由交流、反馈的空间，用户能够与其他人分享观点、表达情感、获取回应。通过这些互动，受众不仅能更深地参与到内容的讨论中，还能在这个过程中产生归属感，而这种归属感反过来又进一步促进了用户的积极参与。

评论区作为一个开放的反馈平台，用户能够迅速、便捷地表达对内容的看法。用户在评论区发表观点，既是对内容创作者的一种反馈，同时也是向其他读者传递信息的一种方式。每当用户在评论区留言，他们不仅是在单向地接受内容创作者提供的信息，同时也将自己置身于一个互动的环境中。通过评论，用户之间得以就某一话题展开讨论，这种讨论往往能引发新的观点和看法。每个用户的评论都可能引发其他用户的回应或认可，从而促成一种情感上的共鸣。这种共鸣让用户感到自己不是一个孤立的个体，而是更大社区中的一员。评论区内的互动赋予用户一种自我表达的机会，同时也在不断强化他们的身份认同，进而提升其在社区中的归属感。

在线讨论的出现则进一步加强了这种互动机制。通过在线讨论，用户不仅可以发表自己的意见，还可以与内容创作者甚至其他用户进行实时对话。在线讨论不同于传统的评论区，它更像是一个开放的对话场景，使用户能够实时地参与到内容的讨论中。实时互动不仅能增加用户之间的联系，还能让用户感到自己对整个话题的发展有所贡献。在线讨论的多样化互动形式，例如提问、建议、辩论等，能够激发用户对话题的更深入思考，也让他们感受到一种知识共享的乐趣。在这种知识分享和思维碰撞的过程中，用户的参与感不断增强。同时，这种讨论不仅是对某一内容的反馈，更是用户之间的一种知识交流和情感互动。用户在在线讨论中获得的回应和认可，使其意识到自己的观点和意见被他人重视，从而更加积极地参与到讨论中。

归属感的形成是一个复杂的心理过程，评论区和在线讨论的设计在这一过程中起到了至关重要的作用。评论区中对不同观点的包容性、互动性及内容创作者对用户反馈的回应，都会促成用户归属感的建立。当用户的观点被认同或其问题得到解答时，用户会产生一种被认可的满足感。尤其是在内容创作者参与到评论区的互动中时，这种满足感会被进一步放大。内容创作者的回应不仅是对用户的认可，也是对整个社区文化的肯定。在用户与内容创作者的互动中，用户能够感受到一种平等的交流氛围，这种氛围让用户更加乐于表达自我，进而加强他们对这个社区的归属感。而在线讨论的实时性和互动性则为用户提供了更多的参与机会，通过及时的回应和互动，用户能够在第一时间获得反馈，这使他们的归属感得以更快地建立并持续。

除了归属感的增强，评论区和在线讨论也显著提升了用户的参与度。用户在评论区或在线讨论中表达自己的看法，无形中加深了他们对内容的理解。通过发表意见、提出问题，用户的思维活动被激发，他们不再只是被动地接收信息，而是主动地对信息进行分析、评价和反馈。这种主动参与的过程本身就是对内容的一种认可和支持。更重要的是，这种参与行为会带来连锁反应。用户在看到他人对自己评论的回复或点赞时，会感到一种心理上的满足，这种满足感进一步激励他们在未来继续参与内容的讨论。久而久之，用户形成了一种积极的参与习惯，从而大幅提升了平台的活跃度。

用户的参与度还体现在社区氛围的建设上。评论区不仅是用户互动的场所，也是平台文化的重要组成部分。当用户发现一个平台上充满了有价值的讨论和积极的反馈时，他们会对这个平台产生一种信任感和依赖感。这样的环境能够吸引用户持续地参与内容讨论，并且在这种参与过程中，用户的忠诚度不断增强。在线讨论的实时性特点尤其适合在热点事件和话题讨论中发挥作用，用户通过参与这些实时的互动，获得一种强烈的共时性体验，在心理上感受到自己与其他用户共同经历和见证了某一时刻。正是在这种共时性的基础上，用户与平台之间的连接得以进一步加强，用户的参与度和忠诚度也随之提升。

反馈机制在评论区和在线讨论中的应用不仅是简单的用户反馈和互动手段，更是现代社交平台增强用户黏性、提升内容影响力的重要工具。通过评论区和在线讨论，用户可以不断地接触到其他人的观点，并从中获得新的启发。而这种多样化的观点和思维碰撞，不仅丰富了用户的视角，也使整个平台的内容质量得以提升。在这一过程中，用户的参与度和归属感相辅相成，构成了一种良性循环。归属感的建立让用户更愿意长期留在平台上，而不断参与又反过来增强了用户的归属感，最终促成一个高黏性、高互动性的社区环境。

通过评论区和在线讨论的反馈机制，平台不仅能够鼓励用户积极参与，还能够营造出一种和谐的社区氛围。在这个氛围中，用户可以畅所欲言，感受到自我价值的实现，同时也能从其他用户的互动中获得归属感和满足感。这种用户与平台之间的双向反馈机制，使用户不再只是内容的接收者，而成为内容的共同创造者和讨论的主导者。在这个过程中，用户与平台之间的关系从传统的服务提供与接受逐步转变为一种共生的关系。最终，通过评论区和在线讨论建立起来的反馈机制，不仅让用户感受到社区的温度，还让平台的价值在不断互动和参与中得到延展和提升。

第四节　用户反馈与新闻内容优化

一、反馈数据的收集与分析

反馈数据的收集与分析是现代市场研究中不可或缺的一环。通过系统化的反馈数据收集与分析，能够更深入地了解受众的需求与偏好，为决策提供坚实的依据。反馈数据的获取渠道多样，传统的调研问卷、访谈和现场调查已逐步融入数字化平台的数据采集体系中。这种多元化的数据收集方式使获取信息的速度更快、覆盖范围更广，能够在短时间内得到真实有效的受众反馈。

反馈数据的收集不仅局限于定量分析，定性数据的获取也同样重要。定量数据可以通过结构化问卷、网站流量分析、用户点击率等手段加以收集，而定性数据则更多地依赖用户的评论、产品体验、使用反馈等渠道。这些数据通过文本挖掘、NLP 等方法可以转化为可供分析的材料，从而更清晰地勾勒出受众的行为模式和偏好。

在数据收集过程中，受众反馈的准确性和真实性是关键因素。受众反馈的真实性往往受到多方面因素的影响，包括问卷设计的合理性、提问方式的中立性等。因此，合理设计反馈机制显得尤为重要。一方面，问卷问题应尽可能简洁明了，避免模糊或倾向性表达，确保受众能够准确理解问题，从而给出真实的反馈。另一方面，反馈机制的设计要鼓励用户坦率表达意见，避免数据采集的偏差。

在反馈数据的分析过程中，首先需要对数据进行整理和清洗，以去除无效、重复或错误的数据。数据清洗是一项基础性工作，能够有效提高数据的准确性与可用性。在数据清洗后，数据分析的过程通常会采用描述统计分析、数据挖掘等多种技术手段，以从大量数据中提取出具有价值的信息。描述统计分析可以帮助研究者观察整体反馈数据的趋势和分布情况，例如用户满意度的平均值和标准差等。而数据挖掘则可以进一步揭示隐藏在数据中的关联性和模式，例如用户的潜在需求偏好、使用习惯等。

在反馈数据分析中，机器学习和人工智能技术的应用日益广泛。这些技术能够在海量数据中自动识别出特定模式和特征，并进行预测性分析。通过应用机器学习算法，研究者可以预测受众对未来产品或服务的可能反应，从而提前作出调整或改进。同时，人工智能可以对数据进行实时分析，帮助研究者在数据收集的同时进行即时反馈，从而实现高效的数据决策流程。

在反馈数据的解读方面，不同的数据类型往往需要不同的分析视角和手段。对定量数据的分析通常侧重于数值的比较和统计模式的探究，而定性数据的分析则更关注用户情绪的表达和具体需求的描述。为提高数据分析的深度，可以结合数据可视化工具，将复杂的分析结果转化为直观易懂的图表和图形，从而更清晰地展示数据背后的趋势。这些可视化的成果不仅便于研究者更深入地理解反馈内容，也为决策者提供了更加形象化的支持依据。反馈数据的收集与分析是一个循环的过程，在数据分析的结果基础上，研究者可以重新设计反馈机制或优化数据收集的方式，以获取更加细致的反馈信息。

二、数据驱动的内容改进

在新媒体环境中，用户反馈与新闻内容的优化密切相关。随着信息传播速度的加快，新闻媒体需要依靠大数据和分析工具，对受众行为进行深入挖掘，以实现精准内容的推送。通过分析用户的反馈，新闻平台可以对内容进行调整和优化，以更好地契合受众的需求与兴趣。这一过程不仅依赖于传统的受众调研手段，还包括了用户行为数据的自动收集与智能分析。借助这些技术手段，媒体平台能够及时识别哪些类型的内容最受欢迎，哪些内容的受众反馈不理想，从而对内容的发布、呈现方式甚至主题方向进行有针对性的调整。

在新媒体平台上，用户反馈通常以多个维度呈现，包括评论、点赞、分享、浏览时长等多种形式。这些反馈不仅反映了用户的即时反应，更能够为新闻内容的调整提供基础数据支持。通过系统地分析这些数据，媒体平台能够清晰地了解哪些类型的新闻报道获得较高的互动频率，哪些内容的传播效果较差，并结合这些信息对新闻内容进行精细化调整。这种基于数据的内容优化，不仅可以提升新闻的受众覆盖率，还能在一定程度上增强用户的黏性和参与度。

数据驱动的内容改进方法，通常基于对用户行为的量化分析。通过追踪用户的点击行为、阅读深度以及与内容互动的方式，平台能够精确掌握受众的兴趣变化，从而在内容生产和分发过程中，作出科学的决策。例如，平台可以根据用户偏好的变化，及时调整新闻内容的呈现方式，或者调整报道的重点，确保内容的吸引力与用户需求的高度契合。这不仅提高了内容的质量，也能优化用户的使用体验，进而推动平台的整体传播效能。

在具体操作中，数据驱动的内容改进还可以借助人工智能技术实现智能推荐和个性化推送。通过对用户历史行为数据的挖掘，媒体平台可以实现精准的个性化内容推送。例如，平台能够根据用户之前的点击记录、兴趣标签和互动情况，为其推送与其兴趣相符的新闻报道。这种个性化推送能够有效提升用户体验，增强用户的阅读黏性，从而在一定程度上提高新闻的传播效率和影响力。此外，随着技术的不断进步，社交媒体和新闻平台逐渐加强了与用户之间的互动。用户不仅是被动的受众，更逐渐成为内容生产和优化的重要参与者。用户在平台上的评论、分享以及点赞行为，实际上成为一个重要的反馈来源。这种互动模式不仅增强了新闻内容的实时性和相关性，也为内容优化提供了更加多元的视角。平台通过对用户反馈的实时分析，可以调整内容的风格与主题，优化报道的角度，确保新闻内容的质量和影响力始终处于用户的关注范围内。

在数据驱动的优化过程中，如何处理大数据成为一个重要的挑战。平台需要有效地收集和整理大量的用户行为数据，并进行分析，以获得有价值的信息。然而，数据的多样性和复杂性要求平台具备较强的数据处理能力。为了提高数据分析的精度，平台往往需要使用先进的数据挖掘算法和人工智能技术，以更好地从海量数据中提取出关键的用户反馈信息。这一过程不仅要求技术支持的高度先进，还需要平台具备较强的数据敏感度和数据分析能力，以确保内容优化决策的科学性和准确性。因此，数据驱动的内容改进不仅是依赖于技术工具的应用，更需要平台在数据收集和分析过程中具备敏锐的洞察力。通过持续关注受众反馈，媒体平台能够不断提升内容的质量和传播效果，实现更加精准和个性化的新闻服务。与此同时，这种基于数据反馈的内容优化模式，也促进了新闻行业的智能化发展。通过不断地迭代和优化，平台能够在激烈的市场竞争中脱颖而出，建立起更加稳定和忠实的用户群体，为新闻的传播和社会的信息流动提供更强有力的支持。

三、互动评价的优化作用

在现代信息传播环境中，用户即时评价对新闻编辑的工作产生了深远影响，尤其在优化新闻内容和传播效果方面发挥了积极作用。这一互动评价机制不仅为新闻编辑提供了直接反馈，还以更深层的方式推动了内容改进，使其更贴近受众需求。通过即时获取用户的意见和建议，新闻编辑能够更敏锐地把握舆论动向，更准确地了解受众的兴趣偏好，从而有效调整新闻内容和传播策略，以增强内容的吸引力和覆盖面。

用户的即时评价主要来源于各类社交媒体平台评论区及新闻网站的反馈系统。通过这些渠道，新闻编辑可以迅速感知受众对新闻内容的直接反应，包括点赞、评论、分享等互动行为。这些评价数据不仅反映了用户对内容的接受程度，还揭示了受众的关注点和信息需求。通过对这些评价的深入分析，新闻编辑可以有效地调整新闻内容的表达方式、主题选择、甚至排版结构，以满足不断变化的受众需求。这种互动评价机制犹如一面镜子，帮助新闻编辑及时发现内容中可能存在的不足之处，并据此进行优化调整，以确保新闻报道的高质量和高影响力。

在这个过程中，用户评价不仅提供了内容改进的方向，也推动了新闻编辑对于新闻价值的重新审视。通过分析受众的反馈，编辑能够更清楚地意识到哪些内容对受众更具吸引力，从而在选题策划时有意识地偏向这些领域。这种优化作用并非简单地迎合受众，而是通过不断调整新闻内容的侧重点和信息深度，力图在新闻价值与用户需求之间找到平衡。通过即时评价，编辑可以掌握到受众对热点事件和社会问题的实际关切程度，在保证新闻专业性和客观性的前提下，使报道更有针对性和时效性。此外，互动评价的优化作用也体现在新闻传播效果的提升上。通过关注用户的反馈，编辑能够评估内容的传播效果和读者的活跃度，并根据这些数据调整传播策略。例如，用户对某些题材或风格的新闻表现出较高的兴趣时，编辑可以适时调整相关报道的发布频率，甚至在内容创作中引入更具吸引力的叙述方式，以提升受众的黏性和参与度。与此同时，用户评价的数据积累还能为新闻编辑提供一种数据驱动的优化路径，帮助他们在内容发布的时间选择、渠道选择等方面作出更科学的决策，从而达到更佳的传播效果。

用户即时评价的优化作用不仅限于短期的内容调整，还具有长期的战略指导意义。通过持续跟踪用户的评价数据，编辑可以洞悉受众偏好的变化趋势，并据此调整新闻生产的长期规划。随着受众群体在信息消费方式和内容偏好上的变化，编辑可以有针对性地引入新颖的报道形式或多样化的传播手段，以保持内容的时代感和创新性。互动评价的数据还能够为新闻机构提供全局性的用户画像，为未来的内容策划和产品开发提供数据支持，使新闻机构在竞争激烈的媒体环境中占据更有利的地位。

新闻编辑在优化的过程中，也逐步构建起一种与用户的双向交流关系，这种互动机制不仅提升了新闻内容的质量，也增强了受众对新闻品牌的忠诚度。通过不断关注和回应用户的即时评价，新闻编辑不仅能获取内容改进的方向，还在无形中建立起一种与受众的信任关系。用户在反馈机制中感受到自身意见被重视和回应，往往会更加积极地参与到新闻传播活动中，这种良性的互动循环进一步提升了新闻内容的传播深度和影响力。

在这种互动评价带来的优化过程中，技术手段的进步也起到了关键的支撑作用。随着数据分析技术的成熟，新闻编辑可以借助数据挖掘和机器学习等工具，对海量的用户评价进行分类和分析，从而更加精准地识别用户需求和热点话题。这些技术手段的引入使编辑的优化调整过程更加高效，能够以更短的反应时间和更低的成本实现内容改进，进一步提升新闻传播的效率和效果。

用户即时评价的互动机制为新闻编辑的内容优化和传播效果提升提供了重要的依据和动力。这种机制使新闻编辑不仅能够及时调整内容以适应受众需求，还能够借此探索新闻内容的多样化呈现方式，最终推动新闻行业的不断创新与发展。在用户即时评价的指导下，新闻编辑可以更为精确地满足受众的需求，不断优化新闻内容的质量和传播效果，从而在数字时代的信息洪流中，巩固新闻媒体的社会影响力和公信力。

第五章　传统报业的转型路径与策略

面对新媒体的冲击，传统报业的转型势在必行。本章将探讨传统报业的数字化转型战略，分析传统媒体与新兴媒体的融合路径，介绍在转型过程中组织结构与管理的创新，以及变革中文化适应与团队建设的重要性，助力传统媒体寻找可持续发展的道路。

第一节　传统报业的数字化转型战略

一、数字化技术的引入与内容生产变革

随着信息技术的飞速进步，传统报业面临着严峻的挑战与前所未有的转型机遇。传统报业的数字化转型不仅是对传统商业模式的革新，更是其维持市场竞争力、实现持续发展的必由之路。传统报业在经历了纸质时代的辉煌后，迎来了信息化时代的深刻变革。数字化转型在传统报业中体现为从内容生产到传播渠道，再到营利模式等各方面的深刻调整，其中，内容生产的数字化转型尤为关键。数字化技术的引入，改变了新闻内容的创作方式、传播方式和受众的互动模式，使传统报业在适应现代社会的需求时，能够以更加灵活的方式进行创新，提升其行业竞争力。

内容生产的数字化转型可以从多个角度进行阐述。在传统的纸质新闻时代，报业主要依赖人工操作进行信息采集、编辑、排版及印刷等工作，这种方式效率较低，且难以应对快速变化的新闻需求。而数字化技术的广泛应用，特别是大数据、人工智能、云计算等技术的引入，极大地提升了报业的生产效率，使新闻采

集、编辑及发布的速度得到了前所未有的提高。通过数字化转型，新闻内容的生产能够实现自动化和实时化，极大提高了内容更新的频率和时效性。在这一过程中，技术与新闻的结合，使传统报业能够更高效地响应社会各界的新闻需求，尤其是在突发新闻事件的报道方面，能够在更短时间内进行准确、全面的传播，增强了传统报业在竞争激烈的媒体行业中的生存力。而且数字化技术还使报道传统新闻的方式发生了深刻变化。传统报业以纸质新闻为载体，内容形式单一，主要依赖文字和静态图片来传递信息。然而，在数字化转型的过程中，内容生产的形式变得更加多样化，逐渐融入了视频、音频、图像、动画、互动性等元素。这种多媒体的内容形式使新闻传播方式更加生动，能够更加直观地吸引受众的注意力，尤其是在移动互联网的背景下，受众对于动态、互动信息的需求日益增加。通过多媒体融合，传统报业能够吸引到更多的年轻受众群体，这对于报业在新时代的发展具有重要意义。

数字化转型还促进了新闻个性化定制的实现。通过大数据分析，报业可以根据受众的阅读习惯、兴趣爱好以及社会热点，进行精准的内容推荐与推送。这种个性化的内容推送不仅提高了用户的参与度和满意度，还能够提高广告投放的精准性，进而增强广告的效果和商业价值。在这一过程中，人工智能技术的引入也起到了重要作用，人工智能可以帮助新闻机构在内容创作中进行更智能化的编辑、自动化生成新闻稿件，尤其是在财经、体育等领域，人工智能的新闻写作已经取得了一定的成果。这不仅大幅降低了人力成本，还能够提高新闻创作的效率和准确性。

除了技术层面的创新，数字化转型还推动了报业组织结构的变革。在传统的新闻生产模式中，新闻机构通常以采编部门为核心，编辑、记者、排版人员分工明确，新闻的生产较为单一且局限。数字化转型后，新闻机构的组织结构发生了变化，跨部门协作成为常态。数据分析、技术开发、内容创作等部门的紧密配合，使新闻生产不是单纯依赖记者的采编工作，而是依靠各个部门的协同运作，通过技术手段提升内容的生产质量和效率。这种协作模式进一步加强了新闻内容的精准性与深度，提高了新闻的综合报道能力和多元化呈现效果，使传统报业能够满足更为复杂和多元化的社会需求。此外，数字化转型还推动了新闻传播方式的多元化。在传统报业中,新闻的传播主要依赖于报纸的发行和纸质媒介的传递方式,传播渠道较为单一。随着数字技术的发展,报业的传播渠道逐渐多元化,互联网、社交媒体、移动应用等成为新闻传播的重要载体。这使传统报业的传播方式不局限于印刷和纸质传播,而是能够通过网络平台、手机应用等方式进行全方位、多层次的传播。特别是社交媒体的出现,为新闻传播带来了巨大的影响。通过社交媒体,新闻内容能够迅速传播,产生广泛的讨论和反馈,进而提高了新闻的互动性和受众参与度。

传统报业的营利模式也随着数字化转型发生了变化。传统的营利模式主要依赖纸质广告和报纸的销售,而数字化转型则使广告收入和付费内容成为传统报业新的营利增长点。通过数字化技术,传统报业能够更加精准地进行广告定向投放,提高广告效益。此外,数字化平台上的付费订阅、内容付费以及其他线上增值服务也成为传统报业在数字时代维持营利的重要手段。由此可见,数字化转型不仅使传统报业的内容生产和传播方式发生了深刻变化,也为报业开辟了新的营利路径,提升了其商业化和营利能力。

传统报业的数字化转型是一个多维度、全方位的过程,涉及内容生产、传播渠道、营利模式等各个方面的深刻变革。通过引入数字化技术,传统报业不仅能够提高内容生产的效率和质量,还能够拓展传播渠道、满足多元化的受众需求,同时创新营利模式,增强商业竞争力。这一转型为报业在信息化时代的生存与发展提供了新的动力,并为其未来的发展奠定了基础。

二、多渠道发布与传播模式的转变

在当今数字化与信息化迅速发展的背景下,多渠道传播模式的转变正逐渐成为各类组织与机构增强信息影响力的核心策略。网络平台、移动应用和社交媒体的广泛普及为信息的传播方式带来了全新的变化,这不仅提升了传播的效率,还大大扩展了受众的覆盖范围。通过不同渠道的整合应用,传播主体能够更加灵活地设计传播策略,以满足多样化的受众需求,确保信息能够精准、快速地触达目标人群。

网络平台在多渠道传播模式中的作用尤为重要。各类网站和在线平台已成为信息发布的主要阵地,尤其是在获取公众关注和提升品牌影响力方面发挥着重要作用。通过网络平台进行传播,能够实现信息的及时发布和长期存储,为用户提供一种持续、稳定的信息获取途径。信息发布者可以通过精心设计的网页内容与布局,优化用户的浏览体验,从而提升用户对信息的接受度。此外,网络平台还可以支持多种媒体形式的内容,如文字、图片、视频等,使信息呈现更加生动,增加用户的参与感和互动体验。在这种情况下,受众不仅是信息的被动接收者,还是信息传播的潜在助推者,通过分享和转发,进一步扩大了信息的覆盖范围。

移动应用的迅猛发展带来了信息随时随地传播的可能性。智能手机的普及和移动互联网的高速发展使人们对信息的需求不再局限于特定时间和地点,而是随时随地都可以获取。通过专门的移动应用,传播主体可以将内容更直接地推送给用户,使用户能够第一时间获取信息。此外,移动应用通常具有个性化推荐和推送功能,这一特性使信息传播具有更强的针对性和精准度,可以根据用户的喜好和习惯推送内容,提高信息的触达效果。在移动应用中,用户还可以进行实时反馈和互动,这种双向互动的传播方式不仅有助于增强用户的参与感,还能够帮助传播主体更好地掌握用户需求,进而优化内容和传播策略。

社交媒体则是多渠道传播模式中最具互动性和即时性的平台。与传统的单向传播不同,社交媒体强调多向互动,用户不仅可以接收信息,还可以对内容进行评论、点赞、分享,从而形成一种多元化的传播网络。通过社交媒体平台,传播主体可以快速吸引大量用户的关注,形成短时间内的高度传播效应,进一步提升信息的影响力。社交媒体还具有较强的内容传播链条延伸能力,用户之间的分享和互动能够极大地扩展信息的传播深度和广度,使信息在更广泛的社群中传播开来。同时,社交媒体上的用户数据可以帮助传播主体更清晰地了解受众群体的特点和需求,为后续的传播策略制定提供有力支持。

在多渠道传播模式的构建中,网络平台、移动应用和社交媒体各具优势,传播主体可以根据目标受众的特点与需求,灵活选择或组合这些渠道,形成一个全面的传播网络。通过网络平台实现信息的稳固存储和长效展示,通过移动应用满足用户的信息即时获取需求,通过社交媒体增强用户的互动与参与感,使传播模式更加立体化、动态化。多渠道的整合传播不仅提升了信息的传播效果,还能够增强传播主体与受众之间的情感联系，进一步提高信息的可信度和用户的忠诚度。

多渠道发布与传播模式的转变是现代信息传播的必然趋势。通过网络平台、移动应用和社交媒体的有机结合，可以实现信息的精准、广泛和高效传播，极大地拓展了信息的受众范围。传播主体在多渠道整合的基础上，可以灵活调整传播策略，以应对不断变化的受众需求和传播环境。

第二节　传统媒体与新兴媒体的融合路径

一、内容共享与合作生产

传统报业与新兴媒体的合作已经成为现代新闻传播领域的重要趋势。在数字化和信息化的推动下，新闻传播方式发生了根本性变革，传统报业的生存环境也面临巨大压力。新兴媒体凭借其即时性、互动性、广泛的传播渠道和庞大的用户基础，已经对传统新闻行业产生了颠覆性的影响。为了在激烈的市场竞争中保持活力，传统报业开始积极探索与新兴媒体的合作，寻求内容共享与合作生产，以提升整体的竞争力。

内容共享作为一种资源整合的方式，逐渐成为传统报业与新兴媒体合作的核心手段。面对不断加快的信息流动和用户对于新闻实时性的需求，传统报业发现，单凭自身的新闻采集和编辑能力难以满足广泛的新闻内容需求。而新兴媒体，尤其是社交媒体和网络新闻平台，具有覆盖面广、信息反馈快的特性，能够迅速捕捉到热点话题和最新事件。通过内容共享，传统报业可以获得新兴媒体的新闻资源，使自身的新闻内容更加多元化和丰富化。这种共享不仅体现在新闻事件的覆盖面上，还包括信息的实时更新频率、新闻内容的独特视角及新闻形式的多样性。内容共享能够提升传统报业的新闻传播效率，使其在第一时间满足受众的新闻需求，提高受众的信任度和关注度。

在新闻内容生产上，传统报业与新兴媒体的合作同样展现出显著的优势。传统报业凭借其深厚的新闻采编功底和专业的内容生产流程，在内容质量和专业性方面具有不可替代的优势。而新兴媒体的创新能力和技术手段则使其在信息传播的速度和影响力上具备独特优势。通过合作生产新闻内容，传统报业和新兴媒体能够相互借鉴、优势互补，共同提升新闻质量和影响力。传统报业可以将其专业的内容生产能力与新兴媒体的技术优势相结合，优化新闻内容的呈现形式，使其更具吸引力和传播力。同时，新兴媒体可以借助传统报业的内容资源和新闻深度，丰富自身的信息内容，使新闻报道更加权威和可信。合作生产不仅在内容的广度上提升了新闻报道的覆盖率，还在深度上提高了新闻内容的丰富性和严谨性，从而满足了多层次、多元化的新闻消费需求。

这种内容共享与合作生产的方式不仅局限于新闻事件的报道，还逐步扩展到专题报道、深度报道等具有高附加值的新闻领域。专题报道和深度报道需要投入大量的人力、物力和时间，传统报业在单独进行此类报道时往往受到资源限制。与新兴媒体的合作可以有效分担这种资源压力，形成资源互补。新兴媒体通过数据分析和信息挖掘能够快速提供新闻选题的背景资料和数据支持，帮助传统报业的记者更快地掌握事件的全貌。而传统报业则能够通过其调查报道经验，为新兴媒体提供深入的分析和权威的观点，使报道内容更具深度和广泛的社会影响力。这种合作模式极大地丰富了新闻内容的呈现形式，使新闻报道不仅能够快速传播，还具备更高的新闻价值和社会意义。

通过内容共享与合作生产，传统报业与新兴媒体的合作为新闻行业注入了新的活力。这种合作有助于扩大新闻内容的传播范围，使新闻内容不仅限于某一传播渠道，而是通过多渠道的联动实现广泛覆盖。传统报业的内容可以通过新兴媒体的传播渠道迅速触达更广泛的受众群体，尤其是年轻化的用户群体。这种合作机制也反过来增强了新兴媒体的内容储备，使其在满足用户多样化需求方面具有更强的竞争力。同时，新闻内容的共享和合作生产降低了新闻采集和制作的成本，传统报业与新兴媒体能够实现资源的最大化利用，提升新闻行业的整体竞争力和可持续发展能力。

合作的深化还推动了新闻内容创新和技术应用的融合。新兴媒体在技术上的不断创新，如人工智能算法推荐、AR技术、互动视频等，为传统报业提供了全新的内容展示形式和传播方式。传统报业通过与新兴媒体的合作，可以更快地将这些新技术应用到新闻内容生产中，使新闻内容呈现出更具吸引力的互动效果。例如，通过人工智能算法推荐，新闻内容能够更加精准地触达目标用户，实现个性化的新闻推荐。AR 技术和互动视频的应用也使新闻内容从单向的文本传播向多维度的沉浸式体验转变，提升了用户的阅读体验。这种创新不仅满足了用户对于新鲜感和互动性的需求，还为新闻行业的转型升级提供了重要的技术支持。

传统报业与新兴媒体的合作，内容共享和合作生产的机制逐渐完善，使双方在信息传播、内容生产和新闻创新方面实现了共赢。这种合作模式不仅帮助传统报业适应了数字化转型的需求，也使新兴媒体在与传统媒体的融合中获得了内容的深度和专业性。新闻行业的竞争不再是传统报业与新兴媒体之间的对抗，而是合作共赢的局面。在激烈的市场环境中，传统报业与新兴媒体通过合作实现资源共享、共同发展，不断提升整体竞争力。这种合作不仅改变了新闻传播的生态环境，还为新闻行业的未来发展开辟了新的可能性，推动了新闻行业朝着多元化、融合化和可持续发展的方向迈进。

二、技术平台的整合

在当今信息传播迅速的数字化时代，报社传统新闻传播的模式正面临着前所未有的挑战。新兴媒体平台的迅猛发展，不仅改变了用户获取新闻的方式，也重新定义了新闻的呈现形式和互动模式。报社如何有效利用这些新平台，在提升新闻传播的广度和互动性方面进行深层次整合，已成为现代传媒业转型过程中亟待解决的关键课题。

短视频平台的普及为新闻内容的快速传播提供了新的途径。在移动端的支持下，短视频凭借其简洁直观、趣味性强的特点，能够在短时间内覆盖大批受众。而报社通过在短视频平台上的布局，不仅能将文字与图片形式的传统新闻转化为更具视觉冲击力的视频内容，也能吸引更多年轻受众的注意力。报社可以运用短视频的剪辑、叙事等方式将新闻事件具象化、动态化，形成视觉叙事。这种形式在当代信息快速消费的环境中具有显著优势，能够让受众在有限的时间内快速理解新闻要点。同时，短视频可以与其他媒体形式有机结合，通过设置多样化的场景和实时解说，为观众提供更多视角的新闻解读，从而使新闻报道更具感染力和吸引力。

此外，社交媒体平台的互动性在新闻传播中的作用日益显著。报社在使用社交媒体平台时，可以通过构建互动机制增强与用户之间的联系，使新闻传播的过程不再是单向的灌输，而是多方参与的对话。通过社交媒体，报社不仅可以及时获取用户的反馈，还能将新闻事件置于公众讨论的环境中，形成意见交流和观点碰撞。社交媒体平台为用户提供了一个分享和评论的开放空间，报社可以通过精心策划的互动活动或话题讨论，将用户的参与融入新闻报道的过程中。这样的互动一方面增加了用户的黏性，另一方面也使新闻内容本身更加立体、多维，具有更深的传播意义和公共性。此外，社交媒体的数据分析功能也为报社提供了更多关于受众偏好、内容影响力和传播路径的洞察，帮助其在未来新闻策划和内容布局方面作出更加精准的决策。

在新兴媒体的整合过程中，内容的个性化和精准投放是不可忽视的重要因素。借助技术平台的支持，报社可以通过大数据和人工智能算法进行用户画像分析，根据不同用户的兴趣、习惯和关注点推送个性化的新闻内容。这种方式不仅可以提升新闻的阅读量，还能增加用户的认同感，使其更愿意分享和互动。个性化推荐系统的应用让用户能够接触更符合其需求的新闻内容，而报社则能够根据算法的反馈不断调整内容策略，优化传播效果。此外，智能推荐系统的应用也能够帮助报社将特定的新闻推送给那些可能对此关注度较高的用户群体，从而提升新闻的影响力和覆盖面。这样的个性化新闻传播策略，在新兴媒体平台的支持下，更加精准地将内容匹配到目标受众，实现传播效应的最大化。

与此同时，报社在整合新兴媒体平台时，需要注重跨平台的协同效应。在当今信息多元化的传播环境中，仅依赖单一平台已无法满足用户多样化的需求。报社通过整合短视频、社交媒体及自有新闻客户端等多个平台，实现内容的一体化管理，可以将新闻传播的广度进一步拓展。例如，某一新闻事件在短视频平台上进行简洁明了的图文视频报道，同时在社交媒体平台上发起讨论话题，引导用户参与评论和分享，最后通过新闻客户端发布深度解析的长篇文章或访谈。通过这种多平台联动的方式，不同类型的内容在多个平台之间形成互补，不仅可以覆盖更广泛的受众，还能够满足不同阅读习惯的用户需求，进一步增强新闻的传播深度和影响力。

报社在利用新兴媒体平台时，还需要注重品牌形象的塑造和维护。在短视频和社交媒体平台上，品牌形象的构建有助于建立用户对报社的信任和认同。相较于传统的新闻报道，新兴媒体平台上的内容形式更加多样，受众对于新闻真实性的判断也容易受到内容呈现方式的影响。因此，报社在这些平台上需要更加严谨地把控新闻内容的准确性和权威性，同时通过一致的视觉风格和内容调性增强品牌辨识度。在短视频平台上，可以通过精致的画面和专业的解说展示新闻的独特视角；在社交媒体平台上，可以通过鲜明的品牌语言和一致的互动风格树立报社的权威形象，从而形成对受众更大的吸引力和信任感。

第三节　转型中的组织结构与管理创新

一、扁平化管理结构的实施

扁平化管理结构的实施旨在通过减少层级化管理，增强组织的灵活性和响应速度，提升决策效率，进而促进组织内的创新。传统的层级化管理通常包括多个管理层级，信息从基层员工向上级汇报，再层层递进，最终由高层管理者作出决策。这种管理模式尽管能在某种程度上保证组织的稳定性和权威性，但在当今快速变化的环境中往往显得僵化和迟缓。扁平化管理则试图削减中间管理层，使信息传递更加直接，减少信息失真和延误。

在扁平化管理结构中，由于减少了中间管理层，员工和管理层之间的沟通变得更加通畅。决策权力可以下放到更贴近执行层面的员工手中，他们通常更接近市场和客户需求，能更迅速地捕捉到外部环境的变化。这种管理模式不仅缩短了决策的时间，还能够使决策更加贴合实际情况，从而提高组织的响应速度。当员工对问题有更高的参与度和自主性时，他们能够更快地采取行动，而无须等待高层的指示。这种直接决策的能力对于应对市场变化和客户需求的快速转变至关重要，也为组织提供了更大的竞争优势。此外，扁平化管理在组织内部营造出一种更为开放的文化氛围，鼓励各层级员工之间的合作与信息共享。没有繁复的层级限制，员工更容易表达意见，管理层也能直接听取来自前线的反馈和建议。这种反馈机制的畅通，不仅增加了员工的参与感，也使他们的创造力和创新意识得到更充分的激发。在这种环境下，员工更加愿意提出新的想法，因为他们认为自己的声音能够得到重视，同时也感受到自己在组织中的价值。这种鼓励创新的环境能够催生更多新的思维和创造性的解决方案，有助于组织在变化的市场中保持创新的动力。

扁平化管理还能够减少组织内部的资源消耗，提升整体的运营效率。层级管理结构中的中间管理层不仅增加了管理成本，也可能导致信息在传递过程中失真。通过减少不必要的层级和角色，扁平化结构可以直接降低人员和管理成本，减少冗余沟通，优化资源配置。这种简化使组织能够更专注于核心业务，并集中资源来提升关键部门的效能。组织的管理结构越简洁，越能将资源集中在实际业务上，从而提高组织的整体效率。此外，削减层级还能够降低组织内部的官僚作风，使员工能够将更多精力投入实际工作中，减少不必要的流程和程序，专注于价值创造。

同时，扁平化管理赋予了员工更高的自主权，这在激励机制上具有独特的优势。层级较少的组织结构往往需要员工具备较强的自主性和责任感，能够在更少的监督下自我驱动，从而推动组织目标的实现。员工的自主权增强，也有助于培养他们的主人翁意识，使他们更有责任心，愿意在自己的职责范围内积极探索。这种赋权还能够让员工在遇到问题时迅速采取行动，而不是等待上级的指示或批准，增强了团队的整体反应速度。通过授权和信任的管理方式，组织不仅能够减少管理负担，还能够使员工的积极性得到充分发挥，从而实现团队目标和个人目标的高度统一。然而，扁平化管理的成功实施也需要组织具备适应这种模式的文化基础。扁平化管理的特点之一是决策的分散化和员工自主性的增强，要求员工具备较高的专业能力和自我管理能力。组织需要在员工之间建立信任关系，确保他们在没有过多层级监督的情况下，能够高效地开展工作。因此，扁平化管理的推行往往伴随着培训和文化建设，以帮助员工适应新的管理模式。组织需要在员工中培养协作精神、信任感及对组织目标的认同，从而在赋予自主权的同时确保目标的一致性。

扁平化管理的实施也需要管理者对自身角色进行调整。传统层级管理模式中的管理者通常承担着决策者的角色，而在扁平化管理中，管理者更像是一个支持者和协调者。管理者需要从直接控制转向引导和赋权，更多地关注如何为团队提供资源支持和解决阻碍其发展的问题。管理者的职责变得更加灵活，需要协调不同部门的工作，促进信息流动，以帮助团队更好地实现工作目标。这种角色转变不仅能够提高团队的自主性，也有助于营造一个更有凝聚力的工作环境，促进团队的整体发展。

二、人才管理与技能培训

人才管理与技能培训在现代传媒行业中具有至关重要的作用，尤其是在数字化和多媒体快速发展的当下。传媒机构不仅面临着传统新闻采编、发布的挑战，还需要应对新兴的数字化趋势，要求员工具备更高的数字媒体素养、技术运用能力及跨平台适应能力。通过人才引进和系统化的培训，传媒机构能够塑造一支具有强大竞争力的团队，以应对行业内日益激烈的竞争。人才的招募和培训应是一个系统化的过程，确保员工在技术和思维上都能适应新的媒体环境，掌握数据驱动的内容创作方式和多样化的传播途径。通过建立有效的人才管理体系和持续的技能培训机制，传媒机构能够最大化地提升员工的职业素质，赋予他们必要的数字化技能，使其更好地适应日益复杂的工作环境。

在人才引进方面，传媒机构需要考虑到当下和未来的发展需求。数字化和多媒体新闻的迅速普及使具备传统新闻采编经验的员工已经无法完全胜任工作。因此，人才引进应着重吸纳具备数据分析、编程、设计、视频剪辑、音频编辑、社交媒体运营等技能的多元化人才，以增强团队的综合素质。此外，随着数据驱动的新闻报道成为行业新趋势，传媒机构在招募过程中应注重考察求职者的数据分析能力，确保其能够通过数据洞察新闻线索、预测受众需求，进而为内容的制作和发布提供决策支持。与此同时，还应注重引进具备技术开发能力的专业人士，为平台的数字化创新提供技术支撑，使传媒机构在技术应用方面始终处于领先地位。

在入职初期，传媒机构应当为新员工设计系统化的培训计划，以便他们能迅速适应新的工作环境。该培训计划应涵盖数字化工具的使用、多媒体内容制作技能、数据采集和分析、网络安全与信息隐私等多个方面。通过集中培训，使新员工快速掌握基本的数字化技能，熟悉媒体行业的运作模式，并具备数据分析的基本素养，从而能够高效地处理与新闻采编相关的多媒体任务。此外，培训还应包含跨部门沟通与协作的内容，以提升员工在不同项目、不同平台之间的适应能力，从而更有效地应对日益复杂的新闻传播生态。通过多角度、多层次的培训，传媒机构可以为员工打下坚实的技能基础，确保其在快速变化的行业环境中具备应对挑战的能力。

技能培训是一个长期而持续的过程，不能局限于初入职时的培训。随着技术的不断进步和传媒行业的数字化加速，传媒机构应当建立完善的技能更新机制，为员工提供持续的学习机会。定期组织专题讲座、邀请行业专家分享最新的技术发展趋势、开设在线课程等，都是提升员工技术水平的重要途径。通过多样化的学习资源和平台，员工能够随时获取新知识、新技能，保持与行业前沿技术的同步。特别是在大数据、人工智能和区块链技术迅速发展的背景下，传媒机构应积极推动员工的技能提升，以确保他们能够在内容创作和分发中应用这些新兴技术，提高工作效率，增强作品的传播力和影响力。员工通过不断学习和自我提升，不仅能够提高个人的职业竞争力，还能够为团队带来技术和创新上的新视角，推动传媒机构在数字化转型过程中不断前进。

在技能培训中，传媒机构还应重视实践性和操作性，以确保员工能够将所学技能运用到实际工作中。理论知识的积累固然重要，但更为关键的是能够在实际操作中灵活应用。通过模拟项目、实战演练等方式，员工在培训过程中获得实战经验，培养其在实际项目中应对复杂问题的能力。此外，传媒机构可以设置工作反馈机制，让员工在工作中获得即时反馈，从而不断调整和改进自己的操作方式。实践性强的培训不仅可以提高员工的技术熟练度，还能增强其在面对挑战时的自信心和应变能力，为日后在数字化环境中的高效工作奠定基础。

为了保持团队的创新活力，传媒机构还应营造一种学习型的组织文化，使员工始终保持对新知识的探索热情。鼓励员工之间的知识分享和经验交流，可以有效提升团队的凝聚力和协作能力。通过举办内部的学习分享会、设立知识共享平台等方式，传媒机构能够促进员工之间的相互学习，使每个员工都能够快速了解行业的最新趋势和先进的技术方法。通过这种方式，员工不仅可以共享彼此的知识和经验，还能够激发新的创意，为团队的创新提供源源不断的动力。

在人才管理方面，传媒机构还应当重视对员工职业发展的支持。通过设立顺畅的职业发展通道，员工在职业生涯的不同阶段都能够找到适合自己的成长路径。传媒机构可以根据员工的兴趣和特长，为其设计个性化的职业发展计划，从而最大限度地发挥其潜力。例如，通过提供不同岗位的轮换机会，员工在多个部门积累工作经验，进而拓宽其职业视野。此外，还可以建立导师制度，让资深员工与新员工结对，新员工能够获得更多的指导和帮助，加快其成长速度。通过这种多样化的职业发展支持，传媒机构不仅可以提高员工的工作积极性，还能有效降低员工的流失率，保持团队的稳定性。

第四节　变革中的文化适应与团队建设

一、企业文化的调整

传统报业作为一个有着深厚历史积淀的行业，在数字化浪潮的冲击下，正面临着前所未有的挑战。为了在变革的洪流中保持竞争力，传统报业需要调整其传统的企业文化，以更符合数字化思维和灵活创新的工作氛围要求。这种文化转型不仅涉及技术和操作层面的改变，更深层次的，是要重新审视和构建组织的价值观、管理理念、人才策略及团队氛围等方面，使之能够适应快速变化的市场需求和新兴的技术趋势，从而焕发新的生机。

在适应数字化思维的过程中，传统报业首先需要彻底改变传统的传播观念。数字化的核心在于数据驱动与用户导向，而传统报业则多依赖编辑判断和内容创造，忽视了数据在用户需求分析中的重要性。因此，为了有效适应数字化时代的需求，传统报业需要建立数据导向的文化，将用户行为分析融入内容创作与传播的各个环节。这不仅可以帮助企业更精确地识别用户偏好，也能够对内容的发布时机、渠道选择等作出更科学的决策。

在此基础上，传统报业需要重视创新氛围的营造。传统报业的工作模式通常是按部就班、层级分明的，在内容创作和发布的流程中，多数决策由管理层主导，而一线的员工难以拥有足够的决策权。这种结构在数字化和多变的市场环境中显得过于僵化，无法适应快速的内容迭代需求。因此，传统报业需要通过企业文化的调整，鼓励创新精神和跨部门协作，使员工在工作中能够更自由地提出创意和想法，打破职能部门间的壁垒，创造更加包容和开放的工作氛围。这种创新文化的建设不仅有助于激发员工的创造力，也有利于提高工作效率，从而在快速变动的市场中形成敏捷的应对机制。与此同时，传统报业需要打破层级观念，推动扁平化的组织文化。传统报业通常依赖层级分明的管理体系，决策多由高层制定并逐级传达。然而在数字化时代，快速决策和灵活反应的需求迫使传统报业重新思考管理架构的合理性。扁平化的组织结构可以减少信息传递的层级，缩短决策链条，使信息更快速地传达到位，并确保一线员工能够更快速地将市场变化反馈给管理层。这种架构的改变需要传统报业在文化上淡化职位和权力的象征，注重团队合作和开放沟通，使员工能在尊重彼此意见的基础上自由表达观点。扁平化的结构不仅可以增加信息流通的效率，还能够提高员工的参与感和责任感，为企业注入更多的活力。

在适应数字化的过程中，传统报业还需注重人才战略的调整，尤其是要构建能够吸引和留住数字化人才的企业文化。数字化转型不仅是技术的进步，更是观念的革新和人才的竞争。传统报业要在数字化思维中脱颖而出，需要从组织文化上对技术型人才和创新型人才给予更大的重视和支持，提供适应他们工作需求的宽松环境。同时，通过适当的奖励机制和职业发展路径，为这些人才提供足够的成长空间，确保他们的个人发展与企业目标一致，从而实现双赢的局面。文化上，企业需要通过各种方式让员工感受到自身价值被认可，特别是对于那些在数字化转型中贡献较大的员工和团队，适当的表彰和激励能够进一步巩固他们的归属感，使其更积极地投身于企业的发展中。此外，传统报业文化调整还需重视育养学习型组织，鼓励员工不断更新知识、提升技能，以适应数字技术和传播方式的不断变化。数字化思维要求员工具备较强的学习和适应能力，能够迅速掌握新的工具和方法。在企业文化上，传统报业可以通过组织培训、知识分享会等方式，为员工提供良好的学习机会，增强其数字化素养。这不仅是适应市场变化的需要，也能够提升员工的竞争力，使企业在数字化转型的过程中始终保持技术与人才的领先优势。

在调整企业文化的过程中，传统报业还需构建有效的反馈机制。数字化思维强调快速反应和不断优化，而反馈机制的健全能够帮助企业及时发现问题、调整策略，从而保持敏捷的市场应对能力。通过建立定期的内部反馈机制，传统报业可以在文化上营造一种"共同进步、共同成长"的氛围，使每位员工都能在实践中不断完善自身。同时，这种反馈机制也有助于企业及时发现并调整转型过程中出现的问题，从而减少实施过程中的阻力，提升整个组织的执行力和一致性。

为了实现文化转型的目标，传统报业还需在文化上强化适应性和风险意识，建立一种鼓励大胆尝试、宽容失败的文化环境。数字化和创新本质上都是一种探索的过程，必然伴随着不确定性和风险。在这种环境下，传统的"避免失败"的文化观念将阻碍企业的创新进程。因此，传统报业需要通过文化的重塑，鼓励员工尝试新方法、提出新思路，即便是失败也能够从中积累经验。这种适应性和容错的文化不仅能够提升团队的创新能力，也能够为企业培养出一支更加具有探索精神和韧性的团队，为长远的发展奠定基础。

在传统报业的数字化转型过程中，企业文化的调整不仅是对传统观念的颠覆，更是对未来发展模式的重新定义。通过塑造数据驱动、创新包容、扁平化、学习型和适应性强的企业文化，传统报业能够更好地适应数字化的快速发展，并在竞争激烈的市场中找到新的发展空间。这一文化转型不仅能够提升企业的内部效率和市场竞争力，也能够为传统报业注入持续创新的动力，使其能够在不断变化的市场环境中焕发新的生机和活力。

二、团队建设与沟通策略

团队建设与沟通是提升组织凝聚力的核心要素，尤其在面对组织变革时，这种凝聚力更显得尤为重要。在变革过程中，企业往往会遇到员工对新政策和流程的抵触，甚至出现动摇和不满。此时，通过有效的团队建设与沟通策略可以缓解员工的不安和疑虑，确保团队成员能够朝着共同的目标努力，最终实现组织的高效协同。

团队建设不仅是增进员工间关系的手段，更能通过建立共同的愿景和目标来提升团队的整体性。一个强有力的团队需要具备清晰的方向感、共同的责任意识及对彼此能力的信任。在变革的背景下，员工可能因为变动产生不确定感，团队建设便可以通过提供明确的目标与方向来安抚员工的情绪。这个过程需要管理层深思熟虑，制定一套符合变革需求的团队文化和价值观，以增强员工对企业的归属感和信任度。

在团队建设的过程中，管理者的角色至关重要。管理者不仅是团队的领导者，更是变革的推动者和员工的支持者。他们需要深入理解变革的目的与价值，并且能够将这些信息清晰地传递给团队成员。通过明确变革带来的潜在优势和影响，管理者可以帮助员工认识到他们的工作不仅是个体的职责，更是整个团队成功的重要组成部分。这样不仅能激发员工的积极性，还能增强他们对变革的接受度，从而提升团队的整体战斗力。

沟通作为团队建设的关键环节，是确保团队成员理解变革意图的必要手段。在组织变革中，沟通往往成为解决问题的桥梁，因为变革通常伴随着工作流程的调整和责任分配的变化，而这种变化会引发员工的困惑和不安。管理者在实施变革时，必须确保沟通的有效性，使信息能够在不同层级和部门之间无障碍地流通。管理者要时刻关注员工对变革的反馈和态度，在发现问题时立即采取行动，通过开放的沟通渠道鼓励员工提出问题和建议，增加他们对组织的信任感。

有效的沟通需要建立在相互尊重和理解的基础上。团队成员不仅需要理解变革的内容，更需要感受到他们的声音被倾听，意见被尊重。这种双向沟通的模式可以消除信息的不对称，降低员工的抵触情绪，使其对变革产生更大的理解和包容。管理者应鼓励员工参与讨论，通过沟通逐渐增强员工的自主性，使他们不仅是变革的执行者，更是变革过程的主动参与者。这种参与感可以有效地激励员工，使他们更加主动地承担责任，推动团队向前发展。

在团队建设和沟通的过程中，信任的建立尤为关键。信任是团队凝聚力的基石，它不仅能促进员工间的协作，还能增强员工对组织的忠诚度。在变革的过程中，管理者需要通过透明的沟通方式逐步建立信任，以减少员工对未知的恐惧。信任的建立需要管理者的真诚和一致的行为。团队成员要感受到管理者在变革中承担的责任及对员工的支持，从而对管理者产生信任感，进而形成对组织的依赖感。通过这种方式，员工会更容易接受变革，并在团队中找到归属感。此外，团队建设和沟通策略的实施需要灵活适应不同层级和部门的特点，因为每个团队的文化和成员的需求可能各不相同。不同的部门有其独特的工作模式和职责划分，因此在实施团队建设和沟通策略时，管理者需要考虑这些差异，制定适合的措施。在实施变革时，管理者还应关注每个部门的独特需求，通过有针对性的沟通和引导帮助员工理解并接受新的工作方式。这样不仅能够推动整个团队在变革中保持一致性，还能增强员工对团队的认同感。

有效的团队建设与沟通策略能够帮助团队成员在变革中找到稳定感和方向感，使他们对未来充满信心。通过建立一个支持性的环境，管理者可以帮助员工克服变革带来的压力，并促进团队内部的协作。团队成员在互相支持中能够感受到彼此的信任和关怀，这不仅能增加团队的凝聚力，还能在变革的挑战下保持士气高涨。在变革过程中，团队建设和沟通的相辅相成能够帮助组织实现高效的协作，推动企业朝着更高的目标迈进。

第六章　传统报业如何利用移动端平台

移动端平台已成为新闻传播的重要渠道。本章将阐述移动端平台的传播特性与优势，分析移动端用户的行为特征，探讨跨平台传播的协同效应，及移动新闻的即时性与互动性，为传统报业利用移动端平台提供实践指导。

第一节　移动端平台的传播特性与优势

一、信息传播的广泛性与即时性

移动端平台借助互联网，实现了信息传播的广泛性与即时性，重塑了信息的生产、传递和接收方式。在信息流动的过程中，移动端平台通过技术创新与网络资源的深度整合，使信息传播更具速度和覆盖面。互联网的普及让信息可以在全球范围内快速流通，而移动端设备则使用户随时随地获取信息成为可能。移动端平台不仅带来了信息传播速度的质变，还在传播方式和内容呈现上进行了多样化的革新。这些特性推动了信息的即时共享，使时效性成为信息传播的核心要素之一，促使信息在瞬息万变的世界中发挥更大的影响力。

移动端平台的即时性与广泛性主要体现在信息流的实时更新和全球范围的覆盖。借助高速的网络传输技术，信息可以在发布的瞬间到达全球的各个角落。人们无论身处何地，都能通过手机等移动设备接收到最新信息，这使传统信息传播的延迟和局限性大大减少。即时更新和实时推送功能让移动端平台上的信息几乎与事件本身同步传达，受众能及时了解事件的最新发展，这种高度同步的传输方式大幅提升了信息的影响力和参与度。

互联网打破了地理边界和时区的限制，使信息传播具有极大的广泛性。信息的发布者可以在任意时间通过移动端平台将内容推送到全球，接收者则可以选择在任何时刻获取和消费这些信息。与传统媒体相比，移动端平台的传播模式更加灵活和自主，用户能够根据自身的需求自由选择获取的信息内容和时间，而不受固定节目或出版周期的限制。这种自主性进一步扩大了信息传播的覆盖面，使信息能够被送达不同背景、不同地域的受众，从而扩大了信息的潜在影响力。

移动端平台在传播方式上也展现出了多样化的特点，通过文字、图片、音频、视频及直播等多种形式进行内容的呈现，使信息在视觉、听觉、互动性等方面更加丰富。信息的多样化表达方式极大地提升了用户的接受度和参与感，信息不再仅仅是单向的传递，而是演变成一种动态的交互过程。信息发布者和接收者之间的界限逐渐模糊，受众在接收信息的同时也成为信息的二次传播者，通过评论、分享、转发等方式进一步扩大信息的传播范围。移动端平台因此不仅是信息的传递载体，而且是一个开放的互动平台，这种双向互动的机制加速了信息的传播，增强了信息的渗透力。

移动端平台的普及还改变了人们的日常生活习惯和信息消费模式，使信息传播更加贴合个人需求。个性化推荐算法可以根据用户的浏览记录、兴趣偏好等进行分析，向用户推送个性化的内容。这种精准化的推送方式在大幅提升信息到达率的同时，也让用户能够在最短时间内获得自己感兴趣的信息内容。智能化的数据处理和分析技术为信息的精准传播提供了技术支持，移动端平台由此成为一个智能化的信息推荐系统。这种个性化的信息分发模式不仅提升了用户的体验感，也使信息的传播路径更加科学和有效。移动端平台的信息传播特点还体现在即时反馈和互动交流上。用户在接收信息的同时，可以通过评论、点赞、私信等多种方式进行反馈，与发布者形成直接对话的互动关系。这种即时反馈机制让信息的传播过程更加透明和开放，用户不仅是信息的接收者，还是信息内容的积极创作者。这种高度互动的传播模式增强了用户的参与感和认同感，也使信息的传播效果更加显著。通过用户的反馈，信息的内容和传播方式可以得到不断优化，从而形成一个良性的信息传播循环。这种即时互动不仅加深了信息的影响力，也使信息的流向更加灵活多变。

移动端平台借助互联网的高效传输，实现了信息传播的多层次渗透。无论是新闻资讯、社交动态还是专业知识，都可以通过移动端平台迅速传递到世界各个角落。信息传播的广泛性在当今的社会环境中具有重要意义，尤其是在突发事件、紧急公告和公共安全信息的传播中，移动端平台的即时性可以在关键时刻为公众提供及时的信息支持。这种即时性不仅体现在信息的传递速度上，更体现在信息获取的便捷性和响应速度上。在面对紧急情况时，移动端平台的信息传播优势可以有效帮助公众迅速了解事件进展并制定应对策略，从而在一定程度上提升了社会整体的信息应急能力。

在全球化进程加速的背景下，移动端平台的信息传播效能显得尤为重要。信息在全球范围内的快速传播，促进了不同地区之间的信息交流和文化碰撞。借助移动端平台，信息能够在不同时区、不同文化背景的用户之间无缝传播，从而推动了信息的全球共享和多元化发展。移动端平台的信息传播能力不仅增强了社会的信息透明度，也为全球范围的协作和沟通提供了可能性。通过移动端平台，信息的传播速度和广度不断被提升，为信息的及时共享和资源的高效整合奠定了基础。

二、多媒体整合能力

移动端平台的多媒体整合能力带来了信息传播方式的巨大变革，通过文字、图片、视频、音频等媒介形式的有机结合，用户能够在移动设备上体验到更具交互性和吸引力的内容。这样的整合不仅提升了内容的丰富性，也打破了传统单一媒介的局限，使信息的传达变得更加立体和多维度。多媒体的结合为信息的传递提供了更灵活的选择，让用户在短时间内接收到多样化的信息，形成深刻的印象。

在移动端平台上，文字作为信息传递的基础元素，发挥着逻辑性和条理性表达的功能。文字可以清晰准确地传达信息，使内容具备严谨性和可理解性。相比之下，图片则能够在瞬间抓住用户的注意力，通过生动的视觉效果增强信息的传达效果。尤其在碎片化阅读盛行的移动端环境中，用户的注意力较为分散，图片能够在短时间内激发用户的兴趣，让他们产生继续阅读或观看的意愿。视觉图像的加入可以有效补充文字表达的不足，通过鲜明的色彩、构图等元素激发情感共鸣，使信息更具视觉冲击力。

视频则在多媒体整合中扮演着更加多样化的角色。相较于静态的文字和图片，视频能够通过动态画面、声音效果及配乐等因素，形成更丰富的内容展现方式。移动端用户通过视频可以获得更直观的感受，视频在内容呈现的过程中可以利用镜头语言、剪辑技巧等手法增强故事性，使用户不仅能看到信息，还能身临其境地体验。视频内容的动态特性使信息能够被更有效地理解和记忆，成为吸引用户持续关注的有效手段。此外，音频的整合为移动端平台的信息传播提供了更多样的选择。音频不依赖视觉呈现，用户在无须长时间集中注意力的情况下便可轻松接收信息。尤其在通勤、运动等场景中，音频的便捷性得以凸显。人们可以在不影响其他活动的情况下通过耳机获取所需信息，从而实现多任务处理。音频内容在调动听觉感官的同时，能够通过声音语调、背景音乐等丰富听觉体验，增加用户的沉浸感，让信息传播更加生动。

通过将文字、图片、视频和音频等多种形式的内容集成，移动端平台得以实现信息传递的多元化和灵活化。这种整合能够有效提升用户体验，适应不同用户的偏好和需求。例如，对于偏好阅读的用户，文字内容能够提供详细的信息；对于偏好快速获取信息的用户，图片和视频能提供直观的视觉呈现；而对于时间零碎或偏好听觉输入的用户，音频则提供了便捷的获取方式。多媒体整合不仅丰富了信息传播的手段，也使信息能够在不同情境下被高效传递和接收。

这种多媒体整合的优势还体现在内容创作者与用户之间的互动方式上。通过将不同媒体形式结合，内容创作者能够更灵活地传递复杂的信息。在移动端平台上，用户不仅是信息的接收者，他们还可以通过点赞、评论、分享等方式参与到内容互动中。在这个过程中，不同媒体形式的整合提升了信息的吸引力，从而激发用户的参与热情。用户在进行互动的同时，无形中扩大了内容的传播范围，为信息的进一步扩散提供了动力。同时，多媒体整合还使信息的传递更情境化和情感化。多样化的媒体形式为内容注入了温度和人情味，通过多媒体呈现的内容可以更好地传达情感。文字与图片的组合能够描绘细腻的情感变化，视频和音频的搭配则可以增强情感的冲击力，使信息传播更加生动真实。这种情境化的信息传递方式能够与用户建立更深层次的情感连接，促进用户对内容的理解和认同感，让信息在传播过程中更具感染力。

多媒体整合还为个性化信息推送创造了可能。移动端平台的算法可以根据用户的偏好选择不同的内容呈现形式，使用户在浏览时获得个性化的体验。多媒体整合使信息的推送更加精准，用户能够更方便地获取他们感兴趣的内容。通过不同形式的信息匹配，平台能够有效提升用户黏性，增加用户在平台上的停留时间，并提升用户的使用满意度。

多媒体整合在移动端平台上展现出独特的传播优势。文字的精准性、图片的视觉冲击力、视频的动态效果及音频的便捷性共同作用，使信息传播更加全面、丰富、互动性强。多媒体整合不仅满足了用户多元化的信息需求，也为信息传播的创新提供了新的路径，开创了移动端平台上更高效、更具吸引力的信息传达方式。

第二节　移动端用户行为分析

一、阅读行为的碎片化

在当今数字化信息爆炸的背景下，移动设备的普及使人们的阅读行为呈现出明显的碎片化特征。由于移动设备的便携性和可随时接入网络的特性，用户的阅读习惯逐渐偏向短时、随机的方式。用户在碎片化阅读环境中很少花费长时间深入阅读，而是利用日常生活中零碎的时间获取信息，这一趋势带来了内容消费方式的深刻变革。碎片化阅读行为不仅影响用户的思维方式和信息处理过程，还对内容创作的逻辑结构、表达方式、信息浓度等方面产生了重要影响。

用户碎片化的阅读习惯在很大程度上与他们的信息获取需求密切相关。在传统的阅读模式中，读者会基于某个主题选择一本书或一篇长文，通过集中精力进行系统性阅读，深入了解某一领域的知识或见解。然而，移动设备为用户提供了更为多样化的信息获取方式，用户在浏览网络、社交媒体、新闻应用等平台时，往往只需在短短几分钟内就可获取自己感兴趣的内容。由于信息量庞大且更新迅速，用户倾向于快速浏览标题、摘要，甚至只是抓取几句关键信息，以便在最短时间内获取尽可能多的信息。这种碎片化的阅读行为导致用户对信息的深层次理解和长时间记忆逐渐弱化，他们在短暂接触信息后很快转移到下一个内容，形成了短时高频的跳跃式阅读模式。这种行为模式不仅影响用户的阅读体验，也在无形中改变了内容创作者的创作方式。

面对用户碎片化的阅读需求，内容创作开始趋向简洁、高效的信息传递。碎片化的阅读模式下，用户无法接受冗长、复杂的文字内容，因此内容创作者需要在有限的篇幅内将信息准确、清晰地传达给读者。这种需求推动了内容的压缩与精简，信息的提炼和直白的表达成为重要趋势。创作者不得不在有限的空间内用简洁的语言突出核心观点，以确保用户能够在短时间内获得主要信息。同时，内容编排更趋向于分段、标注等便于浏览的形式，通过视觉上的划分增强读者的信息抓取力。语言表达力求通俗易懂，以简洁的叙述和视觉符号迅速吸引用户注意，确保用户在短暂的停留时间内获得有效信息。

碎片化阅读也进一步催生了"信息点"内容的生产。与传统的系统性、逻辑性强的长文内容不同，碎片化阅读倾向于信息的分割和独立呈现。创作者通过拆解复杂信息，将其转化为相对独立的、简短的内容单元，便于用户随时进入和退出阅读。每个内容单元往往聚焦于某一个具体信息点，并在最短的文字篇幅内呈现清晰的观点和结论，减轻用户理解的负担。这一过程不仅提升了用户的获取效率，还带动了信息内容呈现方式的变化，使信息传播速度大大加快，但同时也削弱了内容的系统性与深度。

用户对视觉和情感的敏感度也在碎片化阅读中变得尤为突出。文字内容在碎片化阅读中较难长时间吸引用户，因而图像、视频等多媒体元素逐渐成为重要的辅助手段。图文结合、动态内容等视觉效果可以迅速引起用户的兴趣，增强信息的可读性与感染力。在这种趋势的推动下，内容创作者越来越重视视觉元素的设计与搭配，通过色彩、图案、短视频等形式让用户快速进入情境，获得更深的感受体验。这种情感驱动型的阅读方式迎合了用户碎片化的阅读偏好，进一步增加了对简短信息内容的需求。

碎片化阅读的负面影响不容忽视，内容创作者也面临随之而来的挑战。碎片化阅读削弱了用户的专注力和持久的认知习惯，用户更倾向于获取零散的信息片段，而难以沉浸于复杂的逻辑或系统性的知识架构中。这种趋势使深度思考和理性分析的机会逐渐减少，用户对信息的理解浅尝辄止，甚至可能会形成思维的跳跃和片面化。为迎合这种浅层次的阅读需求，内容创作可能更加倾向于提供快速消化的信息，导致内容质量下降，信息重复化、同质化现象严重。创作者可能会牺牲内容的严谨性和深度，使信息的传播虽然更加迅速，但也更加缺乏深层次的价值。

为了在碎片化的阅读环境中找到平衡点，内容创作者应当在满足用户短时需求的同时注重信息的连贯性和系统性。信息单元的设计应尽量保持逻辑上的连贯，确保每一部分内容能够独立吸引用户的兴趣，同时又能作为整体内容的组成部分，共同构建完整的认知体系。尽管碎片化的阅读环境难以满足阅读长篇内容的需求，但通过构建一个由多个信息单元组成的模块化结构，可以在一定程度上满足用户短时阅读的需求，又保留内容的系统性和深度。此外，创作者也可通过适当的语言和视觉呈现手段，在碎片化的环境中创造出沉浸式的阅读体验，激发用户思考，提升其理解和记忆的深度。

二、用户数据分析

用户数据分析是基于大数据技术的核心应用之一，通过对用户行为特征的深度挖掘，能够揭示用户偏好、行为习惯及内容互动方式的深层次信息。在现代数字环境中，用户产生的数据量庞大且丰富，涵盖了从点击率到阅读时长等多个维度的行为指标。对这些行为数据的科学分析，可以帮助企业更好地理解用户需求，从而实现精准的内容推送和产品优化。

数据分析的第一步在于获取并整合多源数据，通过多渠道、多平台的数据集成，对不同来源的用户行为信息进行集中化管理。这些数据来源多样，包括应用程序使用日志、网页浏览记录、社交媒体互动记录、电子商务平台购买数据等。通过数据集成和清洗，可以确保数据的完整性、准确性和一致性，为后续分析提供可靠的数据基础。现代大数据架构中，通过分布式存储和计算技术，可以处理海量数据，支持实时或准实时的数据流式处理，为用户行为分析提供了极大的灵活性。

在数据分析过程中，用户点击率是一个重要的行为特征。点击率反映了用户在不同内容之间的选择偏好，通过分析点击率的变化，可以识别出用户对不同类型内容的兴趣强度。对于内容运营团队来说，点击率数据揭示哪些内容最能吸引用户注意，从而优化内容的组织和呈现方式。通过点击率的时间序列分析，还能够挖掘用户行为的变化趋势，捕捉用户偏好的动态变化。借助机器学习算法，可以进一步对点击率进行预测，为内容推荐提供依据。

阅读时长是另一个关键行为指标，它反映了用户阅读内容的深入程度和接受程度。对阅读时长的分析，不仅能够评估内容的吸引力和信息丰富度，还能揭示用户的专注力及对特定内容的偏好。长时间的阅读往往意味着用户对内容的高度兴趣，而短时间的阅读则可能表明内容未能有效吸引用户。通过对阅读时长的数据分布分析，可以发现用户在不同内容类型、格式或主题上的停留时间差异，从而为内容优化提供方向。同时，将阅读时长与点击率数据结合起来，可以更全面地理解用户的阅读习惯和内容消费模式，为个性化推荐系统提供丰富的输入特征。

在用户数据分析中，除了单一的行为指标分析，关联分析是一种更为综合的技术手段。通过关联分析，可以将不同行为指标进行关联，揭示它们之间的潜在关系。例如，点击率和阅读时长的关系能够揭示用户从点击到深入阅读的行为模式。高点击率但低阅读时长可能表明用户对标题感兴趣但内容本身缺乏吸引力，反之则可能意味着用户在开始阅读后逐渐被内容吸引。通过这种多维度的关联分析，可以更为准确地识别内容的有效性和用户的真实偏好，为进一步的内容策略制定提供科学依据。

基于用户行为数据的聚类分析是另一个有效的工具，它可以将具有相似行为特征的用户划分为不同的群体。通过聚类分析，能够识别出用户群体的特征差异，从而实现精准的内容分发。对于内容提供者来说，不同用户群体在内容偏好上存在显著差异，而这些差异正是内容推荐系统所要捕捉的关键。通过对用户群体行为特征的分析，可以优化内容推荐策略，确保推荐内容的相关性和个性化。在此过程中，大数据平台的高效处理能力和机器学习算法的支持，使大规模的聚类分析成为可能，为用户分群和个性化推荐提供了强大的技术支撑。

用户行为数据分析不局限于当前行为特征的研究，更可以通过预测分析技术对未来的用户行为进行预判。通过历史数据的积累和模型的优化，可以构建用户行为的预测模型，对用户的未来点击率、阅读时长等进行预测。这些预测结果可以让内容团队在策略制定上更具前瞻性，确保内容策略的有效性。预测模型的建立通常需要结合多种机器学习算法，通过不断调整模型参数和优化算法架构，可以逐步提升预测的准确性和稳定性，从而实现对用户需求的精准洞察。

用户数据分析的最终目的是实现用户体验的持续优化。通过对用户行为特征的深入研究，能够识别出用户在内容互动中的痛点和需求，从而为产品优化提供实证依据。无论是内容的呈现方式、交互设计，还是推荐系统的逻辑，都可以根据用户行为数据的反馈进行调整，以提高用户满意度和忠诚度。

第三节　跨平台传播的协同效应

一、整合移动端与传统媒介的策略

在当前信息技术迅猛发展的背景下，移动端和传统媒介的融合已成为传统报业发展的重要战略之一。通过移动端和传统媒介的深度整合，传统报业能够突破其单一传播渠道的局限性，扩大用户覆盖面，实现内容的同步与互补，从而在竞争激烈的媒体环境中获得新的增长空间。

传统报业通过移动端与报纸、电视等媒介的内容同步和互补，实现了一种全新的信息传播模式。传统报业以纸媒为主，内容呈现具有一定的局限性，时效性和互动性较弱，而移动端的即时性、广泛性和便捷性使信息的传播速度和用户触达率显著提升。因此，通过将报纸和电视内容迁移到移动端，传统报业能够实现信息的实时更新，提升内容的时效性与传播效果。通过移动端与传统媒介的整合，受众可以随时随地获取最新信息，不再受限于报纸的发行周期和电视的播出时间，从而增强了用户的黏性和媒体的影响力。移动端和传统媒介的融合也为内容的多样化呈现提供了可能。传统报纸的内容一般以文字和图片为主，形式单一，而移动端具有多媒体融合的特点，能够将文字、图片、视频、音频等多种媒介形式整合在一起。通过在移动端拓展内容呈现方式，传统报业能够实现信息的立体化表达，增强内容的生动性与吸引力。例如，报道新闻事件时，移动端可以通过短视频、现场音频图文并茂地进行全方位报道，让用户体验更加沉浸式的阅读，进而增强信息传递的深度和广度。内容的多样化也有助于激发用户的兴趣，使其获得更全面的视角，更好地理解和分析信息，从而提高信息的传播效果和内容的吸引力。

在移动端和传统媒介整合的过程中，数据分析的作用愈加凸显。通过分析用户的阅读行为和偏好，传统报业能够更精准地把握用户需求，并根据数据反馈优化内容。传统报业可利用移动端的用户数据分析能力，及时掌握不同用户的兴趣点和关注领域，有针对性地推送新闻内容。数据驱动的内容生产策略有助于传统报业实现个性化信息推送，提高用户的黏性和满意度。同时，用户在移动端的互动行为和反馈也为内容改进和创新提供了重要依据，通过分析评论、点赞、分享等用户行为，传统报业可以不断优化内容质量，提升用户体验。

移动端和传统媒介的整合不仅在内容上实现了互补，也在传播渠道上构建了更加立体化的传播网络。传统报业原本的传播途径主要是纸和电视，受众范围有限，且传播的即时性较差。而在移动端的支持下，传统报业能够构建一个线上线下相结合的传播网络，使报纸、电视和移动端的内容形成有机的联动。这样不仅扩大了信息的触达范围，也增强了各个渠道之间的协同效应。传统媒介可以通过移动端为其内容引流，反之亦然，在提升用户数量的同时，提高用户的互动性和参与度。传播渠道的拓展为传统报业打开了全新的市场空间，使其能够更有效地服务于更加多元化的受众群体。

在整合过程中，传统报业还需要重新调整内容策划和生产流程，以适应移动端的快速传播特性。传统报业的生产流程通常较为固定，新闻内容经过编辑、排版等多道流程后发布，较难实现实时更新。而移动端的整合要求新闻内容生产具备更加灵活和高效的特点，传统报业需要缩短内容的生产周期，提高信息传递的速度和精确性。通过构建信息采集、编辑、发布的快速响应机制，传统报业能够更好地适应移动端的时效性要求，提高内容的生产效率和传播速度。与此同时，这种敏捷的生产方式也对内容的质量控制提出了更高的要求，需要确保信息的准确性和专业性，以维护媒体的公信力和信誉度。

移动端和传统媒介的整合还需要进一步探索盈利模式的创新。在传统报业的经营模式中，广告收入和订阅收入占据主要地位，而在移动端的环境下，广告投放方式和用户的付费意愿都发生了变化。通过探索新的盈利方式，传统报业可以在移动端实现更多的商业价值。例如，可以通过定制化的内容订阅服务为用户提供个性化的新闻体验，从而获取订阅收入；也可以结合移动端广告的精准投放特点，为广告主提供定制化的广告服务。通过对移动端用户行为的深入分析，传统报业能够更好地掌握用户需求，进而开发出更多元化的增值服务，提升盈利能力。盈利模式的创新不仅能够为传统报业带来新的收入来源，也为其可持续发展提供了坚实的支撑。

在移动端和传统媒介整合的过程中，技术的支持也是不可或缺的。借助大数据、云计算、人工智能等技术手段，传统报业可以实现更加精准的用户画像和内容推送。大数据技术可以帮助传统报业分析用户的阅读习惯，智能推荐相关内容，提高用户的参与感和体验感；云计算技术能够为海量数据的存储和处理提供强大的支撑，使信息的管理和传输更加高效；人工智能技术则可以在内容创作、数据分析、用户互动等环节提供智能化的支持，从而降低人力成本，提高内容生产和传播的效率。通过技术赋能，传统报业在移动端的竞争力得到显著提升，为其在数字化转型中的成功奠定了基础。

移动端与传统媒介的整合不仅是传统报业应对新媒体挑战的重要手段，更是其实现自身发展转型的关键路径。通过内容的同步和互补，传统报业能够在新兴媒体环境中重新获得竞争优势。未来，随着技术的不断进步和用户需求的变化，移动端和传统媒介的整合将不断深入。传统报业在这一过程中应不断优化内容、拓展渠道、创新盈利模式，以适应不断变化的市场环境，实现自身的可持续发展。

二、品牌一致性与多元化传播

在当今数字化时代，传统报业品牌面临着跨平台传播的巨大挑战。品牌一致性与多元化传播的平衡成为传统报业生存和发展的关键课题。随着媒体平台的日益多元化，报纸不再是读者获取信息的唯一渠道。社交媒体、新闻网站、移动应用程序等新兴平台的涌现，不仅改变了人们的阅读习惯，也对传统报业的品牌传播提出了新的要求。在多平台传播的背景下，如何保持品牌的独特形象，同时适应不同平台的特点，已成为传统报业发展中不可回避的问题。

品牌一致性是传统报业在跨平台传播中建立用户信任的重要因素。品牌形象是企业长期积累的无形资产，其核心价值在于通过一致的形象、声音和价值观，让受众产生信任感和依赖感。对于传统报业而言，品牌一致性不仅是视觉符号的统一，更是内容风格、语调、价值观和新闻伦理的一致。保持品牌一致性可以让受众在不同平台上感受到传统报业品牌的连续性，使其不论是在纸媒、网络还是移动端，都能迅速辨识该品牌所代表的内容质量和可信度。品牌一致性还可以有效避免品牌分裂风险。在多元化传播的过程中，传统报业需要将品牌的核心价值和形象贯穿于各个平台的传播活动中，以防止因平台风格差异而引发受众认知混乱。然而，保持品牌一致性并不意味着在不同平台上采用完全一致的传播方式。随着社交媒体、短视频、即时通信等新平台的兴起，受众的注意力分散，内容消费方式发生了深刻的转变。不同平台的用户偏好、互动方式、内容格式各不相同，传统的单一传播模式已难以适应多样化的传播需求。在此背景下，传统报业需要在保持品牌核心价值的前提下，灵活调整内容表达方式，以适应各个平台的特点。传统报业在社交媒体上可能更加注重内容的互动性和可分享性，以吸引更多年轻受众；在移动端可能更加强调内容的即时性和简洁性，以便用户随时随地获取信息。在视频平台，则可能采用更加直观、生动的视觉呈现方式，增加品牌的吸引力和传播效果。

品牌一致性和多元化传播的平衡涉及内容的定制化和品牌价值的传达。对于传统报业来说，内容定制化并非随意迎合受众偏好，而是在品牌框架内进行契合平台特性的内容调整。内容的定制化应该围绕品牌的核心价值展开，确保受众在不同平台上接收到的信息能够反映传统报业品牌的专业性、权威性和责任感。同时，内容的形式创新也应服务于品牌价值的传达，不应过度迎合平台的娱乐化趋势而损害品牌的信誉。例如，传统报业可以在社交平台上进行短视频或图文内容的创作，以生动直观的方式呈现新闻事件，但仍需保持内容的真实性和严谨性。这种在不同平台上的内容形式创新，能够在吸引新受众的同时，维护品牌的权威性和可信度。

在跨平台传播中，传统报业还需关注各平台的算法特性和用户数据。不同平台通过算法向用户推荐内容，这意味着品牌传播不仅取决于内容的质量，还受到平台机制的影响。传统报业在进行跨平台传播时，应关注各平台的推荐机制，优化内容以增加曝光度和阅读量。用户数据的分析可以帮助传统报业更好地理解不同平台的受众需求，从而进一步调整传播策略，提高内容的触达率和受众黏性。此外，用户数据的积累和分析也有助于品牌在跨平台传播中精准地定位目标用户，实现品牌的定向传播。

技术手段在品牌一致性与多元化传播中的作用也不容忽视。传统报业可以通过数据分析、人工智能等技术手段，实现内容的智能分发和个性化推荐，从而提升品牌在不同平台上的传播效果。通过对受众行为的追踪与分析，传统报业可以更好地了解受众的需求偏好，优化传播策略，使品牌信息能够精准地传递给目标用户。智能分发技术的运用可以有效解决多平台传播中的信息冗余问题，确保受众在不同平台上获取的是符合自身兴趣的内容，从而增强用户体验，提升品牌忠诚度。同时，技术手段还可以帮助传统报业在各平台间建立统一的数据接口，形成跨平台的数据闭环，为品牌传播提供科学依据。此外，传统报业在跨平台传播中需要保持内容与品牌价值观的契合度。品牌价值观是品牌传播的核心，它不仅塑造了品牌的独特形象，也决定了受众对品牌的认知和评价。在多元化传播的过程中，品牌价值观需要通过一致的内容表达和语调传递给受众。无论是传统纸媒还是新媒体平台，品牌的价值观应始终贯穿于内容之中，以确保品牌形象的稳定性和一致性。这种一致性不仅体现在内容的编排和呈现方式上，更体现在对社会责任的承担、对新闻伦理的坚持和对公共利益的维护上。传统报业通过在各个平台上展示自身的价值观，能够有效地树立负责任的品牌形象，赢得受众的信任和尊重。

跨平台传播为传统报业带来了新的机遇，也带来了挑战。如何在多样化的传播环境中保持品牌的一致性，关系到传统报业的生存与发展。品牌一致性不仅有助于提升受众的忠诚度，还能够在多元化传播中建立品牌的独特认知。而多元化传播则有助于拓展品牌的影响力，吸引更多的受众。传统报业应在品牌一致性与多元化传播之间找到平衡点，使品牌在保持核心价值的基础上，灵活应对不同平台的传播需求。通过在品牌一致性和多元化传播上的有效融合，传统报业可以在竞争激烈的媒体环境中脱颖而出，实现品牌的长远发展。

三、流量导入与用户转化

在移动端吸引用户之后，如何引导他们参与更多的媒介活动或订阅信息，是确保用户黏性、提升用户忠诚度的重要步骤。在当前数字经济和信息过载的环境中，用户的注意力变得极其珍贵和有限。吸引用户只是整个用户增长过程的开始，关键在于如何持续地引导用户参与到更多的媒介活动中，从而加深用户与平台或产品的联系，最终实现用户的转化和价值提升。

引导用户参与更多媒介活动，首先需要构建一种沉浸式的用户体验。移动端用户的行为是碎片化和短暂的，往往在极短的时间内对信息作出判断。这就要求我们在用户刚刚进入平台或应用时，便能抓住他们的注意力，通过精心设计的视觉效果和清晰的内容布局，确保用户能够迅速找到感兴趣的内容。同时，内容的个性化推荐至关重要，通过智能算法分析用户的兴趣和行为轨迹，将符合用户喜好的内容优先展示，能有效提升用户的留存意愿。对用户而言，每一次内容的浏览都应当是一次精心策划的体验，带有强烈的个性化色彩，使用户感受到他们的需求和偏好得到了重视。

在引导用户参与媒介活动的过程中，互动性和参与感的增强是提高用户留存度和活跃度的关键。仅仅将内容呈现给用户是不足够的，还需通过互动机制将用户主动地拉入内容中，使其成为内容生态的一部分。移动端的优势在于其便捷的操作和实时的互动反馈机制，可以通过加入评论、点赞、分享等功能，用户在内容消费过程中产生深度参与感。通过鼓励用户在平台上发表意见、分享观点，平台不仅能增强用户的参与体验，还能让用户的声音得到充分表达，进而强化用户的归属感。互动形式的多样化也是吸引用户的手段之一，不同的内容类型应当匹配不同的互动模式，以增加用户的体验丰富度。此外，为了引导用户向更高价值的转化路径迈进，应当注重培养用户的信任与认同感。用户转化的本质在于用户的内心认同和对平台的依赖性，而这种信任的建立则依赖长期稳定的品牌形象和内容价值的输出。通过构建优质的内容生态，确保平台提供的内容具有较高的专业性、权威性和可信度，从而增加用户对平台的信任。内容可以围绕用户的核心需求进行深度挖掘和系统性拓展，通过专题内容或系列化的知识体系帮助用户形成持久的认知关系，使他们在需要相关信息或知识时，第一时间想到的是平台，从而自发地提高使用频率。

在引导用户从参与媒介活动向订阅或其他高层次转化的过程中，还需注重用户的成长体验。用户的成长体验可以通过层级机制来实现，即用户在平台上的活跃度或内容参与度达到一定标准后，将获得一定的奖励或权限，如获取更高等级的内容、享受优先服务等。这种基于用户行为的成长机制，不仅能够激励用户持续使用，还能逐渐让用户感到自己在平台上有独特的身份或地位。伴随成长体验的提升，用户在平台上的情感归属感和忠诚度也会增强，从而为进一步的转化行为奠定基础。

激励机制在用户的转化过程中具有重要的推动作用。合理的激励设计可以促使用户在消费内容之余，进一步参与到更高频次的媒介活动中。移动端的激励方式多种多样，包括积分、虚拟道具、优惠券等，用户在完成某些预设行为后即可获得相应的奖励。这些激励手段能够在一定程度上满足用户的即时需求，带来即时的成就感，进而增加其活跃度。通过将激励机制嵌入不同层级的媒介活动中，逐步引导用户的行为轨迹，使其从内容浏览逐步过渡到深度参与，甚至自愿付费订阅，形成稳定的用户价值链。

在用户引导与转化的过程中，不断优化和提升用户体验，降低用户在进行媒介活动和转化时的操作门槛至关重要。任何多余的操作步骤或不必要的等待时间，都可能导致用户流失。因此，设计简洁、顺畅的流程和人性化的界面，能够大幅度减小用户在转化路径中的阻力。通过便捷的支付方式、清晰的导航路径和即时的反馈机制，消除用户在操作过程中的困惑和顾虑，他们能够在无障碍的环境下，迅速完成所期望的转化行为。

通过移动端吸引用户只是用户增长的第一步，而真正实现用户的转化，需要不断加强用户与平台之间的情感连接。引导用户参与更多的媒介活动，不仅是增加用户活跃度的策略，更是增强用户对平台的信任感和依赖性的有效方式。只有构建丰富而多样的内容生态，提升用户的体验感与互动性，实施合理的激励措施，并提供无障碍的转化流程，平台才能够真正抓住用户的心，使用户在情感层面上对平台产生认同和依赖，最终实现用户的深度转化。

第四节　移动新闻的即时性与互动性

一、实时更新机制

移动端实时更新机制依托于推送功能，大大提升了新闻传播的时效性，满足了用户随时随地获取最新资讯的需求。该机制通过移动设备推送新闻，用户可以迅速获得突发事件的即时报道，构建起无缝的信息传播链条。这一过程通常由复杂的后台系统支持，通过对海量信息流的智能筛选和分析，在极短时间内将最重要、最具时效性的新闻内容传送至用户端，极大地减少了信息传递的时间差。

实时更新机制的核心在于以"推送"代替"拉取"的信息传递方式，即新闻内容并非等待用户主动查询，而是根据事件的紧迫性和重要性，由平台自动推送至用户终端。在这种模式下，用户无须频繁刷新新闻应用或浏览网页来获取最新信息，实时更新系统可以直接将突发新闻、重要公告等内容推送给用户。这种机制不但提升了用户体验，使信息获取更加方便快捷，也进一步提升了信息的时效性，使新闻传播更加高效。

新闻推送的实时更新机制还建立在数据分析和用户行为建模的基础上，通过对用户兴趣偏好的数据分析，实现了个性化信息推送。在此过程中，系统会对用户的阅读历史、点击习惯、地理位置等多维数据进行整合和分析，进而预测用户对某类新闻的关注度。这种个性化推送在提升信息时效性的同时，也增强了新闻内容的相关性，提高了用户对信息的接受度和兴趣。在重要新闻出现时，即使是与用户日常阅读习惯不完全契合的内容，系统仍会通过推送的方式提醒用户，确保用户不会错过任何具有时效性的重要信息。另外，实时更新机制也大幅度优化了内容传播的效率。新闻事件发生后，移动端推送系统会立即将事件概况发送给用户，实现了信息的快速到达。这一过程通常依赖分布式的云计算系统和自动化的内容发布流程，能够处理大量并发的新闻推送请求，确保在重大事件发生时系统依旧能够正常运作。后台系统会根据事件的优先级来分配推送资源，使最重要的信息可以在最短时间内抵达用户端，避免了信息阻塞或延迟。

实时更新机制的实现还涉及多层次的数据传输与缓存技术。移动端在接收到推送通知时，并非直接访问新闻服务器，而是优先从就近的数据中心获取内容，从而缩短了数据传输路径。这种机制确保了高频次的实时更新不会给服务器带来过重的负担，提高了系统的稳定性和响应速度。同时，新闻内容在客户端也会进行一定程度的缓存，以应对网络不稳定或信号微弱等突发情况，从而为用户提供更顺畅的阅读体验。

实时更新机制在时效性之外，还在新闻传播的广度和深度上提供了更大的可能性。在传统模式下，新闻往往是由固定的新闻编辑团队根据时间周期逐条发布，而在实时更新的移动端模式下，新闻的产生和传播不再受限于固定时间和固定人员。任何一条符合新闻标准的事件都可以迅速进入推送系统，实时送达用户手中。实时更新机制允许更多样的新闻来源被纳入主流新闻系统中，从而形成一种开放的信息生态，增进了新闻内容的多元化与包容性。

在社会性新闻事件中，实时推送功能更是发挥了重要作用。平台通过收集多方信息来源，在第一时间提供客观、准确的事件报道，极大地提升了公众获取信息的效率。尤其是在需要紧急关注的事件中，实时更新机制可以让公众快速了解事件的发展动态和官方通报内容，减少了因信息不对称引发的猜测与恐慌。在这种情况下，推送系统的快速反应能力直接影响着用户的决策，帮助他们在复杂的局势中作出准确判断。

实时更新机制的广泛应用还促进了新闻内容生产的效率优化。新闻编辑团队可以通过系统预设的关键词和事件优先级快速判定是否推送，将更多的资源集中于内容质量的提升。通过自动化处理新闻更新的流程，编辑人员能够将时间用于深度报道和背景分析，为用户带来更具深度的新闻体验。此外，实时更新机制在新闻数据处理上进行了高度自动化的设置，后台系统可以自动进行内容审核、格式调整、语言校对等工作，从而提升了整个新闻发布流程的效率，使新闻更加符合用户的阅读习惯。

随着移动互联网的发展，实时更新机制的应用场景也在不断增加。从早期的文本推送到图文并茂，甚至支持多媒体视频的实时推送，移动端的新闻更新体验正变得越来越丰富。用户可以根据自己的需求选择不同的推送形式和内容类型，打造个性化的新闻体验。而对于内容平台来说，这种机制意味着更高的用户黏性，推动了用户移动端新闻阅读习惯的形成和巩固。在移动端成为主要的信息获取渠道的背景下，实时更新机制不仅满足了用户的即时需求，更在潜移默化中改变了用户对新闻的关注方式，促使他们更加主动地参与到新闻事件的讨论和传播中。通过对实时更新机制的不断优化，移动端新闻传播的时效性将进一步增强。

二、社交平台的互动传播

社交平台的互动传播在当今信息化时代对新闻内容的扩散起到了关键性作用。通过利用分享与评论功能，新闻内容的传播不仅可以在更大范围内实现广泛扩散，还能够在深度上得到显著增强。社交平台的分享功能使信息在用户间快速流动，形成一种传播链，使新闻内容能够突破传统媒体传播的时空限制。分享行为将新闻内容由原始传播者迅速传递至更多的个人和群体，不断触达新受众。这一过程往往会形成一种连锁效应，信息的覆盖范围因此呈指数级增长，使本可能停留在小范围内的新闻内容能够迅速传播至全球范围。

分享的基础是用户的个人兴趣和情感联结。用户之所以愿意分享特定的新闻内容，通常是因为该内容在情感、观点或价值观上引起了他们的共鸣。正是基于这种个体驱动的传播，新闻内容在社交平台上不断被推送给新的用户群体，甚至是跨越不同地域和文化背景的用户。在这个过程中，新闻内容逐渐脱离了单纯的媒体话语权控制，形成一种分布式的传播模式。个人的分享不仅是信息传递的工具，也成为对新闻内容的理解、态度及观点的体现。由于用户在分享时往往伴随自身的解读与感受，这种对内容的再加工增强了新闻的吸引力和感染力，从而使新闻在不同受众群体中的传播深度不断增加。

评论功能则为用户提供了一个直接参与新闻内容讨论的平台，通过这种互动，新闻内容的讨论热度得以进一步提升。用户在评论中表达的观点、疑问及见解，使新闻内容不再是单向输出，而是成为一种多元化的公共话题。每一条评论都可能引发新的讨论和关注，从而不断为新闻内容注入新的生命力。用户的评论行为使信息的传播不再局限于新闻本身，而是延伸至与内容相关的各个方面。这种延伸能够使新闻内容的内涵得到更为深刻的探讨，进而激发更多受众的关注与思考。评论功能在社交平台中所起的作用，不仅是对内容的补充，更是一种对社会意见的反映和对话的展开，使新闻在公共话题的深度和广度上得到双重的延展。

社交平台的分享和评论功能在增强新闻内容的传播深度时，也促进了信息的垂直传播。不同于传统传播方式中的一次性信息接收，社交平台的互动性使用户可以不断返回新闻内容，进行多次关注和讨论。这种持续性的关注使新闻内容的生命周期得以延长，并不断吸引新用户的关注。垂直传播的延续性使新闻内容不再是简单的一次性消费品，而是成为具有持续影响力的社会话题，能够反复激发公众的关注与讨论。这一过程有助于加强新闻内容的影响力和议题设定效应，使其在更长的时间内保持公众视野中的高曝光率。

社交平台的分享和评论功能还为新闻内容带来了个性化和细分化的传播。由于每个用户的兴趣和社交圈不同，分享行为往往带有明显的个性化特征。不同用户将新闻内容分享至各自的社交圈，形成了基于兴趣和价值观的分众传播模式。这种传播模式有利于新闻内容在不同兴趣群体中的深度传播，能增强新闻的精准传播效果。与此同时，评论功能带来的意见交流也推动了内容在不同人群间的分化理解和个性化传播。用户的评论内容往往包含了个人的理解和情感，其他用户在阅读评论时也会受到影响，这种相互作用使新闻内容不仅限于单一解读，而是在多元化的讨论中得到丰富和扩展。

新闻内容通过社交平台的互动传播，不仅实现了从信息到话题的转变，更推动了社会舆论的生成和引导。在这一过程中，社交平台已然超越了传统的传播媒介角色，成为一种社会话语权的交互场所。随着分享和评论功能的广泛应用，新闻内容不再是媒体单方面发布的产物，而是由全体用户共同参与塑造的公共话题。

通过不断的互动，新闻内容从单一信息扩展为公众讨论的热点，进而形成社会舆论的聚合点。用户通过分享和评论，推动了新闻在社会不同层面的渗透和深化，逐步将新闻内容转变为具有公共意义的讨论议题。这种舆论生成和引导的过程为新闻内容带来了更深层次的社会影响力，使其在促进公众认知和社会理解方面发挥重要作用。

社交平台的互动传播极大地丰富了新闻内容的传播形式和传播路径。通过分享，新闻内容的传播范围得以大大拓展，呈现出一种去中心化、分布式的扩散效果。通过评论，新闻内容的传播深度得以不断扩展，使其在公众视野中的影响力逐步增强。两者的结合使新闻内容不仅在广度上得到广泛扩展，更在深度上被不同用户群体反复关注和讨论。社交平台的互动传播机制使新闻内容能够在不同层次的社会群体中渗透，并逐步形成公共话题和社会舆论。这一传播机制的独特性不仅增强了新闻的传播效果，更使新闻内容在当今社交媒体时代获得了前所未有的社会意义。

三、用户反馈与内容调整

在现代信息传播中，用户反馈已成为内容优化的核心驱动力。研究发现，用户在社交媒体、论坛和各类平台上留下的反馈信息，能够深度揭示他们的偏好、需求及疑虑。对这些反馈进行及时采集、分析，并将其有效应用到内容调整中，能够显著提升用户体验，增强内容的吸引力和互动性。

通过分析用户的留言和反馈数据，可以洞察内容是否满足了预期目标群体的需求。用户的直接反馈往往透露出他们的兴趣点、关注重点及内容的不足之处，这些信息为内容创作团队提供了宝贵的参考，使他们能够有针对性地调整内容策略，以更好地契合用户需求。这种动态反馈机制不仅提升了内容的质量，还强化了用户与内容创作者之间的情感联系，使用户感到自己参与其中，甚至能够影响内容的未来走向，从而增强他们的忠诚度与黏性。

反馈数据还可以用来识别内容创作中的盲区和改进空间。随着数据分析技术的发展，用户反馈不仅可以通过人工查看获得，更可以通过算法自动化处理，将海量反馈数据转化为具体的分析成果。这种数据驱动的内容调整方法能够使内容生产者更清晰地了解哪些内容吸引了用户、哪些部分引发了用户的不满和困惑。借助大数据分析，可以精准地揭示内容的接受度及不同主题的受欢迎程度，从而为内容优化提供科学依据。这样，不断调整的内容不仅符合用户需求，还能够引导用户进一步探索新的信息和知识，形成良性循环。研究表明，用户的互动积极性与内容的优化程度密切相关。当用户发现自己提出的意见被采纳，或者他们的反馈带来了内容的改进，这种良好的反馈机制能够激励他们继续参与。这种参与式内容创作模式，不仅让用户产生一种"被听到"的感觉，还让他们更有意愿在内容互动中投入时间和精力。互动参与的增加进一步促进了内容的传播和影响力，因为用户更倾向于分享他们认为有价值且具有参与感的内容。

内容创作的即时调整还能够使信息传播更加高效。通过不断调整内容来满足不断变化的用户需求，不仅可以避免内容老化导致的用户流失，还能使内容在用户中保持持续的吸引力和关注度。这种灵活的内容调整机制使内容创作更具前瞻性和适应性，不仅有助于及时应对用户需求的变化，还可以使内容创作始终保持创新活力和竞争优势。

用户反馈不仅对内容的形式和风格具有重要意义，在内容的深度和广度上同样发挥着重要作用。根据用户的反馈信息，内容创作团队可以不断深入拓展用户感兴趣的话题，将内容的深度提升到新的水平。同时，通过反馈信息挖掘用户的潜在需求，可以拓宽内容的主题范围，以满足用户的多样化需求。通过这种双向的调整方式，内容不仅在广度上覆盖了更多用户的兴趣点，而且在深度上更贴近他们的心理需求和价值观，从而构建出更具有吸引力和内涵的内容体系。

反馈机制的另一个优势在于提升了内容的可持续性。内容调整不仅是对已有内容的优化，更是不断发掘用户新的需求，以维持内容的长效发展。随着用户群体的变化和信息需求的不断升级，内容创作团队需要持续地根据反馈信息对内容进行迭代更新。这种持续改进的过程，使内容能够在长时间内保持与用户的高度相关性，从而增强内容的生命力和传播力。

通过用户反馈即时调整内容的策略，内容更具适应性、互动性和吸引力。这种灵活的内容优化方式在提升用户体验的同时，也增加了用户的互动参与度和忠诚度。用户反馈与内容调整的有机结合,使内容创作不仅满足了用户的当前需求,更能够引导他们不断探索新的内容领域。这种动态的内容调整模式,已成为现代内容创作的重要策略,在日益激烈的内容竞争中,为内容创作团队提供了坚实的支持和保障。

第七章 播音主持行业在数字时代的转型

数字时代为播音主持行业带来了新的挑战和机遇。本章将比较传统播音主持模式与新媒体环境下播音主持模式的差异，探讨移动端技术对播音主持行业的改变，介绍数字化播音技巧与互动方式，以及多平台传播对播音主持行业的新要求，帮助从业者实现自我提升。

第一节 播音主持行业的传统模式与新媒体环境下的差异

一、传统广播与电视播音的基本特征

传统广播与电视播音在其发展历史中逐步形成了独特的基本特征，这些特征涵盖了播音员的角色定位、演播技巧及传播模式等方面。尽管现代信息传播技术已得到广泛应用，但传统广播与电视播音在信息传递、文化传播、社会服务等方面仍然具有重要的地位和作用。

播音员作为传统广播与电视播音的核心角色，其职能不仅限于信息的传递，更在于充当文化桥梁、思想启迪者及社会规范的引导者。广播与电视播音的特殊性质要求播音员在专业技能之外还要具备较高的文化素养和较强的社会责任感。播音员的语音语调、表达方式、情感控制直接影响受众对信息的接受程度和情感共鸣。播音员的声音成为传递信息和情感的主要媒介，其语速、音调、节奏、力度均需经过精心设计，以便在保证信息准确传达的同时，增强受众的听觉体验。播音员不仅需要掌握标准的语音规范，还需根据不同节目内容调整自身的语言风格，从而满足不同受众的需求。

在传统广播与电视播音中，演播技巧是一项重要的专业能力，涵盖了声音的控制、情感的表达、逻辑的清晰性等多个方面。播音员的声音表达不仅限于字词的传达，更需要通过语调、停顿、重音等细节处理，将文字背后的意涵、情感及思想准确地传达给受众。播音员通过对声音的精准控制，让语言具备节奏感、层次感，从而增强内容的吸引力和感染力。声音的节奏控制在广播与电视播音中至关重要。适度的节奏变化既可以维持听众的注意力，又能突出关键内容，引导受众更好地理解信息的核心要点。此外，播音员的语言风格和表现方式也会根据节目类型、受众特点和传播需求的不同而有所调整。播音员在新闻播报时往往需要客观、冷静，语速适中，语调稳定，以确保信息的严谨性和权威性；而在娱乐、访谈类节目中，播音员则可以加入更多的个性化表达，以拉近与受众的距离，增强节目互动性和感染力。

传统广播与电视播音具有线性传播的显著特点，即信息从播音员出发，经由广播或电视台传递至广泛的受众群体。该模式的单向性导致受众难以即时反馈，信息流动方向由播音员单方面主导，受众则被动接收信息。这种传播模式强调信息的统一性和稳定性，确保了信息内容在传递过程中的一致性，适用于新闻、政策等重要信息的传播。在传统媒体时代，广播与电视播音通过全国范围内的广播网、电视网，迅速覆盖大量受众，使信息传播高效且具有权威性，成为连接社会各阶层、维系社会共识的重要媒介。

传统广播与电视播音在内容编排和传播时效性上也具有自身的特征。播音员在节目的编排中严格遵循既定流程和规范，确保信息传递的严谨性和可信度。特别是在新闻播报中，内容的编排必须高度契合当前的社会事件和热点话题，以保证信息的及时性。传统广播与电视播音通过每日的定时播报，建立了特定的时间节点，使受众形成收听、收看的固定习惯，这种时间上的规律有助于受众对信息的获取形成稳定的依赖。尽管随着时代的发展，新的信息传播技术不断涌现，但传统广播与电视播音以其精准的时间控制和信息整合能力，依然保持着较强的吸引力。

在信息的筛选和编辑方面，传统广播与电视播音具有权威性和导向性的特点。播音员传递的信息经过筛选、编辑和校对，确保了内容的准确性和客观性。在这一过程中，电台与电视台承担了信息把关的角色，决定了受众接收信息的质量和方向，避免了信息的泛滥和混乱。播音员通过规范化的语言和表达方式，引导受众对信息形成理解和认知，形成了一种具有普遍影响力的传播导向。这一信息把关过程不仅为受众提供了高质量的信息服务，也在一定程度上形成了主流价值观的传播体系，为社会的和谐稳定作出了贡献。

传统广播与电视播音作为一种历史悠久的传播形式，形成了特有的传播规律和传播文化。这种传播形式不仅具有实用性和娱乐价值，更承载了大量的文化和社会功能。广播与电视播音不仅是一种信息的传递工具，更是承载文化、传播主流价值观、维系社会共识的媒介。通过播音员的声音和表达，广播和电视不仅让信息触达了千家万户，更在潜移默化中影响了大众的观念、情感和生活方式。

二、传统模式与新媒体融合的尝试

传统模式与新媒体的融合，是在快速发展的信息时代下，保持专业水准的同时拥抱技术变革的尝试。这种融合不仅是技术层面的适应，更是一种思维方式和传播模式的创新。传统模式通常强调严谨的专业态度和深厚的知识积累，注重内容的质量与准确性；而新媒体则侧重互动性、即时性和传播速度，旨在通过快速的内容传播和用户反馈机制实现广泛的受众覆盖。二者的特点在本质上看似对立，然而，融合的过程却可以让两者的优势得以互补，共同塑造更加全面的内容传播方式。

在传统模式中，专业性和权威性始终是内容的核心，这种模式建立在对知识的严格把控与深度分析之上，以确保信息的可靠性和准确性。信息发布的节奏较为缓慢，通常经过多层次的审核，以维护内容的权威性。随着新媒体的兴起，内容消费方式发生了显著变化，受众更倾向于简洁、即时的信息，且希望能够与信息源产生直接互动。这种转变促使传统模式必须重新审视其传播方式，以更好地适应当下的信息环境。在这种背景下，保持专业素养的同时融入新媒体的互动性与即时性，成为传统模式发展的关键方向。

互动性是新媒体的核心特征之一，它能够将内容生产者与受众之间的距离拉近，使信息交流从单向传播变为双向互动。在传统模式与新媒体融合时，需要意识到互动性的价值，即它不仅可以提升内容的传播效果，还能够收集受众的实时反馈，从而对内容进行及时调整和优化。互动性的引入意味着内容生产不再是一种单向的信息输出，而是变成一种与受众共同创造内容的过程。在专业内容中嵌入互动元素，可以激发受众的参与感，从而增加他们的忠诚度和黏性，这对于提升内容的影响力具有重要意义。

即时性是新媒体的另一个显著特征。信息的快速发布和实时更新，能够满足受众对最新资讯的需求。这种特点在新媒体中得到了极致发挥，但在传统模式中却存在诸多局限。传统模式通常需要较长的时间来策划和审核内容，以确保其准确性和专业性。在与新媒体的融合中，传统模式可以通过适当提高信息的发布速度来适应当前快节奏的信息环境。与此同时，即时性并不意味着放弃内容的准确性和质量控制，而是要求在确保专业素养的基础上，探索新的审核流程和技术手段，从而提高内容的时效性。合理运用即时性可以使传统内容在不损失质量的前提下，提升对受众的吸引力。

在互动性与即时性的推动下，内容生产流程也将随之发生变化。传统模式下，内容生产通常经过策划、撰写、审核、发布等多个阶段，这种流程较为严谨，但也显得烦琐和冗长。而新媒体的迅捷传播方式促使内容生产更加高效，要求信息的发布更加及时。传统模式可以在保证专业性和权威性的前提下，合理优化内容生产的各个环节，例如引入自动化的审核工具，简化部分流程，以便更快速地应对信息更新需求。同时，内容团队也可以通过多方协作来提升效率，使专业内容在新媒体环境中保持竞争力。

在新媒体语境下，内容的呈现形式也需要适应受众的阅读习惯。传统模式往往采用较为正式、严肃的语言和结构，以确保内容的权威性和专业性。而新媒体受众更加偏好轻松、直观的信息表达，内容的视觉化呈现如图片、短视频等形式更受欢迎。传统模式可以在内容设计上作出适当调整，将深度的专业内容通过更为直观的方式呈现出来，从而在不影响内容严谨性的情况下提升其吸引力。这种视觉化的表达不仅可以增加信息的可读性，还可以通过多样化的内容形式吸引不同层次的受众，从而扩大内容的传播范围。此外，数据分析在新媒体中的应用可以帮助内容生产者更好地了解受众的需求和偏好。传统模式在新媒体的助力下，可以利用数据分析工具对受众的反馈、点击率、互动频率等进行深入分析，从而制定更为有效的传播策略。这种基于数据的调整使内容可以更加贴近受众的实际需求，而不仅是依赖内容生产者的主观判断。通过将数据分析引入内容创作流程，传统模式可以不断优化内容的质量和传播效果，进而提升内容的影响力。

尽管新媒体的互动性和即时性带来了许多优势，但在内容的专业性和深度方面，传统模式依然具备不可替代的价值。新媒体的快速传播方式往往牺牲了内容的深度和广度，注重的是信息的简洁和便捷，这与传统模式的核心理念存在一定冲突。传统模式在与新媒体融合时，需要始终坚持其专业素养和深度分析的原则，不能因为追求时效性而忽略了内容的内涵。通过把握两者的平衡点，在保持专业性的同时，实现内容的创新传播。

这种融合不仅是对传播形式的优化，更是对内容品质的升级。新媒体的出现为传统模式带来了新的发展契机，但也提出了更高的要求。传统内容生产者应当在保持专业水准的前提下，积极拥抱新媒体技术，从内容策划到传播策略，都需要进行全面的创新和调整。这一过程不仅是为了适应新的传播环境，更是为了在快速变化的时代中保持内容的权威性与影响力。通过这种融合，传统内容生产者能够在新媒体时代中找到新的定位和发展路径，实现内容的传承与创新。

第二节　移动端技术对播音主持行业的改变

一、移动端直播与短视频的兴起

移动端直播和短视频的快速发展给播音主持领域带来了深远的影响。随着科技的进步，移动设备的普及使人们随时随地可以进行观看与分享，传统的播音主持模式因此逐渐向个性化、互动性和即时性的方向演变。观众不再是被动的信息接收者，他们更积极地参与到内容创作、分享和互动之中。这种转变为播音主持行业带来了机遇和挑战。在新的传播环境下，播音主持工作的表演模式、话语体系和内容编排都被赋予了全新的意义。

　　移动端直播与短视频平台极大地提升了信息传递的速度和广度，这意味着播音主持工作不再局限于一个时空固定的舞台，传播的时间和空间得到无限拓展。面对这种随时随地的传播形态，播音主持人需要具备更灵活的应变能力。即兴表达的需求增加，要求主持人能够在短时间内迅速组织内容、把握话题，以适应观众的需求和情绪。同时，短视频的简洁性要求播音主持人能够在有限的时间内精准传达核心内容，使观众在几秒钟内就能抓住重点，感受到信息的核心价值。这对于播音主持人的表达技巧提出了更高的要求——精准、简洁、直击要点。

　　在互动性方面，直播和短视频平台通过弹幕、评论区等功能赋予了观众即时反馈的权利。这种互动形式改变了传统的单向信息传播模式，使播音主持人与观众之间形成了双向沟通的场域。观众的实时反馈会直接影响主持人对内容的调整，这种反馈机制使主持人能够更加贴近观众需求，灵活应对不同场景和情绪。这也意味着播音主持人在对话方式、语言风格等方面要更加灵活，确保每一段表达都能与观众的互动形成良性循环，从而提升传播效果。

　　移动端平台的个性化特点对播音主持人的风格提出了多样化的要求。与传统电视广播不同，移动端平台上用户群体的构成更为复杂，他们的兴趣、偏好、习惯多种多样，因而对内容的需求也呈现出多元化的趋势。播音主持人需要根据平台的特点、观众的偏好调整风格，使表达方式更加灵活和多样。在面对不同的观众群体时，主持人需要根据内容的属性和观众的接受程度适当地调整语言节奏、音调和表情，使内容表现更加符合平台的特质，以实现与观众的深度共鸣。

　　在内容创作方面，移动端直播和短视频鼓励原创内容，这种趋势使播音主持领域的创新需求显得尤为重要。传统的播音主持工作往往依赖于专业的编导团队，内容结构较为固定，而在移动端环境中，主持人可以更自由地进行创作，使内容表现更加灵活多样。播音主持人可以根据个人特色来制作内容，使其具有独特的风格，打造具有辨识度的品牌形象。这种形象的树立不仅帮助主持人建立与观众的情感联系，也有助于提高观众的忠诚度和活跃度，从而提升内容传播的广度和深度。

　　移动端直播和短视频的快速迭代对播音主持人的专业技能提出了新的要求。与传统媒介相比，移动端平台的内容发布节奏更快、更新频率更高，观众对信息的需求更加多样，播音主持人需要不断提升自身的专业素养，以适应观众不断变化的需求。播音主持人需要掌握短视频的剪辑技巧、场景布置及在直播中随机应变的能力。这种多元化的能力培养不仅帮助主持人提高内容创作效率，也增强了观众的观看体验，使内容在快速变化的媒介环境中保持吸引力。

移动端的算法推荐机制使播音主持人必须更加注重内容的吸引力和传播效果。算法通过用户的观看行为、兴趣偏好来决定内容的分发路径，因此播音主持人需要精准把握内容主题、精心设计标题与封面，确保内容能够在众多信息流中脱颖而出。在这种环境中，播音主持人的话语风格要更加贴近用户需求，以赢得推荐算法的青睐。内容的精细打磨不仅体现在内容质量上，还需在话语表达、镜头表现和互动设计上进一步优化，以增强用户的观看意愿，提升内容的观看时长。

移动端直播和短视频的环境还增强了播音主持人的自主性。移动端平台给予了内容创作者更多的自由度，使主持人可以在内容表现上进行更具创造性的尝试。传统播音主持工作多受到节目编排和流程的限制，而在移动端平台上，主持人可以依据个人的思维和创意进行自主创作。这种自由度的增加，使播音主持人可以探索不同的表现形式和语言风格，从而更好地展现自身的个人魅力与专业素养。

随着技术的进步，VR 和 AR 等新兴技术逐渐被应用于移动端平台，为播音主持领域带来了全新的体验。通过这些技术，观众可以获得更加沉浸式的观看体验，播音主持工作的呈现形式也因此变得更加立体。播音主持人可以利用这些新技术来创造具有视觉冲击力的内容，从而进一步提升观众的参与感和互动体验。通过虚拟场景的打造和互动体验的设计，播音主持工作不仅可以增强内容的观赏性，还能够实现更加个性化的内容定制，满足观众多样化的需求。

在移动端的传播环境中，播音主持人所承担的角色正在发生深刻的变化。主持人不仅是信息的传递者，还逐渐成为内容创作者、情绪引导者和品牌形象的代表。多重身份要求播音主持人在内容创作和表达上具备更高的灵活性和创新能力，以适应不断变化的媒介环境。面对移动端直播和短视频的兴起，播音主持领域需要在内容形式、表达风格和观众互动方面持续创新，不断提升专业素养，以实现更好的传播效果和更深层次的观众连接。

二、实时互动功能的利用

实时互动功能的利用在当今信息社会中展现出巨大潜力，尤其是在数字媒体、教育培训、商业推广等各个领域，成为提升用户体验与增强参与感的重要手段。随着现代技术发展，评论、弹幕、直播聊天等互动功能不断演变，它们不仅是简单的沟通工具，更是架设受众与内容创作者之间桥梁的重要途径。运用这些互动手段，可以打破时间与空间的限制，实现用户在信息接收过程中的实时反馈，真正做到让受众在观赏、学习或消费过程中产生身临其境的感受。

评论功能是互动性最直接的体现之一。受众可以在内容发布的同时，发表个人见解或表达情感，这不仅是自我表达的一种方式，也是形成内容与受众之间双向互动的重要环节。在受众进行评论时，他们可以更好地融入内容中，感觉到他们的声音被听到，进而增加对平台或内容的依赖和信任。同时，评论功能也赋予了内容创作者一种即时反馈的能力，他们可以通过分析评论内容，了解受众的需求、兴趣点和情感态度。通过这种互动，内容创作者可以快速调整和优化内容策略，更加贴合受众的兴趣和需求，从而提升内容的吸引力和黏性。

弹幕作为一种富有创新性和独特互动体验的功能，逐渐成为视频和直播内容中的亮点。弹幕不仅可以增强用户之间的互动，还能够在内容播放过程中随时表达用户的想法，使观看过程更加生动有趣。弹幕的实时性使受众之间可以即时互动，他们不仅能够看到其他用户的评论，还能在同一时刻共享观点，这种同步性极大地增加了内容的吸引力和用户参与感。与传统评论不同的是，弹幕直接呈现在视频内容上，与内容融为一体，从而创造出一种"边看边聊"的观感体验。观众通过弹幕可以在观看内容的同时感受到其他用户的陪伴，营造出一种虚拟社区的氛围，增加了观看过程中的社交性。此外，弹幕能够在内容创作者与观众之间形成一种无声的互动形式，通过受众的即时反馈，内容创作者能够迅速感知观众的情绪和反应，为后续内容创作提供参考。

直播聊天功能则进一步拓展了实时互动的广度与深度。直播不是一个单向传递信息的过程，它赋予了受众直接与主播交流的机会，使双方互动更加生动、立体。在直播中，观众可以通过聊天窗口即时发送信息，与主播进行双向沟通，这种互动形式不仅增强了观众的参与感，还能使内容创作者更好地理解观众的需求。直播聊天的实时性使观众的声音能够迅速传递给内容创作者，主播可以根据观众的反馈调整话题方向、回答观众的问题或回应他们的情感需求，从而提升内容的吸引力。此外，直播聊天带来的互动感，使观众不再是被动的信息接收者，而是成为内容创作过程中的一部分，观众的反馈能够在直播过程中得到即时的回应，从而构成一种双向、开放的交流氛围。

利用实时互动功能不仅可以增强用户体验，还可以为内容创作者带来丰富的数据反馈，帮助他们优化内容策略。每一次互动都能够提供用户偏好、兴趣点和关注度等有效信息，这些数据在经过分析之后，可以为内容创作者提供精准的用户画像和需求分析，从而更好地定位内容的方向和风格。这些实时互动数据还能够帮助内容创作者识别内容的弱点，提升内容的质量和吸引力。通过实时的观众反馈，创作者能够迅速捕捉观众的情绪变化，及时调整内容，使内容更有针对性，更好地满足用户的需求。

在应用场景上，实时互动功能被广泛应用于教育培训、商业推广、新闻传播等领域。在教育培训中，实时互动功能可以提升学习的沉浸感和参与度，学生可以在学习过程中通过评论、弹幕或直播聊天提出问题，与教师互动，增强对知识的理解和掌握。在商业推广中，实时互动功能能够增强用户对品牌的信任，观众可以通过互动实时了解产品特点，增加购买意愿。在新闻传播中，实时互动可以使观众直接参与到新闻事件的讨论中，增加新闻内容的广度和深度，使信息传递更加生动、即时。

实时互动功能的价值不仅体现在用户体验和内容创作者的反馈上，它还具有推动创新和提升创造力的潜力。通过互动，内容创作者可以在不同场景中灵活运用这些功能，结合受众的兴趣和反馈，创造出新的互动形式和内容表现手法。实时互动不仅是技术手段的运用，更是内容创作模式的一种革新。它打破了传统内容传递的单向模式，使内容和用户之间能够形成一种动态的交流关系。

三、移动设备对音质及传播效果的影响

随着科技的迅猛发展，移动设备的技术更新不断对音质和传播效果产生深远

影响。尤其是在现代信息传播的背景下，音频内容已成为人们日常获取信息和娱乐的重要渠道，而这一趋势下，音质的表现和传播效果直接决定了听众的体验和内容的接受度。移动设备的发展使音频的录制、处理和传播过程发生了显著变化，这不仅是设备性能提升带来的结果，更是音频技术、信号处理算法和智能化调节的集成优化，最终使音频效果达到前所未有的水准。

技术设备的迭代首先体现在硬件层面的提升。移动设备内部组件的更新，例如处理器、麦克风、扬声器等的进步，使音频录制和播放的硬件基础更加坚实。在录音过程中，敏感度更高、抗干扰能力更强的麦克风能够捕捉更为清晰的音频信号，从而减少环境噪声的干扰，提高音频信号的纯净度。这一方面可以确保声音的自然呈现，另一方面也使声音的细节表现更加清晰饱满。在播放方面，扬声器的设计和材料的改良极大地提升了音频输出的音质效果，能够提供更加丰富的音频层次感和动态范围，让听众在小型设备上也能享受接近高保真的音质体验。

移动设备的软硬件一体化发展带来了音频信号处理技术的飞跃。数字信号处理芯片的引入和不断升级，使设备可以实时对音频信号进行复杂的分析和调整，从而保证信号的稳定和音质的优化。算法层面的改进，例如回声消除、噪声抑制、自动增益控制等技术，能够在不同的声音环境中进行有针对性的调整，从而确保音频的清晰度和连续性。无论是在嘈杂的环境中进行录制还是在安静的场景中播放，这些处理算法都能动态调节音量和频率响应，确保用户始终获得最佳的听觉体验。此外，智能化调节系统的应用进一步提升了移动设备的音频表现力。当前许多设备配备了人工智能驱动的音频处理模块，这些模块可以通过机器学习和数据分析技术，自动识别不同类型的音频信号并进行优化调整。例如在音乐播放和语音通话模式下，智能调节系统能够识别不同的声源类型，并对高频和低频段进行个性化调节，从而提高音质的清晰度和表现力。这种智能化的调节能力不仅提高了音频的表现效果，也简化了用户的操作，使音频的播放和传播变得更加便捷和人性化。

从传播效果的角度看，移动设备的更新换代显著扩展了音频内容的传播渠道和覆盖范围。现代移动设备普遍支持多种无线通信技术，如 Wi-Fi、5G 等，这些高速数据传输技术使音频内容的传播速度大幅提高，音频内容的实时性和稳定性得以保障。同时，移动设备的普及大幅降低了信息传播的门槛，使音频内容可以在更广泛的用户群体中传播。尤其是在 5G 技术的加持下，音频内容的传输几乎实现了无延迟的效果，这不仅提升了用户在互动场景中的体验，也促进了音频内容在社交媒体等平台上的即时传播。

随着移动设备的便携度和续航能力的提升，用户可以随时随地进行音频内容的创作和接收，这使音频的传播不再受限于固定的物理空间。音频内容的即时发布和共享使人们可以在第一时间获得最新的资讯和娱乐内容。这种随时随地的音频传播模式不仅提高了信息的传播效率，也增加了音频内容的即时性和感染力，使信息的传播效果更加深入人心。用户可以根据个人的喜好选择在任何环境中接收和传播音频信息，而这种高度的灵活性和便捷性正是移动设备技术革新所带来的积极影响。

音频数据压缩技术的进步为移动设备的音质和传播效果带来了革命性变化。无损压缩和有损压缩算法的改良在确保音频质量的同时也降低了数据传输的需求，进而降低了对带宽的消耗。当前的编码技术，如 AAC、Opus 等，能够在保证音质的前提下将音频文件体积缩小至最小，这使音频数据的存储和传输更加高效，从而适应了移动设备的数据处理能力和存储限制。这种高效的数据压缩技术不仅保证了音频在传输过程中的质量不受影响，同时也满足了用户在网络环境中流畅接收音频的需求。

移动设备技术的不断更新正在从多个维度提升音质和传播效果。硬件配置的提升奠定了音频播放和录制的质量基础，信号处理技术和智能化调节系统的进步则实现了对音频信号的实时优化，而高效的数据传输和压缩技术则推动了音频内容的即时传播。以上这些因素共同作用，使现代音频的传播效果得到了全方位的改善，使用户的听觉体验更加真实、生动，推动了音频内容的全面普及与发展。这一趋势不仅反映了科技进步对音频产业的深刻影响，也为未来的音频传播和体验提升提供了巨大的可能性。

第三节　数字化播音技巧与互动方式

一、声音与视觉同步技巧

在数字内容制作中，声音与视觉的同步是一项关键的技巧。通过将音频与视频的内容精确匹配，能够大幅提升信息的传播效果，使观众获得更为沉浸的体验。声音与视觉的有效融合不仅影响信息传递的清晰度，还直接决定观众的参与度和情绪反应。通过深入理解声音和视觉之间的关系，可以帮助创作者更有效地控制观众的注意力和情感反应，从而实现信息的高效传达。

声音和视觉在传播过程中分别承担着不同的信息传递功能。视觉往往传达内容的主体和整体氛围，通过画面构建情境、提供背景信息、展现细节和引导观众的注意力。声音则通过节奏、音调和音效来补充视觉信息，为画面增添层次感。音频的合理设计能够赋予视觉内容以节奏感，增加叙事的深度，使观众不仅看到图像，更能从声音中感受到内容的感情色彩和内涵。通过在声音和视觉之间建立和谐的关系，观众能够更自然地理解和接受信息。

声音与视觉的匹配首先涉及两者的时间同步，即声音的出现和结束需要与画面变化保持一致。适当的时间同步能够避免信息的割裂，使观众在观看过程中不会产生断裂感。时间同步不仅指声音与画面的精准对齐，还包括在内容上的呼应。声音可以在画面变化的瞬间帮助引导观众的注意力，并强调画面的重点。当视觉内容快速变化时，音频的节奏也应随之加快，而当画面较为静止时，音频则应保持平稳，以形成一种节奏上的对称。

除了时间上的同步，音频内容的设计也需要与视觉内容相呼应，以此在情感上打动观众。音效和背景音乐在信息传达中起到辅助作用，通过选择恰当的音效，可以放大视觉效果，让观众的情绪随着内容的进展而波动。在场景转换时，音效能够营造出不同的空间感，使观众更好地理解情境变化。背景音乐则通过节奏和旋律的变化引导观众的情绪起伏，使视觉内容传达的信息更为深刻。在视觉上具有冲击力的画面往往伴随着激昂的音乐，而对于一些富有细腻情感的画面，背景音乐则宜低沉柔和，这种视听协同可以有效传达创作者的意图。

声音的节奏与画面的节奏相吻合是实现二者有效同步的另一个重要方面。通过声音的节奏来控制视觉节奏，观众可以在不知不觉中被引导至创作者设计的情境中。当视频内容包含快节奏画面时，音频的节奏感可以增强画面节奏，使观众的视觉与听觉同时获得强烈的刺激。当画面进入缓慢的情节时，声音的节奏也应相应放慢，以免产生突兀的感觉。节奏的变化使观众在观看过程中能够自然地跟随内容的情绪发展，从而产生情感共鸣。此外，声音在视觉内容的补充上还有其独特的作用。许多信息无法通过图像直接传达，而通过适当的音频可以使信息更为饱满。例如，某些细节通过画面难以表达，而音频可以通过声音提示观众注意特定的细节。音频能够传达画面背后隐藏的信息，增强观众的想象力和理解力。通过声音传递细节不仅能增加观众的理解深度，还能有效弥补画面可能存在的不足之处。

声音与视觉同步的另一个重要环节在于叙事的流畅性。在叙事结构上，声音的平稳过渡能够促使画面之间的衔接更加自然。通过背景音乐的连续性和渐变效果，画面转换时不会给观众带来突兀的感觉，叙事的连贯性得以保持。音频的平滑衔接还能够使观众对情节的理解更为顺畅，避免信息接收过程中出现断层。通过音频在不同画面之间的自然过渡，叙事过程显得更加流畅，这种流畅性使观众能够持续地保持注意力，从而提升观看体验。

在声音与视觉高度同步的前提下，观众的情感体验会显得更加真实和生动。音频能够赋予画面情感色彩，使视觉内容更具感染力。例如，某些音效的加入可以让观众感到画面的真实感和沉浸感增强，这种视听的结合使观众的情感体验更加直接。在叙事过程中，音效不仅为画面提供背景，还能通过增强观众的情绪反应，引导其进入故事情境中，产生一种与内容的深层次共鸣。通过声音和视觉的结合，观众在观看时能够更好地理解信息的内涵，并对内容产生情感上的回应。

声音与视觉的同步技术不仅限于简单的音画配合，而且是一种多层次的结合。在这种结合中，声音的出现、消失、节奏和音量都需要与视觉内容相呼应，从而形成一种高度统一的视听体验。通过对声音与视觉的节奏、情绪和细节进行细致的把控，可以实现二者在传播效果上的最大化，使信息在观众心中产生更为深刻的印象。

二、在线平台互动播音技巧

在在线平台上播音时，调动观众的情绪与兴趣是播音员的重要职责。成功的互动不仅需要语言上的表达技巧，还需依靠非语言的传达方式。这种双重结合能为观众带来丰富的感官体验，进而增强观看黏性。首先，通过语言技巧，播音员可以选择贴近观众情感的语调与词汇。语调起伏的运用可以让信息的传递更具层次感，吸引观众的注意力，使之更容易沉浸于内容之中。播音员在语速上也应保持变化，适当的停顿能营造悬念，增加内容的吸引力。而语速的加快或放慢则能够根据信息的轻重缓急，增强观众的代入感。

语言的情感表达至关重要。通过运用适当的词语搭配与感情色彩，播音员能够营造出内容的氛围，唤起观众的共鸣。感性的语言表达可以拉近观众与播音员的距离，令人产生一种"参与其中"的感觉。播音员可以选择富有温度的词汇，尤其是在涉及观众日常生活、情感或者兴趣的主题时，采用细腻而真诚的语言会让观众感到被尊重与理解。同时，播音员需避免过于专业和生硬的术语，以免造成疏离感；相反，简洁易懂、亲和力强的语言风格会增加互动的温暖感，使观众更乐于倾听与参与。

而在非语言的层面上，播音员的眼神与面部表情也是传达信息的重要媒介。即使是在线平台的互动，屏幕前的观众仍然能感受到播音员传达的情绪与态度。恰到好处的微笑能够传达友善与接纳，令人倍感舒适，坚定而富有激情的眼神则能够传递自信与专业，让观众更加信任内容的权威性。面部表情的变化还能够增加内容的表现力，为观众提供一种多维度的体验。播音员应善于利用眼神、微笑和眉毛的动作来丰富自己的表情，这些非语言信号能帮助观众更直观地理解信息的情绪内涵。

身体语言在非语言沟通中也具有独特作用。播音员的手势、姿态及头部动作都会对观众产生潜移默化的影响。适当的手势能帮助强调信息的关键点，提升表达的力度和节奏感；而自然的姿态和舒展的身体动作则能够增强内容的流动性，使观众产生一种视觉上的愉悦感。播音员的肢体语言与语言表达的协调一致，能够增加表达的真实性和感染力，帮助观众更好地接收内容所传达的深层含义。此外，保持适度的身体语言也能传达播音员的自信与专业，从而进一步提高观众的参与度。

语气的控制对播音效果至关重要。适当变化语气不仅能够避免播音过程中的单调感，还能强化内容的重要性和情感色彩。通过柔和的语气传达温情，通过坚定的语气展现力量，通过轻快的语气制造愉悦，这些都能够让观众产生不同的情绪反应。播音员应根据内容的主题与观众的情绪需求，灵活调整自己的语气，创造出一种与观众内心感受相呼应的氛围，从而拉近彼此的心理距离。此外，背景音与音效的运用也在一定程度上增强了观众的沉浸体验。虽然背景音和音效不属于播音员的直接表达，但其选择与应用的合理性直接影响内容的呈现效果。恰当的背景音能够营造特定的氛围，提升内容的层次感。而轻微的音效则能对观众的情绪产生刺激作用，让其更专注于内容的核心。播音员应与技术人员协作，根据内容的需求及观众的反应，适时调整背景音与音效的运用，以确保观众的情绪处于适宜的状态。

三、数据分析辅助改进播音

在当今信息化社会，数据分析已经成为各行业发展过程中不可或缺的工具，播音领域也不例外。借助大数据技术，不仅可以更深入地了解听众的需求，还能有效提升播音内容的精准性和质量，使播音节目更具吸引力和互动性。通过数据分析，广播媒体可以实现内容优化和形式创新，为听众提供更加个性化、定制化的收听体验，进而提升用户满意度和黏性。

在播音中应用数据分析，首先需要对各类数据进行有效采集，包括听众的收听偏好、互动记录、收听时长、地域分布等。数据不仅反映了用户的年龄、性别等基本信息，还揭示了用户的深层次需求和收听习惯。这些信息是播音内容调整和创新的宝贵资源。借助大数据分析，能够快速掌握听众的反馈，并基于此调整节目内容，迎合不同受众群体的兴趣爱好。例如，不同时间段的听众需求存在差异，根据分析结果，能够更灵活地安排节目内容，确保听众在不同场景下都能找到符合需求的内容。

播音内容的优化不仅在于满足不同听众的需求，还在于挖掘他们潜在的兴趣。大数据能够分析听众的收听历史、偏好标签及行为特征，从而推测潜在的兴趣领域，帮助播音团队精准推送更具吸引力的内容。通过对这些潜在兴趣点的深入挖掘，可以更好地捕捉受众的注意力，为听众提供具有启发性、深度的节目内容。此外，通过对听众评论、互动频率等数据的分析，还可以及时发现并消除节目中的不足之处，从而不断优化播音内容，提高节目质量。

在播音形式的创新方面，大数据同样扮演着重要角色。传统播音方式单一，难以吸引现代多样化的听众，而数据分析为播音形式的改进提供了新的可能性。通过分析听众对不同形式的偏好，可以将传统播音与多媒体技术结合，设计出更加生动的互动形式。此外，数据分析还可以帮助确定最适合的播音节奏和语速，确保内容更易被接受和理解。

大数据在播音内容质量监控中也起到重要作用。通过数据实时反馈，可以对播音质量进行客观评估，从而制定有效的改进措施。数据分析可以揭示听众在收听过程中的情感反应，帮助播音员在节目播出后了解听众的真实感受，识别出哪些环节需要调整或加强。以往的播音评价通常依赖收听量和观众反馈等较为单一的指标，而大数据技术为播音效果的评价引入了更多维度，使评价更加全面、精确。

数据分析在优化播音流程和提升播音效率方面同样发挥着不可替代的作用。通过数据追踪，能够识别节目制作流程中的瓶颈，从而改进节目制作的各个环节。对于播音员而言，通过数据分析可以了解自己的播音效果与受众反馈，有助于提升个人播音技巧和风格适配性。与此同时，数据还可以帮助播音团队进行资源优化配置，使节目制作更具效率。例如，通过分析不同时间段的收听峰值，合理安排播音员的时间，有效提高节目制作与播出的效率。此外，数据分析还可以帮助团队识别哪些内容更适合提前录制，哪些内容适合直播，从而实现资源的最优配置。

大数据的应用目的不仅在于即时反馈，更在于长期趋势的捕捉。通过分析长时间的数据积累，可以发现听众需求的变化趋势及行业发展的方向，提前布局未来的节目规划。这样的趋势分析不仅有助于提升当前节目的吸引力，还能够确保节目内容具有前瞻性和创新性，从而在激烈的媒体竞争中立于不败之地。例如，通过数据分析，播音团队可以发现哪些主题在未来更具发展潜力，提前进行策划和准备。这样的趋势洞察力能够帮助播音媒体更好地适应未来市场的变化，确保节目内容和形式的持续创新与优化。

大数据分析在播音领域的应用极大地提升了内容优化和形式创新的能力。通过深度挖掘听众需求、优化节目制作流程、监控节目效果及捕捉市场趋势，播音团队能够更有效地提升节目质量，增加用户黏性。在未来，大数据将继续推动播音领域的不断发展，为听众提供更加个性化、智能化的收听体验。数据分析不仅是播音质量提升的技术手段，更是助力媒体行业转型升级的关键驱动力。

第四节　多平台传播对播音主持人的要求

一、适应不同平台特点的内容调整

在当今多样化的社交媒体和视频平台中，为了有效触达受众，实现高效的信息传递，内容的呈现方式和播音策略的调整至关重要。每个平台拥有不同的用户群体和互动模式，受众的年龄、喜好、消费习惯等特征各不相同，因而在传播过程中，需要根据平台特性进行有针对性的内容创作和调整，以提升内容的吸引力和传播效果。

社交媒体平台之间的差异不仅体现在受众年龄结构和兴趣偏好方面，还涉及用户使用时长、停留方式、内容消费频率等方面。基于平台特征的内容创作，首先要关注内容形式的多样性。部分平台以图文为主，要求内容简洁明了、视觉效果突出；部分平台则更注重短视频的表现力，要求在极短时间内吸引用户注意，并传达核心信息。同时，内容的表达方式也需要符合平台的互动风格，一些平台更侧重轻松幽默的表达方式，而另一些平台则更适合专业严肃的风格。播音策略也需随之调整，如在适合正式内容的平台上，播音语气应稳重、专业；而在以娱乐为主的平台上，语气则可更为轻松、接地气，以便拉近与用户的距离。

内容长度是平台适配的另一个重要方面。部分平台的内容形式倾向于短平快，用户习惯于快速浏览，而另一些平台则发布较长的视频内容，用户愿意花费更多时间来深入了解信息。因此，内容创作者应根据平台的特点精心设计内容时长，以达到最佳传播效果。短视频的创作要注重内容的精简和高效传播，传达关键信息，避免冗余；长视频则可以在内容细节上做更为深入的延展，使受众在较长时间内保持兴趣。通过精准把握不同平台的内容时长要求，可以有效增加内容的完播率和用户的留存度。

语言风格和表达方式的调整同样是制定播音策略的关键环节。针对不同平台的受众群体，语言风格可以从专业到通俗，不一而足。在某些更为专业的平台上，受众偏好严谨的表达方式，语言应简洁、逻辑清晰；而在面向大众的平台上，则更适合生动、通俗的语言，以增强内容的亲和力和感染力。此外，播音员的语速、语调和节奏也应因平台而异。面对节奏快的短视频平台，播音员应采用较快的语速，语调明快，以适应用户碎片化的使用习惯；而在更适合长时间观看的平台上，语速可以适当放缓，语调平和，以便观众逐步吸收信息，从而形成更深层次的理解与共鸣。

在具体的播音策略上，内容创作者需针对平台的特点选择合适的表达重点。在一些注重视觉冲击力的平台上，画面和声音的配合应具有吸引力，声音的节奏应紧凑，以迅速抓住用户的注意力；在更注重内容深度的平台上，播音员可以通过适当的停顿和重音强调信息的核心点，使观众在聆听过程中更好地理解内容的重点。在此过程中，播音员的情感表达也需适度调整，以符合受众的预期，增强信息的情感冲击力。内容的发布频率和时机也需结合平台特点和用户使用习惯进行调整。某些平台的用户高峰期集中在早晚高峰，而另一些平台则在夜间更为活跃，因而内容发布的时间安排应与用户活跃度相匹配，以确保内容能够在短时间内获得最大曝光度。此外，不同平台的内容更新频率需求也不尽相同，部分平台鼓励高频次的内容更新，以保持用户黏性；另一些平台则倾向于发布少而精的内容，以保证内容质量。因此，内容创作者应根据平台的特点灵活调整内容的发布频率，既要满足平台的推荐机制，又要确保内容能够持续吸引用户。

在一些注重实时互动的平台上，内容创作者应更关注用户的即时反馈，及时调整播音节奏和互动方式，形成良好的互动氛围；在那些以评论区为主要互动场所的平台上，则可引导用户在评论区表达意见，增强互动的广度和深度。与此同时，不同平台的互动偏好也会影响内容创作的方向，如在用户偏好分享的平台上，内容应具有较强的社交传播性，通过引导性语言激发用户的分享意愿；而在用户偏好点赞的平台上，内容应在情感上更具感染力，以激发用户的正向反馈。通过对互动形式的合理设计，能够有效提升用户的参与度和黏性，进而增强内容的传播效果。

为实现跨平台的内容适配，制定细致入微的播音策略至关重要。平台特点的差异决定了内容在形式、时长、语言风格、表达方式、发布时机和互动形式上的调整需求。通过对每个平台特征的精准把握，创作者可以在不影响内容核心信息的前提下，有效优化内容的呈现方式和播音策略，使其更贴合不同平台受众的需求，从而提升传播效果和用户体验。

二、多平台内容的一致性与差异化

在当今多样化的数字媒体环境中，品牌往往需要在多个平台上维护一致的品牌形象，同时又要根据不同平台的受众特征对内容进行精细化调整，以确保内容既符合品牌的核心价值观，又能够吸引目标用户的关注和共鸣。在这个过程中，品牌需要对各个平台的用户属性、内容偏好和互动方式有深刻的理解，以确保传播的内容能够在不同平台上呈现出和谐统一的品牌形象。

品牌内容的一致性不仅体现在视觉风格的统一，更在于品牌理念和核心信息的准确传递。无论是在社交媒体、官方网站，还是在短视频平台、专业论坛等不同媒介中，品牌需要始终如一地传递核心价值观，以便在消费者心中形成稳固的品牌印象。通过一致性的品牌语言、色彩和视觉元素，品牌可以在各个平台上建立起高度的可识别性，使消费者在任何接触点都能清晰地认出品牌。这种一致性不仅有助于增强品牌的专业形象，还能有效提升用户对品牌的信任感和忠诚度。

然而，完全保持一致性并不意味着内容可以千篇一律地在各个平台上复制粘贴。每个平台都有其特定的用户结构和内容偏好，这要求品牌在内容创作过程中能够对不同平台的用户需求进行细致的分析和深刻的洞察，以实现内容的差异化。差异化的内容策略可以帮助品牌在保持一致性的基础上实现更高的用户参与度。不同平台的用户在年龄、性别、兴趣爱好和使用场景等方面存在显著差异，因此品牌在进行内容发布时需要根据这些差异进行个性化调整，以满足特定受众的需求。

内容差异化还体现在互动方式的多样化上。不同的平台拥有各自的互动模式，如短视频平台更注重即时反馈和高频互动，而在专业社交媒体上用户则更注重内容的专业性和深度。因此，品牌在制定内容时应充分考虑各个平台的互动特点，通过不同的互动方式增强用户参与感，用户在不同平台上获得独特的互动体验。这种互动方式的差异化不仅可以提升用户体验，还能使品牌更好地融入不同平台的用户社群中，从而更贴近用户需求，增强品牌与用户之间的情感连接。

在不同平台上调整内容风格时，品牌需要灵活运用不同的表达手法，以便在符合平台特性的同时又能保持品牌的整体形象。比如在视觉呈现上，品牌可以根据平台的特点对图像、视频的风格和内容进行适当调整，从而实现视觉上的差异化，使内容更加贴合平台受众的喜好。与此同时，品牌的语气和用词也可以根据平台的用户结构进行调整。在专业社交媒体平台上，品牌可能更倾向于使用正式、权威的语言，以便吸引具有高专业素养的用户，而在休闲娱乐类平台上，品牌则可以使用轻松幽默的表达方式，以增加用户的亲近感和好感度。

内容一致性与差异化的平衡并非一蹴而就，品牌需要通过数据分析和用户反馈来不断优化内容策略。品牌可以借助数据分析工具对不同平台上的用户互动数据进行深入挖掘，从而了解各平台用户的内容偏好和互动习惯。这种数据导向的内容策略不仅可以帮助品牌实时调整内容方向，确保品牌能够在多平台环境中保持竞争力，还能提升内容的传播效果，使品牌信息在各平台上得到更有效的传递。同时，用户反馈也是品牌内容策略调整的重要依据，通过对用户反馈的分析，品牌可以更清楚地了解用户的真实需求，从而在内容创作时更有针对性地进行调整。

在多平台内容传播中保持一致性与差异化的平衡，是品牌塑造和维护的重要一环。在保持品牌核心价值观一致的前提下，灵活调整内容形式和表达手法，品牌能够在不同平台上有效地触达目标用户，增强用户的参与感和忠诚度。

第八章　文化传播与新闻内容的融合

文化传播在数字时代焕发出新的生机。本章将阐述文化传播的概念与传统模式，探讨数字时代文化传播的创新路径，分析新媒体对文化传播的促进作用，以及跨文化传播的重要性与面临的挑战，为文化与新闻的融合提供新的视角。

第一节　文化传播的概念与传统模式

一、文化传播的概念

文化传播指的是文化的内容、符号、价值观念在不同个体、群体和社会之间的流动与扩散。它不仅包括语言、文字等显性符号的交流，还涵盖了更深层次的意识形态、行为规范和习俗等隐性文化内容的传递。文化传播使一个文化体的知识、信仰和生活方式通过直接接触、媒体和技术等途径被传递到另一个文化体，从而使不同文化之间相互影响、互相融合，形成更加丰富多样的文化景观。文化传播过程不仅局限于单向的输入输出，还包含着彼此的相互渗透与交融，尤其在全球化进程的推动下，不同文化之间的边界逐渐模糊，使文化传播愈加频繁与广泛。

在文化传播的历史发展中，传播方式和内容随着人类社会的演进而不断发生变化。最早的文化传播主要依靠口耳相传，通过口述的方式将知识、信仰和经验从一代人传递到下一代。在原始社会中，语言成为文化传播的主要工具，人们通过日常交流和集体活动，将群体的基本价值观和生活方式延续下去。随着文字的发明，文化传播进入了新的阶段，文字记录的普及使文化内容得以更加系统化和持久化，知识的累积和传承变得更为精确。这一时期，文化的传播逐渐脱离了时间和空间的限制，不同区域的文化交流变得可能，为跨文化传播奠定了基础。

随着国家的形成和扩张，文化传播的范围进一步扩大。古代文明之间的贸易、战争、外交等活动成为文化传播的重要途径。在不同民族的碰撞中，不同的文化内容被不断吸收、调整、甚至重组，形成了独具特色的文明特征。而印刷术的发明推动了文化传播的又一次飞跃，书籍和报纸成为文化知识传播的重要载体。印刷术打破了文化传播的精英化局限，使普通民众也可以接触到文字文化，这一普及进程极大地推动了思想的传播和社会的变革。印刷出版的普及不仅扩大了文化传播的深度和广度，还使知识传播更加系统化和标准化。不同地区的思想家、学者通过文字载体进行跨区域的思想交流与碰撞，形成了跨文化的思想网络，为文化的繁荣与发展注入了新的活力。

进入现代社会后，随着电报、广播和电视等大众传媒的兴起，文化传播的效率和广度进一步提升。文化内容的传播不再依赖面对面的交流，而是可以通过电波和屏幕在瞬间传递到世界的各个角落。大众传媒使文化传播逐渐脱离了特定的地域和时间限制，形成了真正意义上的跨越时空的传播模式。文化传播的速度显著加快，内容也更加多样化，世界各地的人们得以在短时间内接触到不同文化的知识和价值观念，这种快速传播的特点在某种程度上促进了全球文化的趋同。

在当代，互联网的兴起彻底改变了文化传播的形态。互联网不仅极大地提高了信息的传播速度，还打破了文化传播的垄断性，人人都可以成为文化传播的主体，文化内容的生产和传播呈现出高度的去中心化趋势。不同国家和地区的文化内容通过互联网得以迅速传播，形成了一个全球化的文化交流网络。这种网络化的文化传播既赋予个体和群体更大的表达权，也使文化传播的内容更加多元化。然而，互联网的全球化传播也带来了文化冲突与价值观的碰撞，不同文化在互联网上同时呈现、对比和互动，催生了一种新的文化融合与重组趋势。

文化传播在历史发展中不断演变，推动了人类文化的多样性和复杂性。从口述、文字到大众传媒再到互联网，每一种传播方式的兴起都对文化的内涵、结构和传播范围产生了深远影响。文化传播不仅是知识和信息的简单传递，更是不同文化在相互交流中不断自我更新和再造的过程。

二、传统文化传播的渠道

传统文化的传播途径包含了丰富的传统媒介，这些媒介在传播中起着不可忽视的作用。报纸、广播、书籍等作为传统文化传播的重要载体，承载了数代人的文化记忆，形成了独特的文化传递方式。报纸作为一种信息密集的媒体形式，通过定期的刊发，不仅传递着日常生活中的信息，也通过文章、专栏、专题等形式传递了大量的文化内容。它的传播覆盖面广，能够触达不同地区、不同年龄和不同社会阶层的人群，成为公共知识的重要载体。报纸以文字为主，兼具图像和照片，使文化内容可以直观、清晰地呈现给读者。报纸的周期性出版特点使其具备了连续性的优势，可以在时间的推移中逐步渗透文化理念和知识，形成深层次的影响。

广播作为听觉媒介的代表，凭借声音的感染力和传达力，在传统文化的传播中发挥了独特的作用。广播可以通过声音的节奏、语调及背景音乐来渲染气氛，使听众能够更深入地感受文化内容。特别是传统音乐、戏曲及口头故事等文化形式，通过广播的声音传播方式得到了充分的表现。广播的优势在于可以在任何时间、地点被收听，消除了地理和时间的限制，使文化传播的范围更为广泛。尤其是在偏远地区，广播曾一度成为人们获取文化知识的重要途径。此外，广播具有即时传播的特点，能够迅速将文化信息传递给广大的听众，使人们能够实时参与文化的传播过程。

书籍作为人类文明的沉淀物，以其独特的稳定性、深度和系统性在文化传播中占据着重要位置。书籍不同于其他媒介，其文本内容更为详尽、系统，能够涵盖一个文化主题的各个方面。书籍的存在使文化知识可以被长久地保存、积累和传承，并且不易受时间和空间的限制。通过书籍，人们可以深入了解传统文化的背景、发展脉络及深层次的思想内涵。书籍的印刷形式使文化内容得以长期流传，甚至成为后人研究和学习的基础材料。同时，书籍还能够在一定程度上强化读者的自我学习能力，使人们在自主阅读中加深对文化的理解和认同。书籍的物质性、质感和永久性在文化传播的过程中提供了一种仪式感，使传统文化的传播具有庄重的仪式感。

在传统文化的传播过程中，这些媒介各具特点，彼此互补，共同构成了传统文化传播的主要渠道。通过这些媒介，传统文化在日常生活中得以显现，不仅丰富了人们的精神生活，还在潜移默化中塑造了人们的文化认同和价值观。这些传统媒介以其独有的方式，将文化的内容融入人们的日常生活，使文化传播不仅停留在内容的传递上，更深入精神和情感的交流中。通过报纸、广播和书籍的共同作用，传统文化的精髓得以在一代代人中传承下来，构建了社会的文化共识和历史记忆。在现代化进程中，尽管数字媒介日益普及，但这些传统媒介依然保留了其独特的价值。传统媒介作为文化传播的"沉默力量"，不仅在传播速度和覆盖面上有着不可替代的作用，更在传播的深度和广度上具备无与伦比的优势。

第二节　数字时代文化传播的创新路径

一、数字技术对文化传播的革新

数字技术的迅猛发展正在深刻地改变文化传播的方式和范围。随着信息技术的日益普及和互联网的高速发展，文化的创造、传播和消费都逐渐进入一个全新的数字化时代。在这个过程中，数字技术不仅拓宽了文化传播的渠道，还加速了文化内容的更新和迭代，使文化的呈现方式和传播路径发生了前所未有的变革。传统的文化传播依赖纸质媒介、广播和电视等有限的渠道，受制于地理空间的限制，文化的传播范围较小，传播速度相对缓慢。而数字技术的出现，尤其是互联网的普及和移动设备的广泛应用，使文化内容能够以更加便捷的方式跨越时空障碍，快速地传播到世界各地。

数字技术为文化传播带来了即时性和全球性。这种即时性意味着人们可以在几乎没有时间滞后的情况下，获取最新的文化内容，这在传统媒介时代是难以想象的。全球性使不同地域、不同语言和不同文化背景的人可以同时接触同样的文化内容，促进了跨文化的交流和融合。数字化平台的兴起进一步推动了这种全球化的文化传播，例如社交媒体、视频分享平台、在线流媒体服务等，不同国家和地区的人们可以随时随地发布和获取内容，使文化传播的多样性和普及度得到了极大的提升。借助这些数字平台，文化内容在传播中得以突破地理限制和语言壁垒，呈现出前所未有的开放性和包容性。

数字技术对文化传播的革新还表现在传播主体的多元化和传播方式的多样化。在传统的文化传播体系中，文化内容的生产和传播主要由专业机构和媒体掌控，普通人只能作为被动的接受者。而在数字时代，个人和团体都可以轻松地成为文化内容的生产者，通过多种数字化工具，将自己的文化产品和观点呈现在公众面前。文化传播的过程因此不再是一种单向的信息传递，而是一种双向甚至多向的互动交流，受众不再是单纯的信息接收者，他们可以通过评论、转发、点赞等方式直接参与到文化传播中，甚至可以创造属于他们自己的文化内容，进一步丰富文化的多样性和传播形式的多样性。

数字技术的进步使文化内容的呈现形式更加丰富多彩，增强了文化传播的表现力和吸引力。传统的文字、图片和声音等单一形式逐渐被视频、动画、VR、AR 等更具表现力的数字媒介所取代。这些新型媒介形式能够更加生动、直观地呈现文化内容，向受众提供更为沉浸的体验，使文化传播的过程更加生动形象。这些技术的应用不仅改变了文化内容的表现形式，还影响了受众的文化消费方式。人们不再满足于单纯观看或阅读，而是更倾向于通过互动和参与来加深对文化内容的理解。这种互动的文化消费模式增强了受众与文化内容之间的联系，提升了文化的传播效果。

随着大数据和人工智能的不断发展，文化传播逐渐进入个性化和精准化的阶段。数字平台通过对用户数据的收集和分析，能够更好地了解受众的兴趣和需求，并在此基础上推荐符合他们偏好的文化内容。这种基于数据的推荐系统不仅提升了文化内容的传播效率，还在很大程度上提高了受众的满意度，使文化传播更加贴近个人的需求。同时，数字技术还赋予了文化内容一种自我增值的能力，受众的反馈能够迅速传递给内容生产者，从而推动文化内容的不断优化和改进。大数据的介入还使文化传播效果的量化程度更高，文化传播的成效不再是模糊的概念，而是可以通过数据分析得出精准的结论，这在很大程度上提升了文化传播的科学性和系统性。

　　数字技术还带来了文化传播空间的虚拟化，使文化传播突破了物理空间的限制。在数字技术的推动下，虚拟博物馆、在线展览和数字图书馆等虚拟文化场所应运而生，人们足不出户便可浏览世界各地的文化资源。这种虚拟化的文化传播方式不仅为人们提供了更多的文化接触机会，还极大地丰富了文化传播的空间维度，使文化资源的获取变得更加便捷。同时，虚拟化的文化传播方式还具有很强的延展性和可塑性，能够根据受众的需求进行个性化的调整和优化，从而进一步提升文化传播的效果和影响力。

　　在数字技术的推动下，文化传播也面临着全球化带来的多元化和本土化平衡的问题。全球化的数字平台使各种文化内容能够在全球范围内迅速传播，但同时也带来了文化同质化的风险。文化的多样性和独特性在全球化的数字空间中容易被削弱，因此，如何在全球化的背景下保持本土文化的特色和独立性，成为一个新的课题。数字技术为文化的本土化提供了技术手段，通过大数据分析和个性化推荐，数字平台可以根据地域、文化背景等因素来推送符合本地受众口味的内容，从而实现本土文化的数字化呈现和传播。

　　数字技术的出现和发展带来了文化传播方式和范围的深刻革新，不仅打破了时间和空间的限制，还极大地丰富了文化内容的表现形式和传播途径。数字技术赋予了文化传播即时性、全球性、多样性和互动性特点，使文化传播更加开放、包容和精准。与此同时，数字技术的发展也带来了文化传播中的新挑战，如何在数字化的全球空间中保持文化的多样性和独特性，如何通过个性化和本土化的手段维护文化的多样性，都是未来文化传播需要面对的重要课题。在数字化时代，文化传播的革新既是机遇也是挑战，如何有效利用数字技术，推动文化的广泛传播和深入交流，依然需要我们不断探索和努力。

二、多媒体融合与文化传播

　　多媒体的融合已成为现代文化传播的核心动力。视频、音频、文字等多种媒体形式凭借各自的特性与作用，共同构建了一个多维的文化传播生态系统。视频以其视觉冲击力和画面连贯性在文化传播中具有无可替代的地位。影像呈现的视觉信息直接而丰富，能够通过画面语言和色彩布局等元素吸引观众的注意力，并通过动态叙事方式迅速传递复杂的文化意涵。视觉元素往往能跨越语言和文字的限制，使来自不同语言、背景的受众能够在极短的时间内获得深刻的感官体验，这不仅提高了文化传播的广度，也加强了文化信息的接受和理解程度。

音频作为多媒体的重要组成部分，以其独特的声音频率和节奏感，对文化传播起到了烘托和深化的作用。声音以其纯粹的听觉特性使文化信息通过节奏、音调和情感传达，达到潜移默化的传播效果。声音具有高度的情感感染力，能够在不同的文化环境中激发受众的情感共鸣，形成对某种文化现象的认同感。同时，音频形式便于移动传播，突破了空间和时间的限制，为文化传播提供了更多的自由和便捷。听觉的感知方式帮助受众在潜意识中接受和内化文化内容，从而扩大了文化传播的深度与力度。

文字则以其高度的信息密度和逻辑性，发挥着解读和阐释文化内容的重要作用。尽管在多媒体融合的背景下，文字不再是文化传播的唯一载体，但其精确性和细致性依然不可替代。文字的逻辑性使其适用于详细说明文化概念、诠释复杂的文化现象，并进行深层次的文化分析。通过文字，文化信息可以被细致且有条理地传递，使受众能够在阅读的过程中逐渐理解并吸收文化内容。文字还能够通过形式上的修饰，如使用比喻、象征等修辞手法，赋予文化传播以艺术性和感染力，增强读者对文化信息的兴趣和记忆。

多媒体融合的最大优势在于它能够将视频、音频、文字的特性充分发挥，并以相互补充的方式实现文化传播效果的最大化。在一个多媒体融合的文化传播环境中，视频负责快速吸引观众的注意力并传达直观的视觉信息，音频通过声音的渲染深化观众的情感体验，而文字则提供了深层的逻辑支撑和文化背景解读。这种多角度、立体化的传播方式不仅增强了文化传播的效果，还提高了受众的参与度。多媒体融合通过整合各种媒体的表现方式，构建了一个富有感染力和信息量的传播系统，使文化传播不再局限于单一的表达方式，实现多维度的互动与共鸣。

通过多媒体的融合，文化传播突破了传统的限制，不再依赖受众的文化背景和知识水平。视频、音频、文字的联合使传播内容更具普适性和包容性，使来自不同文化背景的受众能够通过不同的感官通道接触同一文化内容。这种多感官的传播方式进一步推动了文化的全球化传播，不同文化中的个体可以在同一传播环境中感知和理解彼此的文化差异，并在这一过程中形成对他者的尊重与接纳。多媒体融合不仅提高了文化内容的传播速度，还在文化传播过程中构建了一个多元化的传播平台，使文化在传播的过程中逐渐向多样性和包容性发展。

在技术进步的推动下，多媒体融合在文化传播中展现出前所未有的潜力。数字技术的不断创新使视频、音频、文字的融合方式更加多样，增强了文化传播的可塑性和扩展性。通过 VR、AR 等新兴技术，多媒体融合使文化传播的方式变成沉浸式，增强了受众对文化内容的感官体验。这些技术将传统的文化传播带入了一个全新的层次，使受众能够亲身体验和参与文化的表达与传播，从而进一步提升文化传播的效果。

由此可见，多媒体融合已经成为现代文化传播的重要手段。视频、音频、文字的相互结合不仅丰富了文化传播的内容，也赋予了文化传播新的内涵与价值。在多媒体融合的推动下，文化传播已从单向的信息传递转变为一种多维度的交互体验，使文化的表达与理解不再受到单一媒介的限制。这种传播方式使文化的接收和解读更加立体化，促使文化传播在全球范围内以更快的速度、更广的覆盖面和更深的影响力传播。

三、社交媒体在文化传播中的作用

社交媒体在文化传播中具有重要作用，通过其使用的广泛性和即时性特征，文化内容的传播变得便捷。其作为一种数字化的媒介，不仅在全球范围内延伸了文化内容的触角，更使不同文化在跨越地域和时间界限的前提下进行互动成为可能。社交媒体的核心在于其交互性和多样化的表现形式，赋予文化传播前所未有的传播力与适应力，使其从传统的单向传播转变为多向互动，让文化的传递与重构得以在更大范围内和更深层次上实现。

社交媒体平台在技术上的优势使文化内容得以在全球范围内迅速扩散。相较于传统媒体传播形式，社交媒体利用互联网的连通性，减轻了地理和文化隔阂。无论是图片、视频、音频，还是文字的形式，文化内容可以在短时间内触及全球各地的用户。这种快速、便捷的传播机制让文化不再局限于固定的地域或文化圈，而是成为一种极具开放性和普遍性的存在。平台上不断涌现的新形式、新工具，以及各种视觉和声音效果的应用，都增强了内容的表现力，使其更加具象化、生动化，从而大大提升了文化传播的接受度与吸引力。通过这种形式的传播，不同文化背景的用户可以在第一时间感知新的文化内容，无论其身处何地，文化传播的时间成本都大幅降低，覆盖面大幅扩展。

同时，社交媒体的互动性和反馈机制也促使文化传播更加深入。社交媒体允许用户对文化内容进行评论、点赞、分享等，增加了用户的参与感和互动性。在此基础上，文化内容的传播不再是单向的信息传递，而是一种双向的互动。用户不仅是被动的接收者，还可以通过自己的反应和反馈参与到内容的创作与再加工中。这种互动机制使文化内容在传播的过程中不断演变，形成一种动态的文化交流网络。不同地区、文化背景的用户在社交媒体上进行评论或分享，表达对某一文化现象的理解和观点，使文化内容的传播不仅限于原始创作者的意图，更受到不同文化背景用户的重新诠释和再创造。这种用户间的互动和反馈，赋予了文化传播新的活力，使文化传播过程呈现出更加丰富的层次性。

社交媒体的去中心化特性改变了文化传播的权威性和主导性。传统的文化传播多由权威机构或特定团体控制，传播内容与形式受到严格把控。然而，社交媒体的普及使任何个体都可以成为文化内容的传播者，推动文化自下而上传播。普通用户的分享和转发行为使一些原本小众的文化内容有机会在更大范围内流行，甚至引领全球文化潮流。社交媒体上没有固定的传播权威，任何人都可以通过独特的视角诠释和传播文化，使文化内容在去中心化的环境中更加多元化、民主化。文化的传播因此不再依赖特定的机构或权威，而是逐渐由大众的参与和共鸣决定。去中心化的传播方式让文化内容得以突破传统的限制，在更为开放、自由的环境中蓬勃发展。

社交媒体的算法推荐机制在文化传播中发挥了不可忽视的推动作用。通过个性化推荐，社交媒体平台能够根据用户的兴趣和偏好，将特定的文化内容精准地推送到潜在用户面前。用户在浏览和互动中留下的数据被社交媒体平台记录并分析，从而形成个性化的内容推荐，这种推荐机制不仅大大提高了文化内容的曝光率，同时使不同文化背景的用户可以接触到自己未曾涉猎的内容。通过算法的介入，不同文化间的传播壁垒被弱化，用户有机会看到其他文化的精华与多样性，文化传播的广度和深度进一步拓展。此外，算法的介入也使某些小众文化得以扩大影响力，不再被主流文化所掩盖，展现出各类文化的多样性和包容性。此外，社交媒体在文化传播中的作用体现在其塑造舆论和价值观的能力上。社交媒体上活跃的用户在接受和传播文化内容的过程中，不可避免地受到平台上主流舆论和价值观的影响。通过社交媒体的广泛传播，某些特定的文化观念和价值体系逐渐渗透到受众的日常生活中，影响用户的认知和判断。这种文化内容的渗透是潜移默化的，却具有深远的影响力，使不同文化的用户在潜移默化中被影响和改变。社交媒体在引导舆论的过程中，文化传播在隐性层面渗透到更广泛的社会层面，并在用户间形成特定的价值认同。通过这种舆论的构建，社交媒体不仅传播了文化内容，也在一定程度上塑造了用户对特定文化的认知和评价。

社交媒体的文化传播效果还体现在其跨文化交流的可能性上。通过社交媒体，不同文化背景的用户可以直接进行交流，分享彼此的文化内容和生活方式。这种直接、开放的交流方式不仅增进了不同文化背景用户的了解与理解，也增强了文化的包容性和多样性。文化的交融在此过程中被加速，实现了真正意义上的全球化。社交媒体为不同文化提供了平等的展示和表达空间，使用户能够在平等的基础上相互理解和欣赏彼此的文化独特性，这种跨文化的交流超越了单一的文化传播，更是一种相互尊重与融合的表现，推动了文化全球化的进程。

社交媒体在文化传播中的作用是深远且多面的。它打破了传统文化传播的地域和时间限制，使文化内容的传播更加快捷和广泛；它的互动性与反馈机制赋予了文化传播新的活力，使文化内容在用户的参与下不断重构；它的去中心化特性改变了文化传播的主导方式，使文化的表达更加自由、多元；它的算法推荐机制扩展了文化传播的广度和深度，使用户可以接触更为多样化的文化内容；它的舆论引导和价值观塑造能力进一步提升了文化传播的影响力。通过这些作用，社交媒体不仅促进了文化的传播与共享，也推动了跨文化交流与理解，成为文化全球化过程中不可或缺的推动力。

第三节　新媒体对文化传播的促进作用

一、新媒体环境中的传播优势

新媒体环境的传播优势在于其强大的即时性与互动性，重新定义了信息的传递方式，也赋予了文化传播前所未有的动能。新媒体的即时性使信息的生成、发布与接收能够在极短时间内完成，无须经过传统媒介中复杂的编辑、审查与分发流程。这种特性使文化传播在全球范围内加速扩展，不论是地域边界还是语言障碍，都在瞬息之间被打破。在这个过程中，新媒体为不同文化间的交流提供了便捷的途径，使信息的传播和接收更加高效与快速。人们能够在新媒体平台上通过实时的文字、视频、音频等多种形式快速获取最新的文化资讯，满足他们对多样化文化的需求，使文化传播的广度和深度都大大提升。

新媒体的互动性使传播不再是单向的信息灌输，而是双向的交流过程。用户不仅是被动的信息接收者，更是积极的参与者。这种互动性不仅增强了文化传播的包容性和适应性，还为文化的进一步创新和发展提供了广阔的空间。通过新媒体的互动渠道，人们能够以评论、点赞、分享等多样方式参与到文化传播中来。无论是对某一文化现象的观点表态，还是对文化产品的评价反馈，用户都能够在新媒体上自由地表达。如此一来，文化传播的过程成为一种开放的、多元的社会协作活动，丰富了文化表达的内容和形式，也形成了跨文化的对话与理解。此外，新媒体使大众的声音能够被迅速放大，构成一种新的舆论场，促使传统文化在新的语境中焕发活力，从而推动文化的再生产和演化。

新媒体的优势还体现在其低门槛的传播渠道上。借助新媒体平台，几乎每个人都可以成为内容的创造者和传播者。无论是文化创作者还是普通的受众，都可以轻松地将自己的文化产品、观点和思想发布到网络上。这样一来，文化传播不再依赖权威机构或大型传媒公司，也不再受限于复杂的媒介流程。自媒体、社交网络、短视频平台等新媒体形式使个体的文化表达成为可能，打破了传统传播中信息发布的权力垄断，形成了更加开放的传播环境。尤其在全球化的今天，文化内容的创造和传播变得更加多样化与去中心化，不同文化背景的个体可以在新媒体上展现他们的独特视角与表达方式，让文化传播更加具有包容性和多元性。此外，新媒体的数字化特征使文化内容可以被轻松地存储、复制和传播。数字技术为文化产品的加工、编辑和再创作提供了便利条件，使文化传播更加灵活。通过数字技术，人们可以快速、精准地找到自己感兴趣的文化内容，不论是影视、音乐、文学还是其他形式的艺术作品，都可以在新媒体平台上进行数字化消费。这种数字化的便利不仅是对文化内容传播范围的拓展，更重要的是它为文化传播的再创造提供了支持，使原有文化内容可以被二次加工，赋予其新的意义和价值。通过这种形式，文化内容得以在跨媒体、跨平台的环境中广泛传播，甚至产生新的文化符号与现象，形成一种新的文化生态。不同地区、不同文化背景的人们在这一过程中实现了文化的共享与交融，进一步增强了文化传播的广泛性和包容性。

新媒体还在算法技术的驱动下实现了高度的个性化传播。通过大数据分析和人工智能技术，新媒体平台能够深入了解用户的兴趣偏好，为用户提供个性化的文化内容推荐。这种定制化的传播方式不仅提高了用户的参与度，也增强了文化传播的效果。不同的文化内容可以针对不同人群精准地传播，最大化地提升文化的影响力。这种高度个性化的传播模式使文化内容能够深入每一个用户的生活中，激发他们对文化的认同和兴趣，促成了文化消费的持续性增长。同时，个性化的推荐功能还赋予了文化传播更高的互动性，因为用户可以根据自己的需求调整信息流的内容，形成一种由用户主导的传播方式，进一步加强了新媒体在文化传播中的主导地位。

新媒体平台上的多模态传播手段也为文化传播提供了丰富的表现形式。文字、图片、音频、视频等多种媒介形式的综合运用，使文化传播更加生动形象，具备了更强的视觉冲击力和感染力。不同媒介形式的融合，使文化传播的内容更加多元化，也更符合受众的需求。这种多模态的传播方式在新媒体环境中成为一种新的文化表达手段，丰富了文化内容的层次与表现力，满足了不同层次受众对文化产品的多样化需求。在这种多模态的传播方式下，文化内容能够跨越语言、国界和文化障碍，更加有效地向全球受众传递，不同文化之间的交流因此变得更加深入与紧密。

新媒体在文化传播中的优势是多方面的。它通过即时性特征实现了信息的快速传递，通过互动性特征激发了受众的参与热情，通过低门槛和去中心化的特征构建了一个开放的传播环境，通过数字化和个性化手段提升了文化传播的广度与深度，通过多模态的表现形式增强了文化内容的传播效果。这些优势不仅促成了文化传播方式的深刻变革，也推动了全球范围内文化的交流与融合，使不同文化在新媒体环境中展现出前所未有的活力与生机。在新媒体的推动下，文化传播不仅是信息的传递过程，更是不同思想、价值观与艺术形式的碰撞和交汇。

二、大数据与文化传播

大数据在文化传播领域的应用，为优化内容传播路径和精准受众定位带来了前所未有的机遇。通过对用户数据的深度挖掘和分析，文化传播不再仅仅依赖传统的媒介平台和大众传播策略，而是逐步向精细化、个性化方向发展。随着信息技术的发展，文化传播的过程也从"广而告之"的模式转变为更加贴近受众需求的定制化传播。大数据在其中发挥了核心作用，既赋予了文化传播精准的受众定位能力，又在传播路径优化上实现了更高效的资源配置。

文化传播需要在信息爆炸的时代突出重围。大量的文化内容充斥在网络上，不同文化产品和内容的发布频率与日俱增，而受众的注意力资源却相对有限。大数据的应用在这种情况下提供了一种精准匹配供需双方的技术手段，既能提升内容对受众的吸引力，又能避免信息的无效传播。通过大数据对受众的年龄、地域、性别、兴趣等信息进行细分分析，文化传播方能够更清晰地识别哪些人群对何种文化内容具有较高的兴趣。这样一来，文化传播不再是向未知的大众投放信息，而是具有更清晰目标的沟通过程。

通过大数据技术，文化传播路径的优化得以实现，文化内容的触达率和传播效率大幅提高。大数据技术可以追踪和记录用户的浏览习惯、搜索历史、社交互动等行为，为文化内容的推荐系统提供支持。通过对这些数据的实时分析，文化内容可以在更合适的时间节点，通过用户常用的媒介平台进行精准推送。这种自动化的内容分发机制不仅提高了传播效率，还降低了传播成本，避免了资源浪费。

不同媒介平台的传播特点各异，使用大数据分析可帮助文化传播方在这些平台之间进行有效的选择和组合。借助对数据的动态监测，文化传播者还可以迅速调整传播策略，确保传播活动的高效和灵活性。

大数据还为文化传播的受众定位带来了革命性的变化。传统的受众定位主要依赖简单的人口统计数据和粗放的广告投放，而大数据通过个性化信息为传播内容量身定制了更为精确的投放策略。以往依赖经验判断的市场细分模式，往往存在定位偏差和覆盖面不足的问题，而大数据则通过多维度的标签和深层次的用户画像分析，精准预测受众需求和兴趣。基于大数据的用户画像技术使文化传播者能够深入理解受众的价值观、生活方式和文化背景等细节，从而在内容的策划和创作阶段就能更好地满足受众的潜在需求。

在大数据的驱动下，文化内容的传播路径不再是单一的线性过程，而是通过数据分析优化而成的多渠道、多层次传播网络。大数据分析不仅揭示了受众的兴趣偏好，还能捕捉受众之间的关系和互动模式，这对于形成文化传播的网络效应至关重要。通过建立社交关系网络，大数据可以帮助文化传播者识别关键节点人群，进而通过这些节点扩大传播的范围。文化传播不再只是信息的单向输出，而是通过受众之间的互动和分享形成的信息流动，这样的传播模式极大增强了内容的到达效果。此外，大数据在文化传播中的应用还提高了受众参与度。借助大数据分析，文化传播者能够更好地理解受众的反馈，并且根据实时数据对内容和传播策略进行调整。这种反馈机制使文化传播过程更加灵活，也更具互动性。当文化内容能够迅速响应受众需求，并体现出对受众偏好的尊重和理解，受众的参与感和归属感会随之提升。大数据不仅使文化传播过程透明化、实时化，还促使受众从被动接收转向主动参与，甚至通过社交平台生成和传播二次内容，从而进一步扩展文化传播的影响力。

在大数据的辅助下，文化传播的效果评估也变得更为科学和精确。传统的传播效果评估往往依赖曝光率、点击率等简单的量化指标，而大数据则提供了更为细致的分析维度。文化传播者可以通过大数据追踪受众的每一次互动行为，例如视频播放时长、文章阅读深度、分享次数等，以此全面评估内容的受欢迎程度和传播深度。通过多维度的数据分析，文化传播者不仅能够评估内容的传播效果，还能够洞察传播中的薄弱环节，为后续传播活动提供决策依据。这样的效果评估机制，使文化传播不再停留在粗略的量化数据层面，而是向数据驱动的精细化分析过渡，从而确保传播活动的持续优化。

大数据的应用使文化传播的过程得到了前所未有的提升。借助大数据，文化内容的传播不仅更有针对性，还在传播效率、效果评估、用户参与等方面实现了质的飞跃。随着技术的不断发展，大数据将会为文化传播提供更为智能化的支持，赋能文化产业从内容生产到内容消费的各个环节。

第四节　跨文化传播的重要性与挑战

一、跨文化传播的重要性

在全球化日益深入的今天，跨文化传播的意义愈加凸显。全球各地在经济、科技、信息和人员流动的驱动下，实现了前所未有的连接与交融。各国和地区不再孤立，而是共同组成一个日益复杂的世界体系。在这种背景下，不同文化之间的沟通与理解成为不可忽视的重要环节。跨文化传播不仅关乎国家之间的关系，更涉及个体之间的互动，是促进全球和谐发展的关键因素。

跨文化传播的核心在于打破语言、习俗和思维模式的壁垒。语言作为一种载体，承载了文化的独特性，往往成为跨文化传播的首要障碍。而传播并不仅是语言的翻译或信息的传递，还包括深层的文化理解和认同。每一种文化都有其独特的历史背景、价值观和生活方式，而这些文化特征会深深影响人们的思维方式和行为模式。跨文化传播的意义在于帮助不同文化背景下的人们了解彼此的文化特征和思维习惯，减少误解和偏见，增强互信与包容。它不仅是信息传递的过程，更是理解、尊重和欣赏彼此文化多样性的桥梁。

全球化的发展使人们的生活日益交织在一起。在多元文化交流的背景下，人们的价值观、生活方式和思想观念逐渐趋于多元化。不同文化之间的相互理解与尊重，能够促进全球范围内多样的文化共存，而这种共存为全球社会提供了新的发展思路和可能性。文化的多样性不仅体现在语言和艺术上，也体现在思维方式和社会价值观念中。跨文化传播能够促进这种多样性的互鉴，在相互尊重的前提下，各种文化可以和谐共存，互相学习和借鉴，实现一种"和而不同"的理想状态。

跨文化传播在多元文化交流中的意义还在于丰富个体的认知，拓宽人们的视野。通过接触和了解不同的文化背景，人们可以跳出自我文化的局限，形成更加开放和包容的心态。跨文化传播为人们提供了一个更广阔的视角，使个体能够更深入地理解自身文化与他者文化之间的异同。在这种过程中，跨文化传播帮助人们发展出更全面、更立体的世界观，增强对不同文化的包容与理解。它不仅是知识的传递，更是情感的共鸣和思想的交汇。对于每一个人来说，跨文化传播都是一个自我成长的过程。通过这一过程，人们可以形成对世界多元性的尊重，对文化多样性的欣赏，在全球化的背景下保持自身的文化认同，同时能够与其他文化达成一种和谐共处的状态。

跨文化传播还具有推动创新和发展的作用。不同文化的碰撞往往能激发新的思想和创造力。每一种文化都拥有独特的解决问题的方式和思维模式，而这些方式和模式的交流与融合往往会带来新的启发。跨文化传播为技术创新、艺术创作、商业发展等多个领域提供了丰富的资源和灵感。它在某种程度上打破了单一文化背景下的思维局限，使人们能够从更广阔的视角去思考和解决问题。这种跨文化的互动为创新提供了土壤，也为各国和各地区的发展提供了新的动力。

在全球化浪潮的推动下，跨文化传播不仅是文化之间的桥梁，也是国际关系的重要纽带。通过跨文化传播，国家之间可以更好地理解彼此的文化背景，避免因为文化差异引发误解与冲突。跨文化传播作为一种"软实力"，能够帮助国家树立良好的国际形象，提升其在全球事务中的话语权。通过文化的交流和传播，各国可以在彼此间建立起相互信任和理解的基础，为共同面对全球性问题提供有力的支持。跨文化传播不仅是个人和团体层面的互动，更是一种国家之间的沟通机制。它帮助各国在全球舞台上形成一种良性互动，为国际社会的和平与发展贡献力量。

在此背景下，跨文化传播的重要性已经超越了简单的文化交往，是全球化进程中不可或缺的一部分。它为人类社会提供了更加广阔的发展空间和前景，使不同文化能够在共存中相互学习和借鉴，构建和谐的、多元的全球社会。通过跨文化传播，全球社会能够共同应对挑战，分享资源，创造一个包容且富有活力的世界。

二、语言和文化差异的挑战

跨文化传播中，语言与文化差异构成了极大的沟通障碍。这种障碍首先源于语言本身在不同文化中的多样性。语言不仅是交流工具，更是一种反映独特思想体系和社会背景的符号系统。不同语言间的语法结构、语言体系、词汇丰富性及细微的语境含义都存在显著差异，这些差异导致语言在不同文化中的表达方式和语义构建过程截然不同。在跨文化传播中，即便双方掌握对方的语言，也可能因语义理解偏差，导致信息误解或不完整的传达。这种障碍在跨文化环境中普遍存在，甚至在特定场合和情境下进一步加剧。

与此同时，文化差异进一步放大了跨文化传播中的挑战。文化是语言使用的深层背景，它不仅形塑了语言的表达方式，还对人们的思维方式、价值观和社会互动行为产生了深远影响。在跨文化传播中，不同文化背景下的个体在沟通中的行为、态度、情感表达等方面的差异尤为显著。每种文化都拥有特定的价值体系和行为准则，形成了该文化中的交流模式与沟通风格，而这些模式在不同文化之间可能存在显著的差异。比如，不同文化对时间的看法、对人际关系的重视程度、情感表达的方式等方面各有不同，而这些差异往往无形中影响着交流效果，使信息的传递过程变得更为复杂和容易产生误解。

在跨文化传播中，语言和文化差异的挑战不仅限于表面的表达方式，还涉及深层次的思维习惯。每一种文化都有其独特的认知框架和逻辑体系，这种思维模式在很大程度上影响了个体对世界的理解、判断和行为决策。由于文化间的逻辑和思维模式的差异，即使在同一语境中，来自不同文化背景的个体也可能对信息产生不同的理解，这一差异使信息的准确传达变得尤为困难。同时，文化差异也影响着个体对某些话题的敏感性和接受度。某些文化习惯可能导致个体对他人的言论产生特定的反应，而这种反应在跨文化交流中可能引发对沟通对象的误解，进一步导致信息的传达效果受限。

　　语言和文化差异的存在，使跨文化传播中的信息交换变得极具挑战性。这些差异不仅影响语言的文字表达，还延伸至非语言符号和文化暗示。在跨文化传播中，非语言符号如手势、表情、身体语言等，往往在不同文化中具有不同的含义，甚至同一种符号在不同文化中表达的情感态度截然不同。跨文化传播中的误解和冲突，往往源于对这些非语言符号的误读。而文化暗示作为文化背景知识的体现，包含在语言的潜在含义中，若未能准确理解这些暗示，容易使信息传递产生偏差。此外，由于每种文化对尊重、礼仪、亲密度等方面的理解不同，在沟通过程中，任何潜在的忽略或误解都可能被视为不尊重或冒犯，造成进一步的沟通障碍。

　　跨文化传播中，信息编码和解码过程的差异也显著加剧了语言和文化差异的挑战。信息编码指的是信息发送方基于自身文化背景和语言习惯对信息进行的选择和构建，而信息解码则是信息接收方根据其文化框架和思维模式对信息进行的理解和解释。这一过程中，编码与解码之间的文化差异往往导致信息失真，从而影响跨文化传播的效果。编码和解码的过程受文化差异的影响，不仅体现在语言符号的选择上，还包括对情境的把握及对交流对象的理解。这些差异会使信息的解读在不同文化中产生不同的结果，甚至在某些情况下引发对传播意图的曲解。由于不同文化对信息解读的敏感性不尽相同，跨文化传播的参与者在编码和解码过程中需要具备较强的文化敏感性，否则很容易导致信息的误解和传播效果的失真。

　　跨文化传播中的挑战还在于，文化和语言的差异常常造成信息传递的多重障碍。语言的多义性、文化背景的复杂性、语境的变化性等因素，都会影响跨文化传播中的理解过程。特别是在面对深奥或抽象概念时，不同语言中的表达方式和逻辑结构的差异使这些概念难以准确传达，这种情况在跨文化交流中尤为普遍。此外，不同文化背景下的个体在沟通中往往存在语言层级和权威意识的差异，这使跨文化传播中的话语权和互动方式产生显著变化。对于某些文化来说，沟通中的等级和权威尤为重要，而在另一些文化中则更加注重平等和直接的交流，这些差异进一步增大了跨文化传播中的挑战。

　　跨文化传播中语言和文化差异的挑战要求交流者具备敏锐的文化洞察力和语言理解力。面对不同文化背景的个体，沟通者需要超越语言表层的表达，更深入地理解对方的文化语境和行为方式，以增强信息传递的准确性。同时，在跨文化传播中，沟通双方的文化适应能力、情境敏感性和开放的态度尤为重要。

三、技术在跨文化传播中的桥梁作用

在当代全球化的语境中，跨文化传播的重要性日益凸显。各国之间的文化、思想和价值观的交流日趋频繁，而这一趋势的形成离不开技术手段的支持。随着科技的迅猛发展，各类翻译软件、字幕系统、社交媒体平台等工具相继涌现，逐渐在跨文化传播中扮演起不可或缺的桥梁角色。这些技术不仅帮助人们克服了语言障碍，还在更深层次上促成了不同文化的相互理解与尊重。翻译软件和字幕系统正是其中典型的技术应用，它们在跨文化传播中的作用主要体现在即时性、准确性、普及性等方面，推动了信息的流通、观念的传播和文化的交融。

即时性是翻译软件和字幕系统在跨文化传播中不容忽视的特点。随着交流速度的加快，传统的语言翻译手段已无法满足现代社会对信息传递效率的需求。现代翻译软件借助人工智能技术，通过语音识别、机器学习、NLP 等多重技术实现了即时翻译，为跨文化交流提供了前所未有的便利。这种技术的进步意味着人们可以在不同语言之间实时进行转换，不同文化背景下的人们能够直接进行对话，而无须中间的转换过程。这种即时性的优势不仅加快了信息传播的速度，还减少了由时间差异带来的交流障碍，使跨文化传播的过程更加流畅、自然。

翻译软件和字幕系统在跨文化传播中具有极高的准确性。早期的翻译技术由于处理能力的限制，在准确性方面往往存在欠缺，甚至可能因为误译而导致文化理解上的偏差。然而，随着科技的进步，机器翻译在数据积累和算法优化方面取得了显著进展，特别是人工神经网络和深度学习技术的引入，使机器能够在海量数据的基础上不断进行自我优化，逐渐提高翻译的准确性。如今的翻译软件可以识别不同语言中的词汇含义、句法结构，甚至文化背景，从而生成更加符合原文语境的译文。这种技术的精准性对于跨文化传播尤为重要，因为它有效地降低了产生误解的风险，使不同语言、不同文化背景的人们能够更准确地理解彼此的观点，从而在交流过程中避免因翻译错误导致的文化偏见或冲突。

普及性也是翻译软件和字幕系统在跨文化传播中的一个重要优势。传统的

语言翻译往往依赖专业人士的参与，而这在一定程度上限制了跨文化交流的范围和广度。然而，现代翻译软件和字幕系统通过便捷的应用形式，使任何人都可以轻松获取翻译服务。这种普及性不仅降低了跨文化传播的门槛，还大大拓宽了传播的范围，使原本处于不同文化隔阂中的人群得以通过翻译技术建立联系，增强彼此之间的理解。特别是在教育、娱乐、商务等领域，翻译技术的普及使更多人能够接触到异域文化的内容，在文化交流的过程中促进了知识的共享与思想的传播。

与此同时，翻译软件和字幕系统也在一定程度上推动了文化的多样性发展。在传统的跨文化交流模式中，语言障碍常常导致某些文化内容难以进入另一文化圈，而翻译技术的发展则打破了这种限制，使更多的文化能够在全球范围内传播。这种流通不仅使人们有机会接触到更多样的文化，还使不同文化中的独特价值观、思想体系、艺术形式能够得到广泛的认知和尊重。在此过程中，翻译软件和字幕系统通过对原文含义和文化内涵的传达，使不同文化中的特色内容得以保留，避免了在跨文化传播中被同质化的风险。这种技术赋予了文化内容新的活力，进一步激发了人们对不同文化的兴趣与包容，从而在全球化背景下实现文化的多样性和共生性。

翻译软件和字幕系统在跨文化传播中的桥梁作用还体现在推动理解与尊重的层面。跨文化传播不仅是语言的传递，更是思想和价值观的交流。翻译软件和字幕系统通过语言转化的方式，为不同文化背景的人们搭建了对话的桥梁，使他们能够在信息平等的基础上交流观点。这种对话机制促使人们在交流过程中不仅关注表层的内容，还关注更深层次的文化内涵，从而增强了对彼此文化的尊重与理解。多种文化在接触过程中难免遇到价值观的碰撞，而翻译软件和字幕系统的存在则在一定程度上缓解了这种碰撞带来的冲突，使人们能够在交流过程中更好地理解彼此的立场和观点。这种理解与尊重的积累有助于推动全球化进程中的和谐共处，也为未来的跨文化合作打下了良好的基础。

在全球化浪潮的推动下，翻译软件和字幕系统不仅扮演着信息传递工具的角色，还在更深层次上推动了文化间的交融与理解。它们通过即时性、准确性和普及性等特性，促进了跨文化交流的效率与效果，使不同文化能够以更加开放、包容的心态彼此接触。这些技术的桥梁作用并非单向的，而是通过不断优化自身的算法和数据积累，使跨文化传播的内容更加丰富和多样，从而在全球范围内建立起一个多元共存的文化生态系统。可以预见，随着翻译软件和字幕系统的进一步发展，跨文化传播的壁垒将被逐步打破，而各国文化将在平等对话的基础上彼此理解、互相借鉴，共同推动人类社会的进步与发展。

第九章 新媒体环境下播音主持人的多元化发展

新媒体技术的应用，使播音主持人的职业发展更加多元。本章将探讨新媒体技术对播音主持工作的影响，分析短视频平台中播音主持人的机会与挑战，研究播音主持人在多媒体场景中的角色适应，以及在社交媒体中如何打造个人品牌，助力从业者拓展职业空间。

第一节 新媒体技术对播音主持工作的影响

一、数字音频和视频技术对播音主持表达方式的转变

数字音频和视频技术的快速发展在广播和电视行业中掀起了一场深刻的变革，这些技术在提升内容制作效率和丰富表达方式的同时，也为播音主持工作的内容呈现方式带来了新的要求和机会。音频处理和视频编辑技术的进步让播音主持人的表达方式更具创意和感染力，不仅突破了传统的语言表达和视觉呈现的局限，还增强了节目内容的生动性和互动性，为观众和听众带来更为沉浸式的体验。

音频处理技术的发展拓宽了声音的表现力。传统广播中，播音员的音色、语调和节奏几乎是唯一的表达手段，而现代音频处理技术的加入，为音频制作提供了更大的自由度和多样性。通过对音调、速度和节奏的调整，音频技术可以使播音员的声音更为丰富、层次分明，从而传达出更为复杂的情感信息。降噪、混响、均衡等处理手段的使用能够显著提高声音的清晰度和感染力，使听众获得更为清晰和舒适的听觉体验。基于音频技术的增强，主持人在表达内容时可以更自如地调整自己的声音，借助音效来塑造不同的氛围，使原本平淡的内容也能富有情感

张力。此外，音频合成技术让虚拟声源的创造成为可能，通过合成多种声音，播音主持人能够在节目中展示更多的声效，从而增添节目内容的丰富性和吸引力。

视频编辑技术的进步同样极大地丰富了播音主持人的表达方式。借助先进的视频剪辑和编辑软件，主持人和制作团队可以在后期处理中将画面效果推向更高水平，从而增加内容的吸引力。镜头的切换、色彩的调整、特效的应用等，都使画面表现更具视觉冲击力，带动观众的情绪，使节目更富有动态性。视频编辑技术不仅提升了视觉质量，还让节目呈现更加灵活多样，通过动态画面和特效的添加，强化了节目的视觉吸引力。利用时间轴编辑技术，可以将不同场景或角度的画面完美衔接，从而使内容过渡更加自然流畅。主持人在这种技术支持下，可以更为灵活地设计内容的结构和节奏，通过对画面的细腻处理，达到引导观众注意力、渲染气氛的效果。

音频和视频技术的发展还让播音主持工作的内容表现从单一走向多元。过去的广播和电视节目中，主持人的主要任务是口头传达信息，听众和观众的注意力集中在语言内容和主持人的音色上。而现代技术的应用，使主持人能够借助音效、音乐、图像等多种元素丰富表达效果。不同的背景音乐和音效可以塑造不同的场景氛围，而字幕、动态图形和视觉特效的加入则让信息更加直观，便于观众理解。在直播或录制的过程中，主持人可以实时调动这些元素，增强节目表现力，创造出一种身临其境的体验。现代观众对信息的接受能力和视觉需求日益提升，技术手段的应用能够更好地满足这些需求，使信息的传达更加生动、直观和易于理解。

技术的进步还在一定程度上改变了播音主持人的表达风格。传统播音主持人需要保持较为严肃、庄重的风格，而现代音视频技术的引入赋予了主持人更多的表达自由，他们可以选择更轻松、亲和的风格，以吸引更广泛的观众群体。通过动态的视频编辑，主持人可以自由展现个人魅力，与观众建立更强的情感联系，增强观众的代入感和参与感。现代播音主持人还逐渐向"内容创作者"的角色转变，他们不再只是信息的传递者，而是节目整体氛围的塑造者和观众情绪的引导者，能够通过技术手段精确掌控节目节奏，使观众更深层次地融入节目之中。同时，音频和视频技术的进步也对主持人的技能提出了更高的要求。过去的播音主持人主要依赖语言技巧，随着技术的多样化，他们还需掌握一定的技术知识，了解音频和视频的后期处理流程，以便在节目制作的各个环节中更好地发挥个人风格。现代主持人必须熟悉音视频编辑软件的基本操作，以便在与制作团队的合作中对节目效果有更高的把控力。这种技能要求的提升，不仅让主持人能够更灵活地设计和调整内容，还增强了他们在多媒体平台上的适应性，使其能够在跨平台传播中保持较高的竞争力。

数字音频和视频技术的普及为播音主持人的表达方式带来了广阔的创新空间。这些技术不仅提高了节目内容的丰富性，还使信息传达更具表现力和感染力。音频和视频技术的发展，使现代播音主持人的表达方式突破了传统的语言限制，进入了更加立体化、感官化的层面，观众和听众能够在更具互动性和沉浸感的环境中获取信息。未来，随着技术的不断更新，音视频技术将在更深层次上影响播音主持工作的内容呈现方式，塑造出更具吸引力的传播形式，满足人们日益增长的视觉和听觉需求。

二、实时互动和即时反馈的影响

在新媒体环境中，播音主持工作的实时互动与即时反馈深刻改变了传统的传播方式，塑造了全新的传播生态。在传统媒体时代，传播是单向的，观众处于被动接受的地位，无法直接影响内容的产生与调整。然而，新媒体为观众提供了即时反馈的渠道，使传播成为双向的互动过程，观众的反馈不仅可以迅速传递给播音主持人，还能够直接作用于内容的调整。播音主持人可以在实时互动中获得观众的意见，动态调整表达方式、内容结构及情绪、节奏，使节目更符合受众的需求和偏好，从而提升传播效果。

在新媒体环境中，观众可以通过弹幕、评论、点赞、实时聊天等多种形式与播音主持人进行互动，这种即时的反馈不仅增进了彼此的联系，也使观众产生更强的参与感和归属感。在这种互动模式下，观众不再是被动的内容接收者，而成为传播过程的积极参与者，甚至是内容的一部分。他们的反馈实时呈现在屏幕上，播音主持人可以快速地获取观众的情绪波动和意见，从而判断节目的节奏是否合适，内容是否贴合观众的预期。实时互动拉近了主持人与观众的距离，使节目更具个性化和互动性，极大地增强了观众的黏性和忠诚度。

实时反馈为播音主持人提供了更为灵活的内容调节空间。在传统媒体中，主持人通常会严格按照预设的流程和内容进行，缺少与观众互动的机会。然而在新媒体环境中，观众的反馈在节目进程中随时呈现，主持人可以依据反馈调整语速、语调，甚至即兴增添内容。观众反馈的实时性使主持人可以在短时间内掌握观众的反应，不断进行小幅度的内容调整，逐步优化节目效果。比如，当观众对某一话题表现出高度兴趣时，主持人可以增加讨论深度，当反馈中出现意见分歧时，主持人可以选择合适的表达方式以平衡各方情绪。通过灵活的调整，主持人能够更精准地把握观众的需求和情感，引导讨论方向，从而使节目更具吸引力和感染力。

实时互动和反馈不仅增强了节目内容的即时性，还提高了主持人的表达技巧。新媒体环境对主持人的语言表达、应变能力、情绪控制等方面提出了更高的要求。观众的反馈变化多样，可能包含不同的观点和情感表达，主持人需要在实时互动中迅速解读这些反馈信息，并作出适当的回应。对反馈的即时解读要求主持人具有较高的敏感性和判断力，而对反馈的迅速响应则锻炼了主持人的语言组织和逻辑思维能力。这种动态的互动模式使主持人的表达更加灵活、多样化，同时也有助于提升其随机应变的能力，使表达方式更加贴近观众心理，形成良好的互动效果。

实时互动不仅改变了节目内容的产生和传播模式，也带来了更多的传播价值。观众在互动过程中感受到自身意见得到重视，增强了对节目的认同感和参与感。这种情感联系和互动体验是传统媒体无法提供的。通过实时互动，主持人与观众在信息传递的过程中实现了情感的共鸣和共情，观众不再仅仅关注节目的信息内容，还会对节目的整体体验产生积极的情感反馈，这进一步提升了节目在观众心中的价值。主持人在互动过程中通过尊重、理解和包容不同观点，建立了与观众的信任关系，这种信任关系不仅有助于提升观众的忠诚度，还能够促使观众形成积极的口碑传播，从而进一步扩大节目的影响力和覆盖面。此外，实时互动为播音主持行业的发展提供了新的机遇与挑战。在新媒体环境中，播音主持人不仅是信息的传递者，还成为观众意见的收集者和反馈的回应者。这种角色的转变要求主持人具备更高的职业素养和敏锐的洞察力，能够在多样化的互动环境中迅速把握观众的需求，主动适应内容调整的新节奏。通过不断地互动和反馈，主持人可以积累宝贵的经验，逐步提升自己的互动技巧和内容把控能力。在这种持续的磨砺中，主持人逐步形成了独特的个人风格，在新媒体环境中拥有更强的竞争力和影响力。

在新媒体互动的环境下，实时反馈机制的构建不仅有助于提升节目内容的精准性和即时性，还在观众和主持人之间建立了一种共生关系。在这种共生关系中，主持人以更为灵活、开放的心态去接受和回应观众的反馈，观众则以更为积极的姿态参与到节目中，共同创造出一种动态、开放、包容的传播生态。这种生态使观众与主持人的关系不再是简单的传播和接收的关系，而是一种在互动中共同塑造内容的关系。在这一过程中，观众和主持人通过情感和信息的相互交织，形成了稳定的情感联系和认同感，使传播效果更加显著。

在新媒体的实时互动环境中，播音主持人必须适应观众的反馈，以增强节目的吸引力和互动性。实时反馈不仅是观众对节目内容的简单回应，更是观众与主持人之间的一种情感和价值的交流过程。通过反馈的不断调整，主持人能够更为精准地把握观众的心理需求，以一种更为贴近观众生活的方式呈现节目内容，使观众在节目中找到归属感和认同感。新媒体环境下，观众的反馈构成了节目的一部分，播音主持人的表达与内容也随之变化，在这个互动的过程中，不断追求传播效果的最大化。

第二节　短视频平台给播音主持工作带来的机会与挑战

一、短视频平台内容创作与播音主持工作的融合

短视频平台的内容创作逐渐成为现代传播的重要途径，特别是在信息碎片化、受众多元化的背景下，播音主持艺术的传统优势如何在新媒体创作中得到发挥与创新，成为一项具有研究价值的课题。短视频平台具有快速传播、用户广泛互动及内容更新频繁的特点，这对播音主持工作提出了不同于以往的挑战。传统的播

音主持艺术以声音的控制、语言的规范及情感的表达为核心，而短视频平台则更强调视觉与听觉的结合、情感共鸣的塑造及互动性的提升。两者在创作理念和传播手段上虽有差异，但在内容创作的融合中却可以激发出创新的火花，推动播音主持技巧在新媒体领域的应用与拓展。

传统播音主持工作的核心在于语音语调的准确表达及信息的有效传递。播音员通过精确的语言节奏、清晰的发音、恰到好处的语调转换，使信息传递更具感染力和说服力。而在短视频平台上，观众的注意力更为分散，发布内容的节奏也更加紧凑，因此，播音主持人的语言表达需要适应短视频的节奏要求。为了更好地吸引观众，播音员应调整语速、适当增加互动性，并且使用更加生活化的表达方式，以拉近与观众的距离。此外，短视频平台多是由用户生成内容，这要求播音主持人具备快速进入不同角色、灵活调整情绪表达的能力。播音员不再是单纯的信息传递者，而是内容创作者，需要在内容中融入个人风格和情感，使作品更具个性和共鸣感。

在短视频平台的内容创作中，视觉元素成为吸引观众的重要手段，这要求播音主持人不能只依赖语言，更要结合肢体语言、面部表情等多种表现形式。传统播音主持人较少涉及视觉表现，而在短视频平台上，播音主持人需要通过视听语言的结合来传递信息。例如，适当的手势、表情的细微变化可以增强信息的趣味性和吸引力，使观众更愿意参与到内容中来。这种视听语言的结合要求播音主持人在创作时有更强的镜头感，不仅要考虑语言表达的逻辑性和感染力，还要在镜头前保持自然自信的表现，使观众在短短数秒内产生共鸣。此外，短视频平台的"短、平、快"特点要求播音员在有限的时间内高效传递信息，最大化发挥声音和画面的融合效果，这对传统播音主持技巧提出了新的挑战。

短视频平台的交互性特点也对播音主持人提出了新的要求。与传统媒介不同，短视频平台上的内容发布后观众可以实时互动，通过评论、点赞、分享等方式反馈。播音主持人不仅是内容的输出者，更需要关注观众的反馈并作出及时调整。这种互动性促使播音主持人在内容创作中更加注重观众需求，增强内容的亲和力和互动感。同时，短视频平台的互动性还要求播音主持人在创作前充分了解观众的兴趣偏好，准确把握受众心理，以便在内容中抓住观众的关注点。播音主持人的内容创作因此不仅限于信息的单向传递，更成为一种双向交流的过程，通过与观众的互动不断优化内容创作，使作品更具吸引力和影响力。

随着短视频平台的发展，播音主持技巧也在适应新媒体环境中逐渐发生变化。在传统播音主持工作中，声音控制和语言表达的专业性是衡量一个播音员水准的重要指标。然而，短视频平台的内容创作更注重生活化、贴近性的表达，这要求播音员在专业表达与情感自然流露之间找到平衡。播音主持人需要不断提高自己的表达能力，将专业化的语音技巧与生活化的表现方式相结合，使内容既保持专业性又不失亲切感。同时，短视频平台上的内容创作具有极高的创意要求，播音主持人不仅要具备语言表达的能力，更需要有敏锐的创意思维，以应对不断变化的创作需求。创作者可以利用短视频的表现手法，例如分镜头、快切等技术手段，增强作品的观赏性和传播性，使播音主持工作的内容创作更具视觉冲击力和情感共鸣。

播音主持技术在短视频平台上的创新应用，不仅丰富了内容创作的表现手法，也促进了播音主持技巧的革新。短视频平台带来的实时互动性、多样化的内容需求，以及不同于传统媒介的传播速度，促使播音主持人不断提升自身的创作能力，以适应新媒体环境。传统播音主持人的声音技巧在短视频平台上得到延续与升华，创作者在内容创作中应当充分发挥声音的感染力，同时融合多种表现手法，将声音、画面、文字等多种媒介要素有机结合。通过创新性的表现手法，播音主持人能够在短视频平台上实现内容创作的突破，打造更加贴近观众生活的作品，进而推动播音主持艺术的现代化发展。

二、平台算法和内容推荐机制对主持内容传播的影响

平台算法和内容推荐机制在主持内容传播中扮演了至关重要的角色，其对内容受众的扩大与传播具有显著影响。随着互联网技术的发展，平台逐渐采用复杂的算法来分析用户行为和兴趣偏好，力图通过推荐系统为用户呈现最具吸引力的内容。平台算法和推荐机制的核心在于通过数据驱动的方式，使内容的触达性和用户的观看体验最大化。平台基于用户的浏览历史、点击率、停留时间等多维度数据来预测用户可能感兴趣的内容，从而在茫茫信息海洋中缩短用户搜索和发现

信息的时间。

这种算法推荐机制有效地解决了用户与内容之间的信息不对称问题。平台算法通过用户行为数据建立用户画像，从而精准定位用户需求，为用户提供定制化的内容推荐。算法通过机器学习和人工智能技术不断优化推荐效果，力图使每个用户都能接收到符合自身偏好的内容。这种定制化推荐不仅增强了用户的使用体验，还极大地提高了内容的传播效率。通过为用户提供个性化的推荐内容，平台实现了用户注意力的高效转化，使用户在短时间内接触到大量符合其兴趣的内容，从而有效扩大了内容的受众群体。然而，这种推荐机制在扩大内容受众的同时也带来了新的挑战。推荐算法往往基于用户过去的行为数据进行预测，这种依赖历史行为的推荐策略会使用户长期停留在特定兴趣和偏好之中，难以接触多样化的信息。这种信息茧房现象使用户的兴趣和视角逐渐趋于狭窄，减少了他们接触不同观点和多样化信息的机会。在一个充满高度个性化推荐的环境中，用户被动接收的信息种类逐渐减少，而与自己意见相左的内容则逐渐被排除在视野之外。这种信息过滤机制无意间削弱了信息的多样性，使用户逐渐被推向极端化的立场。

平台推荐算法在内容传播中的作用也引发了公众对内容质量的担忧。为了获取更高的用户黏性，部分算法可能优先推荐那些具有较高互动率的内容，即使这些内容在质量或真实性上有所欠缺。算法在推荐过程中往往偏重于那些能够引起情绪共鸣或带有争议的话题，在一定程度上牺牲了内容的深度与客观性。这种算法偏向可能导致内容创作者迎合算法的偏好而忽视内容的实际价值，平台上充斥着大量重复、浅显甚至误导性的信息。算法推荐带来的内容同质化问题也在一定程度上限制了用户获取高质量信息的可能性。值得注意的是，平台算法的不断优化和数据挖掘技术的进步，也使用户隐私的保护面临挑战。推荐算法的核心在于数据分析，平台需要大量用户数据作为支持以提供更精准的推荐服务。然而，在数据收集和算法优化的过程中，用户的隐私数据面临泄露和滥用的风险。这不仅影响用户的个人隐私安全，还可能导致用户行为和偏好被过度分析，进而让用户产生一定程度的被控制感和不安。随着用户对数据隐私的关注度上升，平台需要在推荐算法的优化与用户隐私的保护之间寻求平衡，否则用户的信任感将被削弱，进而影响平台的长期发展。

在内容推荐的过程中，算法并非中立的。算法在设计时不可避免地受到开发者的主观偏好、商业利益和技术局限的影响。在一些情况下，推荐机制可能被用来推动特定类型的内容，使平台上的内容呈现出明显的偏向性。算法的这种偏向性不仅会影响用户的内容体验，还会对社会产生更广泛的影响。在信息流中，由于平台的商业利益驱动，一些内容被有意推向用户，而另一些内容则被有意压制，形成一种平台主导的舆论环境。这种内容选择性推荐可能会影响公众的认知，甚至在一定程度上左右社会的舆论导向。

尽管算法推荐在内容传播中存在上述诸多挑战，但其在扩大内容受众和提升用户体验方面的成效不可忽视。通过不断优化算法，平台可以在数据中发现潜在的用户需求，并据此进行精细化的内容推荐。这种推荐机制不仅满足了用户的多样化需求，还为内容创作者提供了广阔的传播空间。优质内容可以借助算法的力量迅速传向广大的潜在受众，从而实现内容价值的最大化。算法推荐机制有效打破了传统信息传播中的地域和时间限制，使优质内容能够迅速、精准地触达目标用户。

平台推荐机制对内容传播的影响是多方面的，其不仅为用户提供了个性化的信息消费体验，也促使内容创作者适应算法的偏好以获得更广泛的受众。然而，面对信息茧房、内容同质化、隐私泄漏风险和算法偏向等问题，平台在设计推荐机制时需要考虑社会责任，避免过度依赖用户行为数据和算法偏好。未来，平台可以在推荐机制中引入更多多样化的推荐维度，使用户能够接触更加丰富、全面的信息。同时，平台应加强内容审核机制，确保推荐内容的质量与真实性，以避免平台成为低质量或误导性内容的传播渠道。在数据隐私方面，平台需要加强用户数据的保护措施，确保用户数据的安全性和透明度，增强用户的信任感。只有在平衡算法推荐的效率与社会责任的基础上，平台才能真正实现内容传播的长远发展。

三、时间限制与表达方式的适应

在有限的时间内有效传递信息并保持观众的注意力是现代交流中的一项关键能力。在信息流通迅速的当下，交流者不仅需要掌握内容的核心，还必须精确控制信息的表达方式，以确保在短时间内引导观众理解核心内容，同时维持他们的关注度。这一过程涉及对时间管理的严格控制，以及在语言和表达策略上的细致考量。通过深刻理解受众心理，采用适当的叙事策略，以及设计具有吸引力的表达方式，可以显著提高交流的有效性。

在短时间内有效传递信息的核心在于提炼内容的精华，这意味着需要对传递的信息进行高度概括。一个好的交流者往往善于识别信息中最重要的部分，并舍弃那些次要细节。这不仅能减少信息的冗余，还能帮助观众更直接地抓住信息的核心。特别是在会议、讲座或演讲中，观众的注意力通常随着时间的推移逐渐下降，因此前几分钟的内容往往是最关键的。这一初期阶段的表达不仅需要清晰简练，还要在话语中融入引导性的语言，使观众能够快速聚焦于主题的核心。这种方式要求交流者具有清晰的逻辑思维，能够将复杂的信息分解为简单易懂的要点，同时在表达中保持内容的深度和严谨性。

为了在有限的时间内有效地维持观众的注意力，选择恰当的表达方式显得尤为重要。通过精心设计语言的节奏、语调的变化及话语的节奏，可以有效调动观众的情绪，使他们保持对信息的关注。比如，富有变化的语调和适当的停顿不仅能避免单一语调带来的疲劳感，还能在无形中加强信息的层次感，让观众在每一个重点时刻更加专注。同时，控制话语的节奏也有助于观众理解，因为适度的停顿能够为他们提供思考的时间，使信息更易懂。

信息传递过程中，语言的精炼和内容的可视化也是维持观众注意力的关键因素。通过使用具体且具有视觉效果的语言，可以帮助观众在脑海中形成清晰的画面，从而加深对信息的理解。同时，表达过程中的图像化元素也能够大幅提高信息的可记忆性。无论是在演讲中运用形象生动的语言描述，还是通过图表和数据的直观展示，都可以有效缩短观众的认知时间，使他们更迅速地获取核心信息。在文字交流中，语言的精准选择也至关重要。适当的词汇和句式不仅可以避免模糊的表达，还能够通过精准的语言传达信息的深度，使内容更加引人入胜。

在有限时间内传达信息还需平衡信息的深度与广度，以便在短时间内提供完整的视角和有效的理解。在这一过程中，信息的层次化设计至关重要。通过逻辑清晰的结构，可以将信息划分为多个层次，使观众能够在短时间内逐层深入，最终获得对信息的全面理解。信息的层次化设计要求交流者根据时间的长短合理选择重点，确保观众在有限的时间内掌握核心内容。与此同时，信息的层次化也帮助观众构建起清晰的知识框架，使他们能够在最短的时间内整合和吸收信息。

在维持注意力的过程中，情绪的适度激发同样发挥着重要作用。通过在表达中融入情感因素，可以有效拉近与观众之间的距离，使信息更易于接受。情绪激发并非简单地依赖夸张的表情或语调，而是通过自然流露的真诚感来传达对话题的重视，这种真诚的态度能够在无形中增强信息的感染力。观众往往容易被情感共鸣吸引，因此，交流者在信息传递中保持适度的情感流露，不仅有助于调动观众的情绪，而且能够在潜移默化中维持他们的注意力。

在有限时间内进行有效信息传递需要交流者具备良好的应变能力。面对不同的观众，能够灵活调整信息传递的策略，是保证交流效果的重要能力之一。在正式的交流中，不同观众的背景、兴趣和理解能力各不相同，交流者需要在过程中实时观察观众的反应，并根据他们的反馈及时调整内容的深度和节奏。灵活应变的能力还表现在表达的方式上。根据场合和对象调整语气、用词和内容的复杂性，可以最大化信息的传递效果。交流者在面对突发情况时的快速调整能力也至关重要，这种调整包括对内容的删减、节奏的加快或放慢等，确保仍能完整呈现信息。

在有限时间内有效传递信息并保持观众注意力是一个复杂而精妙的过程。它需要交流者具备高度的内容提炼能力、出色的表达技巧及灵活的应变能力。通过精简信息内容、设计具有吸引力的表达方式、维持适度的情感互动，并根据观众需求灵活调整，交流者可以在短时间内有效传达信息，同时确保观众始终保持高度关注。这一过程不仅是对交流技巧的考验，更是对沟通艺术的深度理解与实践。

第三节　播音主持人在多媒体场景中的角色适应

一、跨平台内容创作的多元化需求

跨平台内容创作的多元化需求日益增多，在电视、广播、网络直播等不同媒体平台上，内容创作者面临着角色转换和适应的挑战。这种需求不仅要求创作者具备多种技能和适应不同媒介的能力，更要求他们理解各平台独特的传播特点、受众需求和互动方式。每种媒介都有其特定的传播逻辑、语言风格和内容结构，因此内容创作者需要在不同平台间找到平衡，以实现信息的高效传达与受众的深度互动。

电视作为一种传统且广泛接受的传播媒介，以其画面视觉效果和故事性见长。观众期待在电视内容中看到高质量的画面、精致的制作和具象的叙述方式，创作者因此需要通过丰富的影像语言、节奏把握和叙事手法来吸引观众的注意力，激发他们的情感共鸣。这种媒介的内容制作通常需要经过严格的策划、拍摄和后期编辑，时间和空间的控制尤为重要。电视媒介的限制和优势并存，内容创作者在选择题材和设计内容时，需要考虑这种媒体形式的特性，以确保内容具有视觉冲击力，同时避免冗长无味。电视观众更倾向于关注娱乐性强、信息量丰富且画面质量高的内容，因此电视内容创作者必须具备相应的艺术表达能力和专业技巧。

广播在内容表达上较为依赖声音，通过声音塑造氛围和传达信息。它的传播特点决定了广播内容更注重语言的节奏、语调和情感的表达，语音质量和音效处理成为创作者必须掌握的关键技能。广播的受众多以声音为主来获取信息，因此在内容设计上，创作者需要增强声音的表现力，利用语言描绘画面感，使听众能够"听"到故事情节的发展。这种媒介的互动性相对较弱，创作者需要通过设计新颖的听觉元素和精炼的内容语言来增强听众的参与感，实现信息的有效传播。同时，广播因其即时性和传播广泛的特点，内容创作通常较为简洁直接，适合传递短小精悍的信息。因此，广播内容创作者在创作过程中需要控制好节奏，使信息传达准确且引人入胜，才能在有限的时间内有效触达听众。

网络直播的迅速发展带来了内容创作的新机遇与挑战。与传统媒介相比，网络直播具有即时性、互动性和广覆盖面的优势，极大地改变了内容传播的方式。直播内容创作者不仅需要掌握现场表达的技巧，还需实时处理观众的反馈，使内容具有高度的互动性和即时性。观众在直播平台上期待直接、真实的内容体验，直播的时效性和互动性成为影响观众参与度和满意度的关键。内容创作者在直播过程中必须灵活应对不同情况，处理观众的即时反馈，同时保持内容的连贯性和节奏。网络直播要求创作者具有高度的应变能力和出色的沟通技巧，以确保信息传达的连续性和观众的参与感。此外，直播平台的竞争激烈，创作者需要在内容选题、呈现方式和互动设计上进行创新，以吸引并留住观众，打造个性化的内容体验。

跨平台内容创作中的角色转换要求创作者能够适应不同的传播环境，将自身角色进行调整，以满足不同媒介的特定需求。在电视中，他们可能需要扮演导演、编剧、制作人等多重角色，通过镜头语言和叙事结构增强内容的吸引力；在广播中，他们则需成为声音的操控者，运用音效、语调和背景音乐营造画面感和情绪；而在网络直播中，他们需要成为与观众互动的主导者，实时回应观众的问题和反馈，保持内容的活力和流畅度。角色转换的背后是创作者对内容、媒介和受众三者之间关系的深入理解和掌控，这种能力使他们在不同平台间自如切换，从而确保内容适应各平台的特性和需求。此外，跨平台内容创作要求创作者具备跨界思维和多元的技术技能。在多媒体时代，内容创作者不仅需要熟悉传统的文字、视频、音频创作技术，还需掌握新兴的数字媒体工具和数据分析方法。通过数据分析，创作者可以更好地了解不同平台的用户画像和需求，从而定制内容，提升传播效果。多平台的存在也要求创作者在内容设计中考虑平台间的整合与衔接，将内容在不同平台上进行合理分发和再利用，以提高内容的传播效率和用户的接受度。这种多平台的内容整合与管理能力成为当代内容创作者不可或缺的核心竞争力，帮助他们在日益复杂的媒体环境中保持竞争力。

跨平台内容创作的多元化需求不仅改变了内容创作者的角色定位和技能要求，也深刻影响了内容创作的整体流程。传统的内容创作流程多集中于一个平台的需求，而在跨平台的环境下，创作者需在策划阶段便考虑不同平台的特点，进行内容的多次优化和调整。内容创作从单一平台向多平台拓展的趋势，使创作者必须在内容的呈现方式、互动机制、语言风格等方面进行全方位的考量，以确保内容适应不同媒介并有效传达。

二、在内容多元化前提下保证专业性

在当今多媒体环境下，新闻、娱乐、教育等内容类型逐渐融合，带来了丰富的信息源和多样化的表达需求，这对播音主持工作提出了更高的要求。播音主持人不仅要具备专业的播报能力，还要在面对不同内容时展现出相应的灵活性，使节目呈现更为生动、贴近受众。如何在保持播音主持工作专业性的前提下灵活应对多样化的内容形式，成为当下业界的重要课题。

在多媒体场景中，新闻、娱乐和教育内容的界限逐渐模糊，观众对节目内容的需求更加多元化且具有一定的交互性。新闻不仅是传统的时事报道，许多娱乐信息也具有新闻价值，而教育内容在信息传播中也融入了娱乐元素，以增强其吸引力。在这种背景下，播音主持人的职责不再仅限于信息的传递，更在于通过语言的表达和情感的把控，在不同场景下找到适合的语调和表现方式。播音主持人需要在瞬息万变的媒体场景中平衡各类内容的风格，既要确保新闻的准确性和客观性，又要适应娱乐内容的轻松感和互动性，同时在教育内容中体现出严肃与趣味的平衡。内容的多样化带来了挑战，但也为播音主持人提供了一个展示其语言表达和情绪管理能力的平台。

保持播音主持工作的专业性不仅体现在发音、用词等基本功上，还在于对内容的深度理解和准确传达。面对新闻内容时，播音主持人需要具备高度的时事敏感性和信息整合能力，能够在短时间内把握新闻事件的关键点，并以清晰、冷静的方式进行报道。专业的新闻播音要求主持人避免个人情绪的过度渗入，确保内容的公正性和可信度。这种专业性不仅依赖播音技巧，更依赖对新闻事件的判断力和对受众情绪的精准把控。对于娱乐内容，主持人则需要展现更为轻松活泼的一面，适当展现个人魅力和幽默感，拉近与观众的距离，使节目具有吸引力和亲和力。同时，这种娱乐性又不能过度掩盖内容的本质，主持人需要在幽默和信息传达之间找到微妙的平衡，确保节目既富有趣味性又不失内容的真实性。

在教育内容的播报中，播音主持人需要特别关注内容的严谨性，同时注重语气的引导性。教育内容通常涉及较为专业的知识和信息，主持人需要确保其表达的准确性和条理性，同时兼具亲和力，避免生硬说教。教育内容的播音主持人既要具备较高的知识储备和逻辑思维能力，还要能够将专业性内容转化为通俗易懂的语言，使观众能够在轻松的氛围中获取知识。在这种类型的内容中，播音主持人还需注重语调的平稳性和亲切感，使观众在愉悦的氛围中保持较高的注意力。

播音主持人在应对不同类型内容时，需要在风格的转换中展现出极高的适应性。新闻的严肃、娱乐的轻松和教育的严谨都要求播音主持人能灵活调整语调、语速和情感表达，以满足不同受众的需求。面对这样的多媒体场景，播音主持人不仅要在不同的内容类型中保持自身的角色定位，还需根据节目受众的特点调整内容的呈现方式。内容的多样化给播音主持人带来了更高的挑战，也要求他们具备更高的文化素养和语言驾驭能力。播音主持人在不同类型的节目中，既是内容的传递者，也是文化的交流者，他们在节目中展示的灵活性和专业性往往直接影响着观众对节目的评价和对信息的接受程度。

在实践中，播音主持人可以通过不断提升自己的文化素养和语言技能来增强专业性。播音主持工作不仅是单一的技能训练，更需要广泛的知识积累和对多元文化的理解，只有在具备深厚的知识基础和文化理解能力的情况下，才能在不同的内容场景中游刃有余。播音主持人应积极关注时事动态、文化娱乐趋势及教育发展前沿，保持对不同领域的兴趣和敏锐的观察力，以便在面对不同内容类型时能够展现丰富的知识和灵活的应对能力。通过不断学习和积累，播音主持人能够更好地融入多媒体环境，展现出与时俱进的节目风格。

多媒体场景下内容的融合与播音主持工作专业性的保持是一个动态的平衡过程。播音主持人要在多样化内容的表达中始终遵循专业性，以稳定的情绪控制和得体的语言表达赢得观众的信任。同时，这种专业性不是僵化的，而是通过丰富的表现形式体现灵活的适应能力。在未来的媒体环境中，随着内容的多元化程度日益加深，播音主持人的角色也将更加复杂和多变。

三、新技术辅助下的主持人角色拓展

在当代数字技术迅速发展的背景下，VR 和 AR 等先进技术逐渐渗透到各个领域，为传统的播音主持行业带来了革命性的变化。这些新兴技术不仅给播音主持工作的表现形式带来了深远的影响，还极大地扩展了主持人角色的边界和内涵，主持人不再局限于固定场景与线性传递的信息角色，而是可以更灵活地适应多种交互和体验需求。VR 和 AR 技术在视听表现、互动性、沉浸感等方面的优势赋予了主持人更为丰富的表达手段，催生了全新的播音主持形式。

VR 和 AR 技术对主持人的呈现方式和观众体验产生了重大影响。通过 VR 技术，观众可以置身一个完全虚拟的三维空间中，仿佛身临其境，与主持人和节目内容互动。这种沉浸式体验大大增强了观众的代入感，使信息传递不再是单纯的听觉与视觉接收，而是多感官的综合体验。在这种背景下，主持人不仅是信息的传递者，还扮演着引导观众深入虚拟情境、营造体验氛围的角色。主持人的语气、节奏、表情与动作都需要根据虚拟环境的需求进行调整，以帮助观众更好地融入虚拟情境中，从而达到信息传递与情感共鸣的统一。同时，AR 技术的引入则将现实世界与虚拟元素进行无缝整合，主持人可以在现实环境中与虚拟内容互动，从而形成一种超越空间的全新互动形式。

VR 和 AR 技术拓展了主持人内容表现的可能性，使其能够突破时空限制进行更具创造性的表达。通过这些技术，主持人可以在任何地点或虚拟情境中出现在观众面前，甚至可以带领观众穿越时间和空间，进入特定的场景或置身事件中。这种灵活性不仅让主持人能够更加生动地传达信息，还可以根据节目内容的需求，动态地在虚拟和现实之间切换，从而打破传统空间的限制，使观众仿佛置身动态的节目世界中。这种技术带来的突破，使播音主持工作不再是静态的、单一的表达方式，而是一种动态的、情境化的沉浸式表演。播音主持人因而成为"情境设计师"，通过调动观众的视听体验来增强节目效果。此外，VR 和 AR 技术使主持人的角色更加复杂化和多样化。随着互动需求的增加，主持人不仅需要具备出色的语言表达和肢体表现能力，还需要掌握一定的技术和虚拟互动技能，以便在节目过程中顺利引导观众完成各种互动任务。这意味着主持人不再只是单一的演讲

者或信息传递者，而是技术与内容的融合体。对于观众而言，主持人不仅在内容方面承担信息传递的任务，同时也在技术互动中承担体验引导的责任，帮助观众在虚拟情境中进行互动和探索。这种新型角色的变化，不仅对主持人的技术素养提出了更高的要求，也改变了其与观众之间的关系，使主持人与观众的互动更加生动、自然。

与此同时，VR 和 AR 技术的引入进一步推动了主持人角色的职业化和专业化发展。在虚拟环境中，主持人需要根据不同的场景和观众需求调整表达方式，甚至在多个不同的虚拟场景中进行快速切换，这对主持人的应变能力、互动技巧和表演能力提出了更高的要求。因而，主持人不仅要具备传统的播音主持技能，还需要掌握 VR 和 AR 技术的基本操作，理解其原理和表现特点，以便在实际应用中发挥技术的最大潜能。这种技能的提升将促使主持人在专业领域获得更广阔的发展空间，也使主持人角色在技术驱动下变得更加丰富和多维。

VR 和 AR 技术的应用也使主持人的表演空间更加个性化和创意化。在传统播音主持工作中，主持人的表现方式和内容受到现场环境和观众接受度的限制，往往趋于标准化和模式化。然而，通过 VR 和 AR 技术，主持人可以根据节目内容和观众需求定制个性化的虚拟场景和互动元素。这种个性化的技术运用让主持人可以在多个虚拟角色中自由切换，带来更具创意和艺术表现力的演出效果。通过利用这些技术，主持人能够更有效地展示其独特的个人风格，为观众提供与众不同的观看体验。

VR 和 AR 技术的不断发展和成熟，使主持人角色不仅在节目表演中，也在教育、培训、游戏等多个领域得到了拓展。主持人可以通过这些技术为观众提供教学式的引导，帮助他们更好地理解复杂的内容，或在虚拟游戏中引导玩家完成任务。由此，主持人角色在技术的推动下逐渐向多领域、多维度的方向发展。未来，主持人将不仅是节目中的核心角色，甚至可能成为不同领域虚拟体验的引导者和情境构建者。通过这种方式，主持人在信息传递之外，更成为观众体验的"建造师"。

VR 和 AR 技术为播音主持工作带来了前所未有的拓展机遇。它不仅赋予主持人更为丰富的表现手段，也打破了时空限制，使主持人的角色变得更加灵活多样。随着技术的进一步发展，主持人将不仅在虚拟和现实中穿梭，更将在跨越多个领域的虚拟体验中塑造多元化角色。

第四节　播音主持人在社交媒体中的个人品牌打造

一、个性化内容创作与粉丝互动策略

在当今社交媒体蓬勃发展的背景下，个性化内容创作和粉丝互动策略已成为品牌和个人形象塑造的重要手段。社交媒体不仅为创作者提供了展示自我、表达个性的机会，还成为与粉丝建立紧密联系、维系忠诚度的关键途径。个性化内容创作注重独特性，通过塑造鲜明的形象，吸引特定的受众，并在社交平台上形成稳固的粉丝群体。这种独特的表达方式可以通过视觉、语言、态度等多方面展现，使创作者脱颖而出，形成差异化竞争优势。

内容个性化的核心在于创作者能准确把握自己的独特风格，并将其自然地融入内容之中。独特的内容风格能够强化创作者的品牌形象，让观众在信息流中一眼识别其作品。这种个性化风格不仅体现在视觉设计上，还体现在语言表达和沟通方式上。语言可以是直白幽默的，也可以是深情含蓄的，而视觉则可以通过配色、排版和图像风格来强化个性，使内容更具辨识度。同时，内容的主题选择应契合创作者的个性和品牌定位，以使内容传递的信息与粉丝的预期相符，从而增强认同感和归属感。通过在内容中融入个人特色，创作者能够与粉丝形成一种独特的联结，让粉丝因认同创作者的风格和观点而产生持续关注的意愿。

粉丝互动在个性化内容创作中的作用同样不可忽视。通过积极参与粉丝互动，创作者不仅能提高粉丝的参与感，还能深化彼此的情感纽带，使粉丝从旁观者转变为内容的共创者。这种参与感在社交媒体中尤为重要，因为它能激发粉丝的主动性，进而增加内容的传播力和覆盖面。互动可以通过回复评论、私信对话、发布粉丝生成的内容或组织线上活动等方式实现。这种互动不仅能增加粉丝的黏性，还能帮助创作者深入了解粉丝的兴趣和需求，从而调整和优化内容策略，使之更符合粉丝的期待。

在个性化内容创作和互动过程中，社交媒体的数据分析工具提供了有效的反馈渠道。通过对受众行为数据的分析，创作者可以了解哪些内容更受欢迎，哪些互动形式更具效果，从而调整未来的内容创作方向。这种基于数据的反馈机制使内容创作变得更加精准，并有助于形成一种良性的互动循环。数据不仅能帮助创作者洞察粉丝的兴趣偏好，还能揭示粉丝群体的特征，从而帮助创作者在内容风格、语言语调和发布时机等方面进行优化，使内容更符合粉丝的需求。

为了保持粉丝的持续关注和参与，创作者还需注意内容更新的频率和互动的连贯性。频繁更新并不意味着无节制地发布内容，而是要有计划、有节奏地提供优质内容，让粉丝始终对创作者的下一步动向抱有期待。互动的连贯性在这一过程中尤为重要，因为粉丝希望通过持续的互动获得情感上的共鸣和满足感。这种连贯的互动可以通过定期的直播、问答互动或情感交流等方式实现，让粉丝感受到他们与创作者的关系不仅是单向的关注，而是互动式的沟通。这种持续的情感互动使粉丝对创作者的忠诚度得以提升，从而为长期的品牌发展奠定了坚实的基础。

个性化内容创作和粉丝互动策略的核心在于不断提升粉丝的体验，满足其情感需求，并在此过程中不断优化自身的表达方式和互动技巧。这种策略不仅适用于个体创作者，也对企业品牌的社交媒体营销具有借鉴意义。在当前信息过载的环境下，单一、无差别的内容难以长久吸引粉丝的注意，而具有鲜明个性和互动体验的内容则更具吸引力和传播潜力。个性化的内容创作不仅是风格的表现，更是一种内容与粉丝的情感连接方式，创作者通过这种方式能有效地传递品牌价值，使粉丝从关注者逐步转变为品牌的支持者与传播者。

通过深刻理解个性化内容创作与粉丝互动策略的关系，创作者可以在社交媒体上塑造一种独特的吸引力，吸引并留住受众，推动其品牌的长期发展。

二、品牌建设中的形象维护和公关

品牌建设中，形象维护与公关是成功打造个人品牌不可或缺的核心环节。在信息化和网络化的时代，个人形象的塑造不再局限于外在的包装，而更注重内容的输出与价值的传递。高质量内容的持续发布成为形象维护的关键手段，通过内容传播实现品牌个性和品牌理念的稳固传达。在内容创作的过程中，清晰的品牌定位与一致的风格至关重要。品牌形象应当具有辨识度，并能够在同类中脱颖而出。明确的品牌定位不仅能够增加品牌吸引力，还能够将品牌的核心价值观转化为受众的潜意识认同。在品牌建设中，内容的高质量不仅指信息的准确性、深度和实用性，更包括表达方式的独特性和感染力。

品牌内容的持续性是维持品牌活力的基本条件。通过保持持续更新，能够让品牌形象始终鲜活，避免因长期的静默被受众遗忘或替代。内容的发布节奏应当考虑受众的接受频率，以保持合适的曝光量和话题热度，在信息流中保持一定的存在感。此外，内容的更新应当是有计划的，体现对行业动态的敏锐反应及对品牌发展方向的精准把握。通过内容保持与受众的互动，能够使品牌形象更具亲和力，使受众感受到品牌的"人性化"特点，从而提高受众对品牌的信任度和忠诚度。与此同时，品牌建设中的形象维护也涉及如何有效管理外界对品牌的认知和评价。公众舆论具有极大的影响力，通过内容的精心设计与布局，可以在一定程度上引导受众对品牌的看法。内容创作中需要注重塑造积极的品牌联想，将品牌与积极、正面的元素进行关联，在受众心中建立起对品牌的正面印象。舆论的引导不仅在于塑造积极的品牌认知，更重要的是在遇到负面信息时及时进行危机处理，以减轻对品牌形象的损害。在此过程中，品牌应当秉持透明、真诚的态度，以积极应对的姿态获得公众的理解与信任。

在公关方面，品牌的形象维护并不局限于单一渠道。多渠道的内容发布能够扩大品牌的触达范围，提高品牌的知名度。无论是传统媒体还是新兴的社交平台，均有助于品牌的曝光与形象维护。然而，各个渠道对应的受众群体和信息接受方式有所不同，因此内容的设计应当考虑渠道的特性，做到内容的多样化呈现，确保在不同平台上实现品牌的一致传播。通过多元化的渠道布局，品牌可以更有效地接触不同类型的受众，提升品牌的包容性和社会影响力。

在品牌建设中，内容的互动性逐渐成为提高受众黏性的有效手段。通过与受众的互动，品牌不仅可以获得受众的反馈，还可以根据这些反馈进一步优化内容，从而更符合受众需求。这种互动不应仅仅停留在简单的评论或点赞，而是要通过积极回应受众的问题、参与讨论等方式拉近与受众之间的距离。互动性强的内容往往能够增加品牌的亲和力，使受众感到自身的参与价值，从而建立起对品牌的情感依赖。品牌形象在这种动态的互动中被不断强化，使受众对品牌的认同感和归属感得以提升。

在形象维护的过程中，内容的深度和专业性是品牌建立权威性的重要手段。高质量的内容不仅应当具有实用性和独特的见解，还需要体现对领域的深入理解和专业素养，以便在竞争激烈的市场中脱颖而出。专业性强的内容能够增强品牌的可信度和权威性，使受众对品牌产生信任并形成依赖。这种信任不仅能够增加品牌的影响力，还能帮助品牌在行业内建立领先地位，吸引更多潜在的受众群体。此外，通过具有深度的内容输出，品牌能够有效吸引那些具有长期发展潜力的忠实用户，为品牌的可持续发展打下坚实基础。

在维护品牌形象的过程中，品牌应当注重与时代的同步发展，保持创新性和前瞻性。随着信息技术的不断进步，品牌形象维护的手段和方法也在不断演变。通过紧跟潮流和适时创新，品牌能够在信息变迁中保持活力和吸引力。创新的内容能够让品牌始终站在行业的前沿，吸引更多人的关注。创新并非盲目追逐热点，而是需要在保持品牌本质和价值观的基础上，通过创新的方式呈现品牌的独特性和前瞻性，以增加品牌的长期竞争力。

形象维护中，品牌还需要注重长期的价值观传递和文化塑造。品牌内容的发布不仅是为了获取短期的关注和流量，更应着眼于长远的发展，将品牌的价值观逐渐内化为受众的观念和行为准则。通过长期一致的内容传递，品牌可以塑造自身具有独特文化内涵的形象，从而区别于其他同类品牌。这种文化的塑造不仅可以增强品牌的影响力，还可以让品牌形象更加深刻地融入受众的日常生活中，成为受众生活方式的一部分。品牌的文化内涵通过内容的长期传递，逐步实现与受众的共鸣，从而建立起深厚的情感联系，使品牌形象具备持久的生命力。

品牌建设中的形象维护与公关并非一蹴而就，而是一个持续的过程。高质量内容的发布不仅能够塑造和强化品牌形象，还能够通过与受众的互动、引导舆论方向、展示专业性等方式为品牌形象增添多维度的价值。在这个过程中，品牌应始终保持真诚、专业的态度，以丰富多样的内容为载体，将品牌的价值观逐步传达给受众。通过长期的内容输出，品牌形象得以巩固，并在受众心中形成深刻的印象，进而提升品牌的社会影响力和市场竞争力。这一系列的形象维护与公关策略最终会为品牌的长远发展奠定坚实的基础，使品牌在竞争激烈的市场环境中立于不败之地。

第十章　播音主持工作的创新实践与未来趋势

面对快速变化的媒体环境，播音主持工作需要不断创新。本章将介绍播音主持工作的全媒体传播与互动方式，探讨新兴技术（如 AI、VR）对播音主持工作的推动作用，分析播音主持人在直播和网红经济中的角色，以及未来播音主持人的职业技能要求与挑战，启迪从业者思考未来。

第一节　播音主持工作的全媒体传播与互动方式

一、多平台内容的制作与分发

在当今媒体环境中，播音主持工作的内容制作和分发正在经历深刻的变革，传统的电视和广播平台不再是唯一的传播渠道，新媒体的兴起进一步推动了多平台内容制作和分发的普及。多平台内容的制作与分发，是指将内容通过电视、广播和新媒体等不同渠道进行制作与传播，目标是在满足不同受众群体需求的同时，确保内容的广泛覆盖和深入传播。播音主持人在此过程中承担着重要的角色，通过其专业的传播技巧和内容创作能力，能够最大化地提升多平台传播的效率和影响力。

播音主持人在多平台内容制作的过程中，需要深刻理解不同平台的传播特点与受众偏好。电视平台作为传统的强势媒体，具有较高的权威和广泛的社会影响力，其内容制作倾向于更为严谨和规范的方式，旨在通过图像、声音等综合手段给观众带来沉浸式的体验。广播则更注重声音的表现，通过音频内容的魅力吸引受众的注意力。这种形式适合便捷的收听方式，能够在一定程度上突破时间与空间的限制，为受众提供更为自由的信息获取途径。新媒体平台以其互动性、实时性和个性化推送的特点迅速崛起，尤其受到年轻受众的欢迎。新媒体内容的制作更具灵活性和时效性，传播形式更为多样化，如短视频、直播、图文并茂的内容等。这种平台的优势在于能够即时获得用户的反馈，让播音主持人根据受众的反应灵活调整内容方向和表现形式，以保持内容的吸引力。

　　播音主持人在电视、广播和新媒体平台上的内容制作需要精确地调整风格和表达方式，以适应不同平台的属性和受众的需求。电视内容的制作注重视觉效果的呈现和细节的把握，通过丰富的画面和视听效果营造直观的视觉体验。广播内容则更注重语音语调的变化和声音的表现力，通过语言的节奏、音色和情感传递让听众产生共鸣。而在新媒体平台上，内容的生产更倾向于生动活泼的表达方式，语气更贴近生活，内容更加接地气，以吸引用户的关注。由于新媒体的传播速度快、信息量大，播音主持人在进行内容制作时需要具备较强的信息筛选和整合能力，将重点内容简明扼要地传递给受众。

　　播音主持人在多平台内容制作中，还需具备较高的跨平台整合能力，以实现多渠道协同传播的效果。内容的跨平台传播要求播音主持人在制作过程中既要保持内容的一致性，又要针对不同平台进行细致的调整。每个平台都有其独特的内容表现形式与风格需求，因此内容创作者在制作过程中需要因地制宜，在不违背内容核心的前提下，充分考虑平台的传播特点。例如，同一内容在电视上呈现时可能通过视频讲解的方式，在新媒体平台上则可以采用短视频或图文的方式，以更贴近该平台用户的浏览习惯。通过不同形式的表达，实现内容的多元化，提升受众的参与感和互动体验，达到多渠道协同传播的效果。

　　同时，播音主持人在多平台传播中的角色也不仅仅是内容传递者，还是内容的策划者和运营者。他们在内容分发过程中承担着连接各个平台与受众的关键任务，通过对内容的整合与分发，优化内容的覆盖面和传播效果。内容分发需要播音主持人对各个平台的用户群体有清晰的了解，精准把握不同平台用户的需求和喜好，以便在内容分发时根据用户特点进行有针对性的推送。在电视平台，内容通常定时播出，且具有较高的收视率。而在新媒体平台，内容的分发则更倾向于多样化、分时段发布，以增强内容的曝光率和用户黏性。播音主持人需要在不同的时间段、不同的传播节点进行有针对性的内容投放，以确保内容的持久曝光和广泛传播。此外，在多平台传播中，播音主持人还需要不断增强自身的数字化素养和技术技能，以便更好地适应新媒体平台的内容需求。新媒体平台的运营对数据分析、用户反馈及技术操作有较高的要求，播音主持人在内容传播中需善于运用数据分析工具对受众的反馈和偏好进行分析，进而调整传播策略和内容方向，提升传播效果。数据分析还能够帮助播音主持人深入理解受众行为习惯，为未来内容的制作提供可靠依据。技术技能的提升可以帮助播音主持人更为熟练地运用各类数字化工具和平台，如视频编辑软件、直播系统等，从而在内容制作和分发中更为得心应手，实现高效的跨平台传播。

多平台内容制作与分发不仅考验着播音主持人的专业素养，更要求其具备广泛的跨平台协调能力和技术应用能力。在多样化的传播环境中，播音主持人需要时刻关注媒体平台的发展动态，顺应新媒体时代的传播趋势，不断创新内容制作的方式，以实现内容的高效传播和覆盖。通过多平台的协同与整合，播音主持人能够充分发挥其作为信息传播桥梁的作用，不断扩大内容的传播范围，为受众提供丰富多样的信息体验。

二、全媒体技术支持的整合

在全媒体环境下，播音主持工作的传播效果得到了显著提升，技术工具的支持在其中发挥了关键作用。面对信息传播的多样化需求，播音主持人不仅需要具备深厚的语言表达功底，更需要熟练掌握多媒体技术，以便在瞬息万变的信息环境中脱颖而出。视频剪辑软件、数据分析平台等技术工具的运用，使播音主持人能够从多个维度优化传播效果，以更具吸引力和感染力的内容回应受众需求。

视频剪辑软件的广泛应用，使播音主持人可以在内容制作过程中实现更多创新。不同于传统的单向声音传播，视频内容的整合赋予了播音主持人更广阔的表达空间。通过精确的画面剪辑、背景音效的适配及字幕的设计，播音主持人能够更加生动地传递信息，增强信息的视觉吸引力。利用视频剪辑软件，播音主持人可以将原本相对枯燥的内容处理得更具动态效果，吸引受众的注意力，延长观看时长。此外，通过灵活调整节奏和控制内容的层次感，视频的视觉冲击力也得到了大幅度提高。视频剪辑软件的使用不仅提升了传播效果，也为内容创作者提供了极大的自由度，使其能够通过视频画面实现更深层次的信息传达，达到直观且引人入胜的效果。

数据分析平台为播音主持人提供了重要的反馈机制，使其能够在内容发布后及时了解受众的反馈，并根据受众的偏好调整内容。这些平台通过对观众行为的深入分析，帮助播音主持人了解内容的传播效果，如观看时长、用户停留率、互动频率等指标。通过对这些数据的细致分析，播音主持人可以精准把握观众的需求和兴趣点，以此为依据进行内容的优化调整。数据分析工具不仅能够为播音主持人提供有针对性的反馈，更帮助其预判受众未来的内容需求，增强信息传播的精准性和有效性。这种通过数据反馈进行内容调整的方式，使播音主持人在内容制作中能够更具前瞻性，在日益激烈的全媒体竞争中保持优势。

技术工具的有效运用，使播音主持人能够在内容创作中更加灵活多变，不仅提升了内容的多样性，也增强了受众的参与感。全媒体环境下的传播不仅局限于信息的单向传递，而且更加强调互动和参与。技术工具的使用在一定程度上打破了传统的传播模式，播音主持人可以通过社交媒体平台、直播等多种渠道实现与受众的即时互动。这种互动性赋予了受众更多的参与感，他们不再是信息接收中的被动角色，而是内容创作的一部分。播音主持人在内容创作中融入受众的反馈，能够提升传播效果，使信息的传递更有深度和广度。

技术的进步带来了传播模式的变革，播音主持人有了技术工具的支持，实现了从内容制作到传播的全面优化。全媒体环境中的信息传播不再局限于单一的媒介形态，而是通过视频、文字、图片、音频等多种形式的组合，使信息的传递更加丰富多样。技术工具的灵活运用，使播音主持人可以根据不同的传播需求进行内容的定制化生产，实现信息的多样化呈现。这种定制化生产不仅使内容更加符合受众的需求，还提升了信息的传播广度和深度。在全媒体环境下，播音主持人利用技术工具构建了一个多维度的传播体系，使信息能够在不同的媒介上交叉传播，扩大了传播的覆盖面和影响力。

同时，技术工具的应用使播音主持人能够对内容进行精细化管理，从而保证信息的准确性和时效性。传统的信息传播模式往往存在信息滞后和传播不精准的问题，而数据分析平台和内容管理工具的结合，使播音主持人可以实时监控内容的发布进度和传播效果，并对信息的准确性进行把控。这种精细化管理的方式大大提升了信息的时效性，使播音主持人能够在合适的时间将内容精准推送给目标受众，增强了信息传播的有效性。此外，技术工具还为播音主持人提供了广泛的数据支撑，帮助其更好地理解受众的行为习惯和兴趣偏好。全媒体环境下的信息量庞大，传统的人工分析已经无法满足需求。数据分析平台能够在短时间内处理大量的受众行为数据，为播音主持人提供详尽的分析报告，帮助其对内容进行有针对性的优化调整。这种基于数据的内容优化策略，使播音主持人能够在内容创作中始终保持与受众的同步，从而提高信息的接受度和影响力。

全媒体技术支持的整合，为播音主持人的内容创作和传播提供了多层次的技术保障，使信息的传递更加高效、精准且富有感染力。在信息传播日益多样化和复杂化的背景下，播音主持人通过技术工具的运用，不仅实现了传播效果的优化，也推动了自身专业能力的提升。全媒体技术工具的支持，使播音主持人能够在全媒体环境中发挥更大的作用，有效满足受众的多元需求，提升信息的传播价值。

第二节　新兴技术（如 AI、VR）对播音主持工作的推动

一、人工智能在内容生成中的应用

人工智能在内容生成领域的应用已逐步改变播音主持工作的传统格局，使其从依赖人工主导逐渐转向智能化和自动化的生成模式。随着技术的发展，自动化新闻播报、语音模拟和实时翻译等技术的日益成熟，不仅提高了播音主持工作的效率，也增加了这一领域的可能性，丰富了听众和观众的体验。

在新闻播报中，人工智能驱动的自动化技术通过NLP和机器学习模型的融合，能够实现从新闻内容的生成到实际播报的完整流程。基于大量新闻语料的机器学习模型能够准确理解并提取新闻事件的核心信息，通过语言生成技术将这些信息转化为适合播报的语言。AI模型能够根据新闻内容的类型和风格，生成符合特

定语境和情绪的播报语句，确保新闻播报的严谨性和准确性。通过人工智能的自动化生成，新闻播报变得更加及时，不受制于人工处理的时间限制，实现了新闻信息的快速传播。这不仅使新闻媒体在面对突发事件时反应更加迅速，也让新闻播报流程更加高效。

在语音模拟方面，人工智能技术的发展使虚拟主播的声音合成与真人主播的音色、语调逐渐趋同。通过深度学习和神经网络的训练，AI能够模仿不同人声的音色、语速和语调，机器生成的语音听起来更加自然和生动。通过这种语音合成技术，AI不仅可以实现音色的多样化，还能够根据内容需求调节语速和情绪，使播报的表达更加丰富，满足不同场景下的传播需求。此外，人工智能的语音模拟技术还能够自动识别和处理停顿、重音等语音特征，使播音效果更具个性化和人性化。这种技术已经广泛应用于新闻播报、天气预报、交通信息等领域，通过智能化的语音模拟，AI在播音主持领域的地位得到了显著提升。

实时翻译是人工智能在内容生成和播音主持领域应用的又一重要技术。在全球化背景下，跨语言的沟通需求日益增多，特别是在国际新闻播报和多语言直播场景中，AI实时翻译技术的应用无疑大大提升了沟通效率。基于NLP和深度学习模型的翻译系统能够即时将一种语言转化为另一种语言，并保持语义的准确性。通过对大量语料库的学习，AI翻译系统能够识别不同语言的复杂句式和语境，从而实现更精准的翻译效果。实时翻译技术不仅能够满足多语言观众的需求，还使国际事件的播报更加快捷和流畅。人工智能通过实时翻译在跨语言沟通中发挥着重要作用，为全球化的内容传播提供了更加便捷的技术支持。

人工智能在播音主持领域的应用并不局限于具体技术手段的实现，而是以内容生成的方式提升了信息传播的效率和质量。在过去，播音主持工作依赖人工处理，从新闻稿件的编辑到播报过程都需要耗费大量的人力和时间。如今，随着人工智能在内容生成中的广泛应用，这一流程得到了显著的简化。AI不仅能够快速处理信息，还能够根据播报内容的不同需求调整输出的形式，使播音效果更加贴合听众的预期。同时，AI技术使信息的传播形式更加多样化，为听众提供了更为个性化的收听体验。基于人工智能生成的内容传播模式，不仅满足了信息时代的高效需求，也促进了播音主持工作的数字化转型。

从内容生成的角度来看，人工智能在播音主持领域中的应用对内容的质量控制提出了新的标准。AI 不仅可以高效处理新闻信息，还可以通过分析用户偏好优化内容生成的方式。通过大数据分析和机器学习模型，AI 能够识别受众群体的兴趣点和关注焦点，从而在新闻内容的生成中有针对性地优化播报内容的结构和表达形式。这种基于用户需求的内容生成模式不仅提升了新闻内容的相关性，也增强了播报效果的互动性，使播音主持工作内容更加贴近受众的需求。人工智能通过内容生成为信息传播带来了新维度，使信息的传达更加精准和高效。此外，人工智能在内容生成中的应用还提高了信息传播的可扩展性。通过智能化的内容生成系统，播音主持工作能够在短时间内覆盖更广泛的内容领域。人工智能的生成模式使内容的更新更加频繁，无须依赖人工的编辑和处理，保证了信息传播的即时性和广泛性。通过内容生成的自动化和智能化，播音主持人不仅可以实现日常新闻的快速传播，还能够根据热点事件的需求进行实时调整，确保观众在第一时间获取最新的信息。

二、VR技术带来的沉浸式传播

VR 技术的快速发展带来了传播方式的深刻变革，为播音主持工作提供了创造沉浸式体验的全新路径。这种技术不仅是对传统广播和电视形式的延续，更是一次质的飞跃，借助其生成的三维立体空间和感官交互，观众能够切实地体验场景的逼真感和现场的参与感。在这一背景下，VR 技术为播音主持工作带来了无限的可能，让观众仿佛置身传播环境之中，突破了传统媒介对空间和视角的限制，使信息的传递更为立体、生动。

沉浸式传播的核心在于将受众"带入"内容之中，VR 技术则正是通过这种方式重新定义了观众与传播内容的关系。传统的传播方式通常局限于二维的视觉和听觉信息传递，而 VR 技术则通过模拟三维环境，在视觉、听觉甚至触觉上全面调动观众的感观，使之产生身临其境的感觉。在播音主持人领域，这种技术能够让观众不仅听到声音，更"看到"声音所在的空间，仿佛他们就在内容发生的场景之中，直接感受周围环境的变化。这一特性让传播效果在视觉和听觉之外进一步得到强化，在观众的情感和心理层面产生更深远的共鸣和印象。

在 VR 技术的支撑下，播音主持领域的内容表现方式得以更加丰富和多元化，单向信息传播逐渐转化为交互式传播。观众不再仅仅是被动的接收者，而是内容的一部分，能够在虚拟环境中自由探索、主动参与。这种参与性赋予观众更多的自主选择权，他们可以根据个人需求和兴趣来选择观赏的视角和关注的焦点。这一过程不仅增加了内容的趣味性和吸引力，还使信息传递的方式更具互动性。传统媒介通常无法打破物理限制，而 VR 技术通过虚拟环境的建构，拓展了播音主持工作的空间场景，使观众能够"穿越"到实际无法亲临的地点，真正体验沉浸式传播的独特魅力。

VR 技术的另一个显著特点是能够营造超越现实的环境氛围，使传播内容更加震撼有力。通过运用 VR 技术，播音主持人不仅能够呈现实际场景，还可以构建出理想化的传播空间，观众可以体验常规手段无法实现的视觉效果。例如，虚拟空间中的音效处理可以让声音环绕观众，使听觉体验更加真实而立体。同时，视觉效果的多样化也使信息呈现更具表现力，能够引发观众强烈的情感反应和心理共鸣，营造无与伦比的氛围体验。在这一过程中，VR 技术不仅是对现实进行复制，更是超越现实的一种表达形式，赋予播音主持人无限的表现空间。

沉浸式传播的实现需要高水平的技术支撑，而 VR 技术的应用在播音主持工作中呈现出高度融合的特性，使传播内容的设计和制作更具复杂性与多样性。VR 技术的三维建模、视角变换、虚拟物体的动态交互等技术手段极大地提高了沉浸式传播的表现力，使观众不仅"看到"内容，更"感受到"内容。播音主持领域借助 VR 技术可以突破传统传播形式的束缚，使内容的每个细节都生动展现，甚至可以根据不同传播场景定制化虚拟空间，提升传播效果。运用这些技术手段，观众不仅是信息的接收者，更是虚拟空间中的参与者和体验者，这种真实的沉浸感提升了信息的传达效果，让传播内容深入人心。此外，VR 技术为观众创造的沉浸式体验在一定程度上增强了传播的影响力。传统的播音主持工作在信息传递过程中往往受限于媒介的形态，而 VR 技术则为内容的延展提供了新的可能。观众在虚拟空间中不再仅是旁观者，他们被"置入"场景之中，通过切实的互动体验来感受内容的价值和意图。这种方式将内容与观众的关系从被动转向主动，从接受变为体验，使观众的情感反应和心理感知更加直接。在信息极大化的当代，沉浸式传播让观众不再被动地接收大量信息，而是能够在高度聚焦的沉浸环境中专注于特定内容，有效提升了信息传播的效果。

沉浸式传播不仅为观众提供了一种全新的体验方式，也在深层次上改变了他们对信息的理解和记忆。通过 VR 技术，信息在视觉、听觉、甚至触觉层面同时作用于观众，使他们更容易理解和记住内容的核心思想和情感内涵。这种沉浸式的感知方式让观众的注意力更加集中，同时也增加了内容的记忆深度。传统媒介的传播形式由于缺乏互动性和空间感，往往难以长时间吸引观众的注意力，而VR 技术营造的三维沉浸体验则可以调动观众的多重感官，从而在更长时间内保持他们的专注度。这不仅提高了内容的传播效率，也进一步提高了传播效果，让信息在观众心中留下深刻印象。

随着 VR 技术在播音主持人领域的不断深入应用，沉浸式传播将成为未来传播的一个重要趋势。通过打破空间和感官的限制，VR 技术为传播的可能性提供了无限空间。它不仅增强了内容的表现力和吸引力，更加强了观众与内容之间的互动，使信息传播从形式到内容都发生了质的飞跃。VR 技术带来的沉浸式体验不仅加强了播音主持工作的表现手段，也为观众提供了更加丰富的感知体验，重新定义了他们与信息之间的关系。随着技术的不断进步，沉浸式传播将为观众创造更加身临其境的体验，使信息传递更加高效而深刻，形成一种全新的传播生态，为未来播音主持领域开创新的发展方向。

第三节　播音主持人在直播和网红经济中的角色

一、直播主持的技巧与要求

直播主持的技巧与要求在当前的媒介环境中愈加重要。与传统的录播节目不同，直播主持人需要时刻关注观众的动态反馈并迅速作出回应，以保持互动的流畅性和节目的吸引力。直播平台的特性决定了主持人不仅要具备专业的播音能力，还要在观众管理上展示出色的适应性与应变能力。掌握了这些技巧，主持人能够有效地提高直播质量，强化观众黏性，最终达到预期的传播效果。

直播主持的核心在于实时互动。不同于预先录制的节目，直播过程中观众的反馈是即时的，因此主持人需要具备敏锐的观察力，能够快速捕捉观众情绪的变化及互动内容的变化。实时互动的关键在于即时响应，这要求主持人对观众的留言、点赞、送礼等互动行为保持高度的关注，并及时反馈。通过语言或动作的回应，使观众感到被重视，从而拉近与观众的距离。与观众的互动不是简单的回应，而是需要主持人能够深入理解观众的心理需求，识别观众的兴趣点，将这些信息融入直播内容的设计与演绎中，形成一种与观众的共鸣。

观众管理是直播主持中的另一重要方面。面对数量庞大且多样化的观众，直播主持人要能够灵活应对不同观众的需求和期望，既要保持直播内容的主题性和连贯性，又要让每一位观众都有参与感。这就需要主持人具有良好的内容组织能力和语言表达能力，能够在互动中快速应对不同观众的提问或要求，而不至于偏离直播的整体内容和方向。在直播过程中，观众的兴趣点可能会瞬息万变，主持人必须不断调整话题的节奏和内容的走向，适时引导观众参与讨论，避免冷场或观众流失。直播主持人还需要对负面评论或突发状况有充足的心理准备，能够以专业的态度处理，避免影响直播的正常进行。

为了在直播中形成良好的互动氛围，直播主持人需要建立一种自信且亲和的主持风格。直播过程中，观众无法像面对面那样感受主持人的情绪，这就要求主持人用语言、表情和肢体语言去传达情感，增强直播的临场感和真实感。通过自然的语气、适当的幽默和恰当的停顿，主持人能够营造一种轻松愉悦的直播氛围，让观众感到舒适，从而更愿意参与互动。在塑造个人风格的同时，主持人还要保持内容的专业性和严谨性，使整个直播既具有娱乐性，又具备知识性和信息性。对这种平衡的把握能够满足观众多样化的需求，增强直播的观看体验。

在直播平台上，主持人面对的是一个随时在线的动态观众群体，因此要求主持人具备快速决策和果断执行的能力。直播中可能会出现意外状况，如设备故障、网络延迟或观众的恶意攻击等，主持人必须快速冷静地判断情况，灵活应对，以保证直播的顺利进行。这不仅是对主持人心理素质的考验，也是对主持人随机应变能力的高度要求。在这种环境中，主持人需要始终保持专注，心无旁骛地完成直播，即便面临挑战也能保持冷静和专业，尽可能减少观众因突发状况产生不适感。

在观众的管理与互动过程中，主持人还需注重内容的连贯性与互动的节奏。直播的时间相对较长，且内容形式多样，主持人需要不断调整内容的节奏，避免单调和乏味。通过灵活的语言组织和细腻的情绪表达，主持人能够在直播中掌控节奏，吸引观众长时间关注。在互动过程中，主持人需要适时切换话题，通过提问或设立互动话题的方式，鼓励观众积极参与，从而提升直播的互动性与参与度。这种节奏的把控既体现了主持人的专业水平，也影响着直播的整体效果。此外，主持人还应注重个人形象的管理。作为直播的核心人物，主持人不仅是内容的传达者，更是观众眼中的形象代表。通过得体的衣着、良好的面部表情管理及积极的情绪传达，主持人能够树立一种专业、可信赖的形象，从而吸引更多观众。良好的个人形象不仅提升观众对直播的好感度，也有助于形成观众的长期忠诚度。在直播过程中，主持人应注重自身形象的管理，尽量避免出现不必要的错误或不专业的行为，以确保观众对直播内容的信任和认可。

直播主持人需要的不仅是扎实的专业技能，更是对观众心理的深入洞察和对直播平台特性的敏锐把握。通过流畅的互动、良好的观众管理、个人风格的建立及突发状况的应对能力，直播主持人可以将节目打造得更加生动、具有吸引力，从而满足观众的多样化需求。

二、播音主持人在网红经济中的职业定位

在当前以网红和自媒体为主导的内容生态中，传统的播音主持职业面临着巨大的机遇与挑战。随着社交媒体和短视频平台的迅速崛起，受众获取信息和娱乐的方式发生了深刻变化，网红和自媒体人凭借鲜明的个人特色、灵活的创作方式和极具亲和力的沟通风格，迅速赢得了广泛的关注。这一变化对传统的播音主持人产生了深远影响，促使其在职业定位上进行重新思考和创新，以适应不断变化的媒介环境。通过重新定位自身角色，播音主持人可以在新媒体环境中找到更具竞争力的切入点，为职业生涯拓展新的可能性。

在网红经济的推动下，内容创作更加多样化，受众的需求趋于个性化和多元化。传统播音主持工作依赖的技能和话语体系不再是唯一的行业标准。过去，播音主持人的角色主要集中于传统媒体平台，担任信息传递者，注重规范的语言表达和专业的播报方式。然而，网红和自媒体人凭借独特的个性化表达风格，以及对观众情绪的调动能力，拓宽了传播形式的边界。面对这一趋势，播音主持人需要突破传统的身份局限，不再局限于信息传递者的角色，而是要成为内容创作者和观点引导者。其职业定位应从"传统传播者"向"新型内容创作者"转变，以更灵活、更具吸引力的表达方式吸引观众的注意。

在当前内容生态中，播音主持人也面临着重新塑造个人品牌的迫切需求。网红经济的核心在于"人"的吸引力和关注度，受众往往关注创作者的个人特质、价值观和个性化内容。相比之下，传统播音主持人通常以中立的身份出现，避免过多的个人色彩。然而，在新媒体环境中，中立性已经不再是受众追捧的唯一品质，个人品牌的塑造越来越重要。因此，播音主持人需要从传统的职业规范中跳脱出来，结合自身的专业技能和特质，打造独具风格的个人品牌。这不仅要求他们在内容创作中展现真实的自我，也需要在与观众互动时保持高频、真诚的沟通，以增强观众的黏性和信任感。

播音主持人还需要在内容创新和创意表达上投入更多的精力。网红经济中的内容生态极为多样，网红和自媒体人能够迅速调整和试验新的表达方式，以吸引观众的注意力。这种灵活性与传统媒体的固定内容形式形成了鲜明对比。为了在这一环境中站稳脚跟，播音主持人需要打破传统的播报模式，积极尝试不同的表达形式，如幽默风趣的叙述方式、情绪化的内容展现，以及短视频等新媒介的运用。这种多样化的内容表现形式将帮助他们更好地迎合年轻观众的喜好，使其内容更具吸引力和传播力。此外，播音主持人需要注重跨平台发展和多元化内容运营。与传统媒体的单一传播渠道不同，网红和自媒体人通常通过多种平台发布内容，以扩大受众覆盖面。播音主持人要在网红经济中找到竞争优势，就需要借助多个社交媒体平台的资源，形成全方位、多角度的传播布局。通过在不同平台间的互动和联动，播音主持人可以有效提升自身的曝光率，实现更高效的观众覆盖。同时，这种跨平台的发展也可以帮助播音主持人打造具有深度和广度的内容生态，为其在网红经济中赢得更广泛的影响力打下基础。

　　在构建职业竞争力的同时，播音主持人还需关注与观众的深度互动。网红和自媒体人凭借亲和力与观众建立起了紧密的联系，而传统播音主持人在面对新媒体时，通常保持一种距离感。这种距离感不利于与受众的情感连接，因此播音主持人需要主动拉近与观众的距离，适当减少"官方"色彩，更多地展示其个性和生活化的一面。通过互动增强观众的参与感，使观众感受到创作者的亲近和真实，从而提升内容的传播效果。随着观众的参与度和黏性增加，播音主持人可以在网红经济中获得更稳定的受众基础，为内容创作的持续发展提供支持。

　　在技术驱动的内容生态中，播音主持人还应积极应用新技术，以适应观众需求的快速变化。例如，数据分析和人工智能技术可以帮助他们更准确地了解受众的偏好和需求，从而优化内容创作的方向。通过数据驱动的创作和分发策略，播音主持人可以更精准地把握内容的输出节奏和话题热度，提升内容的时效性和相关性。此外，VR和AR技术的应用也为播音主持人提供了更丰富的内容展现方式，使他们的职业定位和内容生产更加多元化和个性化。借助这些技术，播音主持人可以在新媒体领域展现出更强的竞争力，并形成独具特色的创作风格。

　　播音主持人在网红经济中要想实现成功的职业定位，必须从传统的角色中脱颖而出，积极融入个性化、数据驱动和技术创新的内容创作方式。他们需要从传统的信息传递者转变为拥有个人品牌的内容创作者，从单一平台的播报者转变为多平台的运营者，从专业而距离感十足的传播者转变为观众身边的朋友。在这个快速发展的内容生态中，播音主持人只有通过多方面的突破与自我重塑，才能在网红经济中找到属于自己的定位，并在激烈的竞争中占据一席之地。

第四节　未来播音主持人的职业技能要求与挑战

一、未来职业技能的核心要求

未来职业技能的发展趋势揭示了许多行业对从业者提出了更新的、更加多样化的要求，播音主持行业也不例外。随着技术进步和传媒环境的变革，播音主持的从业者不仅要具备出色的表达能力和主持技巧，还需要在跨学科的视野中不断丰富和扩展自身的知识储备。数据分析和技术操作能力在未来将成为播音主持领域内不可或缺的核心技能。

数据分析能力的提升为播音主持人提供了全新的视角。在当今的数据驱动环境中，信息的生成和传播速度迅猛增长，传统的播音主持技巧已不足以应对快速变化的媒体需求。通过掌握数据分析的基本知识，播音主持人可以在内容策划和节目制作的过程中更为精准地把握受众需求，进一步提升节目质量。数据分析使播音主持人能够解读大量的观众数据，从而更加深入地了解目标受众的偏好和行为模式。基于对数据的理解，主持人可以有针对性地调整播音风格、话题选择及节目编排，最大限度地吸引并留住观众。此外，数据分析的能力还能帮助播音主持人在自我表现和市场定位上作出理性的决策。未来，数据分析将是播音主持人不可或缺的竞争优势之一，使他们能够在多变的市场中灵活应对受众的需求变化。

技术操作能力的提升也为未来的播音主持从业者提供了更多的机会和挑战。随着媒体技术的不断创新，传统的播音和主持方式已发生了巨大的改变。未来的媒体工作环境将更加注重多元化的技术应用，播音主持人需要利用不同的设备和软件，以实现更具创意和互动性的内容呈现。掌握音频编辑、视频剪辑和现场设备操作等技能，将为播音主持人提供独立完成多项任务的能力，进一步提升他们在媒体工作中的灵活性和自主性。通过熟练的技术操作，主持人不仅能够提升节目质量，还能快速适应不同的播出场景和形式。未来的播音主持工作不局限于传统的广播或电视，而是涵盖了直播、短视频、自媒体平台等多种新媒体形式。因此，熟练的技术操作能力将极大地提升播音主持人的职业适应性，确保他们能够在任何平台上都具备极高的内容创作和表达能力。

在这种背景下，播音主持人需要培养对前沿技术的敏锐感知。人工智能、VR和AR等新兴技术正在逐步渗透到媒体行业，未来的播音主持人将逐渐跨入数字化和虚拟化的领域。通过深入理解这些新技术，播音主持人可以探索全新的内容形式和互动方式，以增强观众的沉浸感和参与度。熟悉这些技术的操作原理和实际应用，将使主持人更好地适应数字化转型，并在不断创新的媒体环境中保持竞争优势。此外，这种对技术的掌握还将为播音主持人提供更丰富的表现力，使他们的节目内容更具动态性和科技感。在一个以技术为核心驱动力的媒体生态中，播音主持人员的职业发展将日益依赖他们对新技术的接受和运用程度。

播音主持人在未来还需具备跨学科的协作能力。随着传媒行业的融合趋势日益增强，不同领域之间的界限正在逐渐模糊。播音主持人不仅要与技术人员合作，了解并使用最新的传播技术，还需要与内容策划人员、市场分析师及社交媒体管理者密切配合，以实现最优的内容呈现效果。这种跨学科的协作要求主持人具备一定的沟通和组织能力，并能够理解和整合来自不同领域的信息。未来的传媒内容将越来越依赖多学科的协同工作，播音主持人作为信息的传达者，不是单一的内容输出者，而是连接各个环节的重要桥梁。通过跨学科的合作，播音主持人能够将不同专业的观点和思维方式有效整合，丰富节目内容的深度和广度，从而在更高层次上满足观众的需求。此外，播音主持人还需要在数据隐私和媒体伦理方面具备更强的责任感。随着信息传播技术的进步，观众对于隐私保护和信息透明度的要求日益提高。播音主持人在面对敏感数据或涉及个人隐私的信息时，需具备相应的判断力和职业道德，确保信息传播的合法性和合规性。未来的播音主持人将被要求具备更高的伦理素养和责任意识，以应对信息时代中复杂的伦理问题。无论是在直播、采访还是内容制作中，主持人都需要自觉遵守媒体伦理原则，尊重受众的权利，确保信息传播的公正性和透明度。这种责任意识不仅是职业道德的体现，也是播音主持行业在公众心目中塑造专业形象的重要途径。

未来的播音主持人行业将是一个综合多元化技能的领域。在数据分析的支下，主持人可以更好地洞察受众需求；技术操作能力使他们能够灵活应对不同的播出平台和形式；对新兴技术的掌握为他们提供了更加广阔的内容创作空间；而跨学科的协作能力和对职业伦理的遵守则确保了其工作方式的专业性和可持续性。未来的播音主持行业将不仅仅依赖传统的语言表达和表现力，而是依托数据驱动、技术支持和多学科融合的综合技能。这些核心能力不仅能够帮助播音主持人适应未来传媒行业的转型，更能在竞争激烈的职业环境中脱颖而出，成为新媒体时代信息传递的中坚力量。

二、职业稳定性与替代风险

随着技术的飞速发展，各行业的职业生态正经历前所未有的变革，播音主持行业也不例外。在自动化、人工智能和数字化创新的驱动下，传统的播音主持工作面临显著的替代风险。伴随着算法技术的进步和智能系统的逐步普及，语言合成、NLP、情感分析等技术已能够在一定程度上替代播音主持工作的部分职能，削弱了该行业的职业稳定性。

人工智能和机器学习技术的发展使语音合成质量逐步提升，智能语音助手与语音生成技术已在多种场景中展现了强大的信息传达能力。基于数据驱动的生成式模型，不仅能够模拟人类声音，还能够通过大数据的分析使其适应不同场景的语言需求，提供了具有高度一致性和稳定性的播报服务。特别是在标准化程度较高的新闻播报、天气预报等领域，智能语音生成系统已被证明能够高效执行任务，能够以低成本提供不间断的播报服务，从而在传统的播音主持工作中逐步取代人工劳动力。这种自动化的进展使许多传统的播音主持人产生职业不安全感，并引发了对职业未来的担忧。然而，尽管技术替代风险日益加剧，播音主持人作为一个人文特质浓厚的职业，依然具有难以替代的独特性。播音主持工作不仅在于信息的传递，更重要的是能够以特定的语言艺术感染力、情感表达和人性化的互动方式，与观众建立情感共鸣。人类的语言表达和情感传达具有深厚的文化积淀和社会意义，其复杂性超出单纯的算法计算，难以被全然替代。在新闻报道中，播音主持人的情感反应、语言艺术的运用及与观众的互动能力都为观众提供了更为丰富的体验，而这些依然是当前技术难以全面复制的部分。因此，播音主持人的情感传递、个性化的表达能力依然是其职业的核心竞争力。

针对职业替代风险，播音主持行业需要采取灵活的应对策略，以保持行业的持久性和竞争力。提升自身的综合素养是应对职业替代风险的关键。随着技术的进步，单一的语言表达能力已不足以支撑播音主持人的核心竞争力。因此，播音主持人需要进一步拓展自己的技能体系，提升内容策划、编导创意、场景理解等能力，以形成多元化的知识结构和技能组合。在信息泛滥和碎片化阅读时代，观众对内容的原创性、深度和准确性的需求不断提升，播音主持人不再只是单纯的语言输出者，而是具备批判性思维的内容传递者。通过丰富的内容策划能力，播音主持人可以在节目中融入深层次的分析和更具洞察力的解读，赋予播报更高的价值，进而在观众心中形成独特的认同感和忠诚度。

与此同时，播音主持人还需积极适应并运用新技术，将技术与艺术相结合，以增强自身在信息传播中的影响力。掌握 VR、AR 等技术可以使播音主持人更好地适应新媒体环境，拓宽其在数字化传播中的应用场景。当前，VR 和 AR 技术的应用已逐渐普及，能够营造沉浸式的内容体验，进而提升观众的参与感和互动性。播音主持人在这一趋势中，若能融入这些技术手段并进行创新实践，不仅可以拓展自身的职业边界，还能够在新媒体环境中保持自身的独特价值，从而在技术替代的挑战中建立起更为稳固的职业地位。此外，播音主持人还应关注行业的整体发展方向，主动调整职业定位。随着媒体环境的变化，传统的播音主持人正在向多元化、跨界化转型。在社交媒体、自媒体等新兴媒体平台上，播音主持人可以通过灵活的内容创作及多元化的表达方式，进一步拉近与观众的距离，深化与受众的情感连接。这一过程中，播音主持人需要根据不同平台的特点调整内容呈现方式，以满足不同受众群体的需求。借助跨平台的内容创作和传播能力，播音主持人可以在新的传播生态中拓展职业空间，实现角色的多样化和功能的延展化，摆脱传统单一播者的定位。

另外，播音主持行业还可以探索并建立以人为核心的职业联盟，通过集体的力量来应对技术替代带来的冲击。行业内的联合可以促进从业者之间的合作与交流，构建更加紧密的职业网络，从而在面对外部竞争时具有更强的抵御能力。依托职业联盟或工会，播音主持人可以为自己争取更多的培训机会、资源及政策支持，以增强行业整体的竞争力。此外，行业联盟可以推动出台相关行业标准和规范，为播音主持人的从业环境提供更为稳定的制度保障，进一步降低被技术替代的风险。

尽管技术发展带来了播音主持人的职业替代风险，但播音主持人作为一种蕴含深厚文化价值的职业，依然具备不可替代的特质。通过提升多元化能力、灵活运用新技术、跨平台适应发展及行业联盟的支持，播音主持人可以在激烈的竞争中保持其职业的独特性和稳定性。面对未来的不确定性，播音主持人应当以开放和积极的态度迎接变化，不断调整自身以适应技术变革带来的新挑战，在不断变化的传播生态中稳步前行。

三、国际化视野与多语言能力

在全球化的不断推进中，播音主持行业正面临前所未有的机遇与挑战。随着国际化视野的扩展和多语言沟通需求的增加，播音主持人不仅需要具备流利的表达能力，还必须具备深厚的跨文化素养和强大的多语言沟通能力。全球化促使信息交流的范围扩大，文化与价值观念的碰撞更激烈，播音主持人因此需要具备更强的语言适应性和文化包容度，以满足国际传播需求和多元文化交流的要求。播音主持人不仅要熟练掌握多种语言，更需懂得如何在不同文化背景中保持沟通的高效性和流畅性，从而增加其职业生涯的广度与深度。

多语言能力在播音主持人职业发展中扮演了不可或缺的角色，尤其在国际媒体和跨国合作日益增多的背景下，这种能力愈发重要。播音主持人若具备多语言能力，不仅能提高信息传达的准确性和广泛性，还能增强信息内容的可信度和亲和力，从而扩大受众范围，实现国际信息传播的有效性。语言不仅是信息传递的工具，更是文化与情感的载体，播音主持人通过多语言表达，能够跨越语言障碍，直接与不同文化背景的受众进行有效互动。这种语言能力并非单纯的翻译能力，而是通过深层的文化理解和语境把握，使沟通具有自然的连贯性和真实性，从而在多元文化中获得认可和尊重。

国际化视野的拓展不仅体现在语言能力的提升上，还要求播音主持人具备敏锐的文化适应性。文化适应性指个体在多元文化背景中，能够尊重、理解并融入不同文化氛围的能力。播音主持人不仅是信息的传递者，还是文化的传播者，因此具备文化适应性至关重要。通过对不同文化的深刻理解和尊重，播音主持人能够在多样的文化语境中找到合适的表达方式，使其信息传递更具包容性和灵活性。这种能力不仅使他们能够与来自不同文化背景的观众建立更深层次的沟通，还能在国际舞台上展现出开放、尊重和包容的形象。文化适应性使播音主持人能够以更加开放的心态去接触新的思想和观念，从而在国际化环境中游刃有余，适应迅速变化的全球传播格局。在多语言和文化适应性的加持下，播音主持人不仅可以为自身职业发展开辟更多可能，还可以更深入地影响国际观众的认知，进而增强国际传播的影响力。通过对不同语言的灵活运用，播音主持人能够增强信息表达的丰富性和多样性，使信息内容更贴近不同语言文化背景受众的需求。多语言能力不仅体现在流利表达上，更在于对语言背后文化内涵的准确把握。播音主持人若能在节目内容中结合特定语言文化的细微差异，能够有效避免因文化误解或语言偏差导致的信息扭曲或误解，从而增强跨文化交流的效果。这种对细节的把握不仅提升了节目内容的质量，也彰显了播音主持人的专业素养，使其在国际传播中更具竞争力。

全球化背景下，跨文化传播的需求急剧增加，这要求播音主持人不仅要能适应不同语言的表达方式，还需具备深刻的文化洞察力。播音主持人应当具备一定的文化敏感度，以便在面对不同文化的受众时，能够迅速调整自身的表达方式，使之与受众的文化习惯和心理预期相符合。文化洞察力的培养需要播音主持人不断积累多元文化的知识，并在实践中进行总结与反思，从而形成对不同文化的深层理解。这种理解使播音主持人不仅停留在表面化的语言表达，而是能够在跨文化沟通中更加游刃有余，实现内容的真正传达与情感的有效沟通。

在职业拓展方面，多语言能力和文化适应性为播音主持人提供了广阔的发展空间。随着全球媒体平台的多样化，国际观众对节目内容的需求日益多元化，这为具备国际化视野的播音主持人提供了更多展示才华的机会。在这一趋势下，播音主持人不仅可以通过掌握多种语言进入更广泛的国际市场，还能通过适应不同文化的传播需求在全球媒体环境中获取更高的认可度。这种国际化视野不仅使播音主持人获得在全球范围内自由迁移的可能性，也为其职业发展提供了更多选择和方向。通过不断拓展国际化视野，播音主持人能够持续保持对全球传媒趋势的敏锐度，使自己在激烈的全球竞争中立于不败之地。

在提升自身多语言能力与文化适应性的过程中，播音主持人需要不断更新自身知识结构，并通过参与跨文化交流活动深化对不同语言和文化的理解。这不仅有助于语言水平的提升，还能积累宝贵的跨文化沟通经验，增强自身的职业竞争力。在全球化进程加速的当下，播音主持人行业的国际化需求必将进一步增加，因此播音主持人应当积极适应并掌握多语言和多文化交流的技能，以便在未来的职业生涯中占据更加有利的位置。

第十一章　新媒体环境下的播音主持人教育与培训

人才培养是行业持续发展的关键。本章将探讨新媒体环境下播音主持人才培养的新需求与趋势，介绍线上和线下教育的结合与实践，提出数字时代播音主持人技能提升与适应的策略，强调播音主持人的职业素养与专业规范，为教育和培训提供指导。

第一节　播音主持人才培养的新需求与趋势

一、多元化技能的掌握

在多媒体融合时代，播音主持行业正经历着深刻的变革，这一变革要求从业者具备更加多元化的技能。传统的播音主持人通常专注于口语表达和镜头前的表现力，但随着数字技术的普及和信息传播的多样化，单一的技能已无法满足现代传媒的需求。从网络直播到短视频平台，从传统广播电视到自媒体内容创作，传播形式的丰富性要求播音主持人具备更加广泛的综合素质，以适应复杂多变的传播环境。这种需求不仅涉及技术手段的运用，还涵盖了多维度的媒介素养、内容策划能力和跨平台的适应能力。无论是传统媒体的播音主持人，还是新媒体平台的内容创作者，都需要打破原有的知识边界，积极适应技术驱动的传播趋势。

在多媒体融合的语境下，播音主持人面临着专业领域的扩展。单纯依赖标准化的语言技巧已无法满足观众和用户的期待，他们更渴望一种个性化和互动性的体验。因此，播音主持人需要掌握新的传播技术，如视频剪辑、声音处理、影像编排等，以适应不同平台和受众的要求。同时，播音主持人需要对内容的生产和运营有更深层次的理解，而不仅仅是信息的输出。内容的策划、制作和传播需要具备全方位的知识，以确保所传递的信息具有吸引力和传播力。这样一来，播音主持人必须在语言表达、视觉表现和技术操作之间找到平衡，以形成一个系统化的能力架构。

多媒体融合对播音主持人的技能需求不再局限于传统的"声、画"表现能力，还延伸至数据分析和用户互动。当前，受众可以随时随地获取信息，而不再依赖固定的播出时段和场景。因此，播音主持人不仅需要创造内容，还需了解受众的喜好和习惯，利用数据分析手段反馈和调整内容。这种能力的提升，不仅关乎内容的质量，也影响到传播效果和用户的黏性。在这个过程中，数据成为内容优化和受众互动的重要支撑，播音主持人需要从数据中获得洞察，以便更好地进行内容策划和效果预测。

随着多媒体技术的发展，播音主持人还需要增强对新兴技术的敏锐度，具备灵活应用的能力。人工智能和 VR 等技术逐渐被应用于传媒领域，播音主持人若能够熟练掌握这些技术，将在内容生产中占据先机。例如，通过人工智能技术进行语音识别和内容推荐，大幅提升节目制作的效率和精确性。这就要求播音主持人不仅要有媒体专业知识，还要具备一定的技术知识储备，能够理解和应用前沿的技术手段，以便提升传播的效果和效率。

在多媒体融合环境中，播音主持人需要具备一种系统的媒介素养，这不仅涉及对传统媒体的理解，还包括对新媒体技术的掌握。媒介素养是一种对传播媒介的批判性理解和应用能力，播音主持人需要在快速变动的传媒生态中保持敏锐，准确解读传播趋势，并对不同平台的特性和传播方式有全面的认知。只有在深刻理解媒介特性的基础上，播音主持人才能更好地定位自身的角色，找到最佳的传播路径，并通过内容创新与媒介融合不断拓展其职业生涯的可能性。

除了媒介素养，播音主持人还应具备高度的跨文化沟通能力。多媒体融合打破了地域和语言的限制，不同文化背景的受众聚集在同一平台，对内容提出了更高的文化包容性要求。播音主持人需要了解和尊重不同文化的习俗和价值观，以便在内容中体现出包容性和多样性，增强内容的国际化传播力。这不仅有助于提升内容的影响力，也能够在多元文化的语境中更好地实现传播效果的最大化。

在适应多媒体融合的过程中，播音主持人还应具备自我品牌管理的能力。随着自媒体的兴起，个人品牌的构建变得至关重要。播音主持人作为媒体形象的代表，不再仅仅依赖媒体机构的身份，而是能够通过个人的形象塑造和自我表达来吸引和巩固受众。通过精心策划和有策略的运营，播音主持人可以利用各类平台提升自身的知名度和影响力。个人品牌的建设不仅要求播音主持人有较强的自我管理能力，还需要具备长期规划的意识，以确保自身形象的持久性和吸引力。

播音主持人的综合技能还包括应对突发事件和舆论危机的能力。在信息快速传播的时代，负面新闻和不良信息容易在短时间内迅速发酵，对播音主持人的媒体形象造成冲击。应对这些危机，需要播音主持人具备冷静判断、快速反应的能力，同时能够借助团队和资源有效化解潜在的舆论风险。危机处理不仅保护个人声誉，更是对职业素养的考验，能够展现播音主持人应对复杂局面的成熟度和专业性。

二、跨学科知识的整合

在新媒体时代，技术的迅猛发展推动了信息传播的多元化，也使信息交流变得更加频繁、快捷和多样化。播音主持人作为信息传递的重要媒介，已经不再是单一的内容传递者，而逐渐演变为知识的集成者、文化的传播者及多领域信息的整合者。面对这种形势，播音主持人的知识结构必须得到扩展，尤其是在跨学科知识的整合方面，以适应不断变化的媒介环境和观众的多元需求。

播音主持人在新媒体背景下不仅需要具备传统的播音技巧和语言表达能力，还必须熟悉相关技术手段和传播平台的运作机制。新媒体环境中的内容发布往往依赖复杂的技术平台，理解这些平台的运作模式和传播特点，将使播音主持人能够更有效地开展工作。无论是短视频、直播还是社交媒体，播音主持人都需要了解其传播算法、用户行为分析等知识，以便更精准地把握传播内容的呈现方式和时间节点，从而有效增加受众的参与度和互动性。

在此基础上，播音主持人应当具备基本的新闻素养和媒介批判能力。新媒体的信息传播快速而广泛，其信息来源和质量往往参差不齐，甚至可能带有误导性。

播音主持人要能够识别信息的真实性和可信度，具备一定的新闻鉴别和分析能力，从而在信息传播过程中避免偏向性和片面性。这要求播音主持人具备新闻学和传播学的基础知识，能够理性判断信息的价值和影响，确保传播内容的公正、客观和准确性。

除了技术和新闻素养，播音主持人还需要拥有较为广泛的社会科学知识。随着新媒体平台上信息种类的增加，受众对内容的需求也更加多元化。播音主持人面对的传播内容涉及政治、经济、文化等多个领域，尤其是在全球化背景下，这些信息往往带有明显的跨文化特征。因此，具备社会学、政治学、经济学等多领域的知识背景，可以帮助播音主持人更好地理解并传递这些信息。对于一些具有复杂社会背景的事件和话题，播音主持人不仅要传达表面的信息，还需要在一定程度上提供背景知识和社会意义的解读，使受众能够更全面地理解信息的深层次含义。

同时，随着新媒体逐渐与人工智能、数据分析等高科技手段的融合，播音主持人还需要具备基本的数据分析能力。新媒体内容的传播效果往往可以通过数据的反馈和分析得出，而这些数据不是简单的流量或阅读量，还包含了复杂的用户画像、观看习惯、偏好分析等多种信息。通过对这些数据的分析，播音主持人可以更加精准地了解受众的兴趣和需求，进而调整内容的表达方式和传播策略，以提升内容的吸引力和用户黏性。这就要求播音主持人具备一定的数据分析工具的使用能力，能够理解和分析基本的统计结果，为内容的优化提供科学依据。此外，心理学知识对于播音主持人来说也是不可或缺的。新媒体的互动性和即时性使播音主持人经常需要直接面对观众的反馈甚至是质疑，如何应对来自不同受众的情绪、意见和评价，如何在互动中保持积极、平和的心态，都与心理学的基本原理密切相关。通过掌握心理学知识，播音主持人可以更好地理解观众的需求和反馈，以同理心与观众建立更紧密的联系，从而提高传播效果和观众的满意度。

在跨学科知识的整合中，文化素养和跨文化理解能力也尤为重要。在新媒体的全球化发展趋势下，不同文化背景的受众通过各种平台获取信息并进行交流，播音主持人需要具有包容、多元的文化视角。文化素养的提升不仅可以帮助播音主持人有效避免在传播过程中出现的文化冲突,还能提升内容的丰富性和包容性,增强其在不同文化群体中的传播效果。文化素养的培养需要通过对不同文化的历史、习俗、价值观的理解与尊重,来构建一种和谐的传播环境,使信息的传递不仅是单向的输出,更是双向的文化交流。因此,新媒体背景对播音主持人的知识结构提出了更高的要求。播音主持人必须成为多学科知识的整合者,将新闻学、传播学、社会科学、数据分析、心理学及文化素养等知识有机地结合在一起,从而应对复杂多变的传播环境,并满足受众对内容的多元化需求。这种跨学科知识的整合不仅有助于提升播音主持人的职业素养,还能够推动整个媒体行业的专业化发展,增强信息传播的深度与广度。

三、创新能力与灵活适应能力的结合

对创新能力与灵活适应能力的探讨源于当今信息快速更新与迭代的社会需求,尤其是在高度动态的媒体环境中,更加凸显个体创新思维的价值。现代社会充满了瞬息万变的信息流动,科技的飞速进步和数字化的普及,使知识和信息的更新周期大幅缩短。在此种情境下,只有具备创新思维和灵活应对变化的能力,才能在复杂多变的环境中立于不败之地。创新思维不仅是打破常规的创造性探索,还包括对已有资源的重新组合和优化运用,从而应对新挑战,并找到在瞬息万变的环境中持续发展的路径。

在这个日益复杂的媒体环境中,创新能力的关键在于不断拓宽视野,从新的视角分析问题,寻找解决方案。在创新过程中,打破思维定式尤为重要,因为固有的思维模式常常是创新的障碍。只有在对传统模式进行挑战的过程中,人们才可能产生新的洞见,进而推动创新的进程。同时,创新能力的培养不仅关乎创意的产生,更在于能够系统地将这些创意转化为可行的解决方案,能够使之具备实际应用的价值。这需要多维度思考和评估,以及灵活应对环境中的各种变化因素。无论是技术创新、产品创新,还是管理创新,其核心都在于能够对既有模式进行优化改良,并将新的思路付诸实践。

灵活适应能力同样是创新思维的重要组成部分,它体现了个体在面临外部变化时快速调整自身的能力。在媒体环境中,各类新技术的涌现和社会需求的变化频繁而迅速，这对从业者的适应能力提出了较高的要求。灵活适应并不是被动接受，而是积极调整，通过这种主动调整来应对变化的环境，实现自身和环境的和谐发展。在此过程中，灵活适应能力表现为一种对变化的敏锐洞察力，能够在变化中抓住机遇，并通过合理的策略和方法快速作出反应。这种能力的背后是一种对环境变化的敏感性和应变思维的迅速形成，它使个体或组织能够在瞬息万变的环境中及时应对，从而保持竞争力。此外，创新能力与灵活适应能力的培养往往是相辅相成的。创新需要一个灵活的心态，只有不断适应新的环境，才能产生真正满足时代需求的创新成果。同时，灵活适应需要创新作为支撑，因为在变化的环境中简单地适应并不能使个体或组织获得长远的发展优势，唯有创新，才能在适应变化的同时，引领变化。因此，培养创新思维和灵活适应能力，是在为个体或组织创造新的可能性，让他们在应对快速变化的媒体环境时，始终保持开放的心态和前瞻的视角。

创新思维的本质是一种超越现有框架的思考方式，它推动个体在快速变化的环境中不断探索新的可能性。在此过程中，灵活适应能力使创新思维不仅停留在抽象的构想层面，而是能够在实际中加以运用和检验。尤其是在媒体环境中，创新能力和灵活适应能力并不仅仅局限于某一方面的具体技能，而是涵盖了整个工作思路和执行过程。创新思维促使人们在既有知识基础上不断更新认知，推动自我进步，而灵活适应力则使个体能够迅速吸收和运用新知识，形成知识与实际工作的良性循环。

在快速变化的媒体环境中，创新能力与灵活适应能力已然成为不可或缺的核心竞争力。创新能力帮助人们以开阔的视野和前瞻的思维去发现和解决问题，灵活适应能力则确保了创新成果能够适应环境的变化，并能够在新的情境中发挥作用。这两种能力的结合，使个体和组织能够不断追求卓越，不断在变化中求得突破与进步，进而在复杂多变的媒体环境中，始终保持活力和竞争优势。

第二节　线上和线下教育的结合与实践

一、混合教学模式的构建

在播音主持教育中，混合教学模式的构建是现代教育发展的重要创新。线上与线下教学的结合，可以有效整合两种教学模式的优势，实现教学资源的优化配置，提升学生的学习体验和教学效果。传统的课堂教学具有面对面的互动优势，能够使师生在同一空间中直接交流，便于教师及时掌握学生的学习状态，并根据实际情况调整教学内容与方法。而线上教学则具有灵活性、丰富性和广泛性，不受时空限制，可以为学生提供多样化的学习资源，使其在课后能够进行个性化的深度学习。两者的融合不仅能突破传统教学的限制，还能满足新时代播音主持人专业教学的需求。

在构建播音主持教育的混合教学模式时，首先需要充分利用线上教学的技术手段。多媒体技术与网络平台可以实现教学资源的广泛传播，让学生在课外也能随时接触到专业知识。这种教学方式不仅可以提供海量的信息资源，还能够通过视频、音频、图片等形式，让学生更直观地理解和掌握课程内容。同时，网络平台还具备智能化的管理和监控功能，能记录学生的学习轨迹，并通过数据分析，帮助教师及时掌握学生的学习进展与难点，从而更好地调整教学策略。

线上教学还可以增强学生的自主学习能力。播音主持专业的学习需要学生具备较强的语言表达能力和舞台表现力，而这些能力的培养不仅依赖于课堂上的教学，更需要学生反复练习和自我提升。通过线上资源的辅助，学生可以随时随地进行自我学习和训练，不断完善自己的语言表达技巧和知识储备。而线上课程还可以打破课堂的时间限制，使学生能够根据自身需求反复观看和学习，逐步掌握课程中的重点和难点。这种灵活的学习模式不仅提升了学生的学习效率，还培养了他们的独立思考和自我管理能力。然而，线上教学的优势无法完全替代线下教学在播音主持专业中的地位。播音主持教育需要学生在真实的场景中进行练习和互动，特别是在语言表达、语音控制和现场表现方面，线下教学能够更好地为学生提供真实的学习体验。通过面对面的沟通，教师能够更清晰地感受到学生的情感表达和语言表达的微妙之处，从而及时给予反馈与指导。此外，线下教学还能够帮助学生在集体互动中培养团队协作精神，增强他们的舞台表现力和适应能力。这种现场互动和情景教学的方式，对于培养播音主持专业的学生而言，具有不可替代的作用。

在混合教学模式的构建中，线上与线下教学的有机结合可以产生强大的协同效应，弥补单一教学模式的不足，发挥更全面的教学效果。在混合模式下，线上教学可以承担知识传授和技能训练的基础部分，让学生能够在课外掌握必要的理论知识与基础技能，而线下教学则可以作为实践的延伸和巩固，通过面对面的指导帮助学生掌握更深层次的技能和实战经验。线上与线下教学的相互补充，使学生在课内外的学习能够形成一个完整的闭环，促进学生对知识的深入理解和应用能力的提升。

在混合教学模式下，教师的角色也发生了转变。教师不仅是课堂上的知识传授者，更是线上学习的引导者和线下教学的组织者。通过线上教学平台，教师可以更加灵活地设计课程内容和教学流程，根据学生的学习进度和反馈调整教学计划。同时，教师可以通过线上教学平台布置作业和开展测试，以便及时评估学生的学习成果和不足之处。在线下教学中，教师则需要更加注重个性化的辅导和互动，帮助学生解决在实践中遇到的问题，使他们能够在实操训练中不断提高。此外，教师还需要具备较强的信息技术应用能力，以便更好地利用线上平台的资源和工具，为学生提供更为丰富的学习体验。

播音主持人教育中的混合教学模式不仅为学生的学习提供了更多的可能性，也给教学评估带来了新的挑战。在传统的教学评估中，学生的学习成果主要依赖于期末考试等单一的评价方式，难以全面反映学生的实际能力。而在混合教学模式下，教师可以通过线上平台获得学生的学习数据，及时掌握他们的学习进度和表现，从而采用多元化的评价方式，例如平时表现、作业完成情况、课堂参与度等，使教学评估更加全面、客观和科学。这样的评价体系可以更好地激励学生的学习积极性，引导他们在学习过程中不断进步和完善自我。

二、远程技术与互动平台的使用

随着科技的迅猛发展，远程技术与互动平台的广泛使用彻底改变了教育的方式，使线上教育成为现代教学体系中的重要组成部分。线上教育工具的不断优化和创新，为教师和学生提供了丰富的资源和灵活的学习方式，打破了传统课堂的空间与时间限制，为教育的广泛普及提供了可能性。远程技术与互动平台的结合不仅提高了教学效率，还显著提升了学生的学习效果。在此背景下，深入探讨线上教育工具的应用方式及其在提升学习效果方面的积极作用，具有重要的现实意义。

远程技术通过视频会议、实时沟通、文件共享等功能，将教师和学生无缝连接在一起，形成了一个没有实体空间限制的虚拟课堂。教师可以通过直播授课或预录视频的方式实现教学内容的实时传递，使学生能够更方便地接触到丰富的知识资源。同时，这种线上学习模式使学生能够根据自己的时间安排和学习进度进行自主学习，充分发挥了在线学习的灵活性优势。远程技术有效地提升了教育的可及性，特别是对于那些处于偏远地区、无法方便到达传统课堂的学生而言，更是为他们提供了宝贵的学习机会。在线教育工具使师生之间的沟通更加便捷，不再受限于地理距离，这种"即时性"的交流形式显著增加了教学互动的频率，使学生能够在遇到问题时及时获得帮助，提高了学习效果。

互动平台则通过多种多样的交互方式激发学生的学习兴趣，增强了学生对课程内容的参与感。线上教育工具的一个显著特点是可以实时追踪学生的学习进度和学习效果，使教师能够根据学生的需求灵活调整教学策略，实施个性化的教育方案。互动平台不仅促进了学生与教师之间的沟通，也加强了学生与学生之间的协作。小组讨论、在线论坛、实时问答等功能，为学生之间的交流提供了丰富的渠道，学生能够在探讨中加深对课程内容的理解。这种协作式学习模式有助于培养学生的团队合作能力和批判性思维，增强了学习的深度和广度。同时，通过互动平台提供的即时反馈系统，学生可以及时了解自己的学习效果，发现不足并进行改进，进而实现学习效果的稳步提升。

远程技术与互动平台在提升学习效果方面的另一个关键优势在于其提供了多

样化的资源和工具，使学生的学习过程更加全面和深入。教师可以利用线上教育平台上传丰富的学习资源，包括视频、音频、图像、文档等多种形式，为学生提供多元的学习材料，使学习不再局限于单一的教材或课堂讲解。通过线上教育工具，学生可以轻松获取优质的教育资源，拓宽知识的广度和深度，进一步增强学习的效果。此外，互动平台还提供了模拟实验、虚拟实验室、数据分析工具等丰富的功能，学生可以亲自参与到实验和数据处理的过程中。这种自主探究式的学习体验能够加深学生对所学内容的理解，帮助他们更好地掌握知识，提升实际操作能力和解决问题的能力。此外，线上教育工具的使用提升了学生学习的自主性和主动性，为其提供了一个相对自由的学习环境。在传统的课堂教学中，教师占据了主导地位，学生的学习内容和节奏通常由教师决定。然而，远程技术与互动平台使学生可以在教师的引导下自主选择学习内容和方式，根据自己的学习需求和兴趣制订个性化的学习计划。这种自主学习的模式不仅提高了学习的灵活性，也培养了学生的自我管理能力。学生在远程学习的过程中，需要主动安排学习时间、管理学习进度和完成任务，这种自我管理的能力对于其未来的发展具有深远的影响。同时，线上教育工具的实时数据分析功能可以帮助学生了解自己的学习进展，从而在需要时作出调整，不断优化学习策略，以达到更好的学习效果。

尽管远程技术与互动平台在提升学习效果方面展现了诸多优势，但其实施和应用仍面临一定的挑战。要实现线上教育工具的最佳效果，需要充分考虑学生的学习习惯、技术水平及互联网接入条件等因素。线上教育需要教师具备较强的技术应用能力，以便有效利用各类线上工具实现教学目标。此外，线上教育平台的稳定性和互动功能的完善性对于学习效果的提升也至关重要。因此，学校和教育机构在推广线上教育工具的过程中，需加大对师生的培训和技术支持，为线上教育提供必要的保障。

在现代教育发展的大背景下，远程技术和互动平台作为线上教育的核心工具，有力推动了教育的创新和进步。通过合理的应用，这些工具不仅拓宽了教育的覆盖面，也显著提升了学生的学习效果。远程技术的即时性和互动平台的多样性，使线上教育具备了传统课堂难以实现的优势。在未来的发展中，随着技术的不断进步，线上教育工具的应用必将更加广泛，在提升学习效果方面的潜力也将得到更充分的发挥。这一趋势不仅推动了教育行业的数字化转型，也为学生的全面发展提供了更丰富的资源和更广阔的空间。

第三节　数字时代播音主持人的技能提升与适应

一、技术工具的掌握与应用

在现代工作环境中，数字化技术的应用已逐渐渗透到各个领域，不断推动着行业的革新。掌握并运用新兴数字化工具，不仅可以提升工作效率，更能够优化工作流程、提高成果质量。自动化播音和音视频编辑软件等技术工具的运用，为各行各业的人才提供了丰富的选择，使任务完成更加高效且具有创造力。对这些工具的掌握和合理应用，不仅是适应新兴技术环境的需求，更是增强自身核心竞争力的有效途径。

自动化播音技术的应用在当代媒体和通信领域中具有广阔的前景。这类技术通过语音合成、智能生成等手段，能够模拟人声，生成各种场景下的语音内容。传统的播音工作需要专人录制，过程冗长且可能产生误差。自动化播音技术的出现，彻底改变了这种状况，简化了流程，并且显著提高了生产效率。通过这种技术，可以自动生成不同语速、语调、音色的声音，以适应不同需求。在企业宣传、在线教育、客服支持等领域，自动化播音技术发挥着日益重要的作用。其不仅能够降低人力成本，节省录制时间，还能根据需求提供定制化语音服务。掌握这项技术并合理应用于工作中，能够帮助播音主持从业者更好地进行内容传播，增强信息传递的准确性和及时性。

音视频编辑软件的应用则为内容制作提供了强有力的支持。随着数字内容的需求迅速增加，音视频编辑软件的功能愈加多样和强大。这类软件可以帮助播音主持从业者进行剪辑、合成、特效处理等操作，使视频内容更加生动和引人入胜。通过视频的剪辑与制作，不同类型的内容可以被整合为一体，传递多维度的信息，为观众带来更加沉浸的体验。掌握音视频编辑技术，意味着能够灵活使用时间线、特效、滤镜、过渡等工具，通过叙事和画面设计提高视频的吸引力。通过音频的编辑，播音主持从业者可以添加背景音乐、增强语音效果、消除噪音，最终实现清晰流畅的视听体验。音视频编辑技术不仅是一项技能，更是将创意转化为现实的重要工具。在这个过程中，利用软件实现画面的无缝切换、内容的流畅衔接、视觉效果的增强，使每一个细节都能够有效地配合整体内容，达到完美呈现。

除此之外，掌握并熟练使用这些数字化技术工具，能够让工作人员在创作过程中拥有更多的控制权和自主性。在自动化播音技术的支持下，语音的定制化处理能力得以提高，可以根据需求对语言风格、语音语调等进行细致调整，确保信息传达更为个性化和精确化。通过音视频编辑软件，制作者可以实现多种素材的整合与优化，进而制作满足特定观众偏好的内容。现代数字化技术工具的丰富功能，赋予播音主持从业者创新和自由发挥的空间，为内容生产的多样化提供了可能性。在这种背景下，掌握这些技术工具，能使内容创作人员更好地表达创意、突出独特风格，增强作品的竞争力和市场吸引力。

在当今竞争激烈的职场环境中，掌握数字化工具的应用，不仅是适应新兴技术趋势的表现，更是成为一名高效从业者的基本素质。现代技术工具的不断发展，使工作内容呈现出高度的复杂性和多样性。在这种背景下，技术工具的运用不仅是完成任务的手段，还是个人专业水平的体现。只有通过持续不断的学习与实践，才能够真正将这些技术工具融入日常工作之中，发挥其最大效能。

二、新媒体语境下的表达与互动

在新媒体语境中，信息的传播速度和互动的频繁程度已超越传统媒体的限制，呈现出即时化、碎片化和高频化的特点。随着数字技术的迅猛发展，信息的传递不再依赖固定的时间和空间限制，而是借助互联网平台的便捷性，实现了 24 小时无间断的信息传播。这种快速传播的特性极大地改变了人们的沟通方式，也给表达和互动带来了新的挑战与机遇。要适应这种新的传播环境，必须重新理解和调整表达方式，满足受众对即时互动的需求，以建立更具吸引力和参与感的交流关系。

新媒体时代的信息传播讲求速度和时效性，信息必须快速传递至受众面前，才能在信息过载的环境中吸引他们的注意力。要实现这一点，表达方式的简洁性和直接性尤为重要，内容必须直击要点，迅速满足受众的需求。信息内容的形式变得愈加多样，以适应不同受众的兴趣和理解水平。简洁的文字、精炼的图片、图表、动画、短视频等多样化的表达形式成为常态，让受众在最短的时间内获取有效信息。要在这种环境中有效表达，需利用多元媒介工具，通过视听的结合和形式的创新来增加信息的直观性、吸引力和传递效率。

新媒体的另一个显著特点是碎片化传播。新媒体平台的信息发布没有严格的逻辑顺序或连续性，受众可以选择获取感兴趣的内容，忽略其他信息。在这种背景下，表达方式的设计不再需要追求严密的结构或完整的逻辑，而是要注重每一个信息单元的独立性和吸引力。内容的层次化和模块化可以使信息在短时间内吸引受众的注意，开放性让受众可以根据兴趣自主选择并深入了解内容的特定部分。通过将复杂信息分解为若干个具有独立意义的小单元，不仅可能提高受众的获取效率，也能够使信息更具灵活性，从而有效适应新媒体环境中碎片化传播的特性。

互动需求的增加是新媒体表达的另一个重要方面。在新媒体平台上，信息传递不再是单向的，而是通过点赞、评论、分享等互动方式形成了多向的交流结构。这种互动机制不仅让受众在内容中找到了参与感，也为内容创作者提供了即时的反馈。要适应这一需求，内容的表达方式需要有一定的开放性和包容性，以使受众可以参与讨论，发表观点或提出疑问，构建一种更加平等、开放的互动氛围。表达的内容可以通过引导性的问题或互动式的设计鼓励受众参与讨论，让互动变得更加自然。这样的双向交流机制增强了受众的归属感，同时也为创作者提供了更精准的反馈，便于内容的优化与调整。

为了进一步满足互动需求，还需借助智能推荐技术和数据分析工具，实现更具个性化的表达方式。新媒体平台通过对用户行为数据的分析，能够识别受众的兴趣偏好，并将其个性化需求与内容精准匹配。这种个性化的信息推送在信息传播中起到了重要的作用，使信息的表达与传播更加精准，能够更有效地捕获受众的注意力。为适应这种变化，内容的设计不仅要具备普适性，还要有灵活的调整空间，以满足不同受众的需求。这种个性化的传播模式不仅提升了信息传递的效率，也在无形中增强了用户对内容的依赖与信任。

新媒体环境中的互动需求还体现在信息的即时更新和动态管理上。在传统媒体中，信息的发布往往具有滞后性，而新媒体平台则可以实现内容的快速迭代。受众的反馈可以实时反映在内容的更新中，使内容更加贴合受众的兴趣。信息的即时更新不但提升了受众的黏性，还为内容的多层次表达提供了可能。在这种背景下，表达需要具备灵活性和适应性，可以根据外界环境的变化进行快速调整，以保持内容的时效性和相关性。内容创作者可以在新媒体平台上根据最新的社会热点和事件动态调整表达的重点，从而保证信息内容始终贴近受众的关注焦点。

在适应新媒体环境的表达与互动中，不可忽视情感表达的重要性。在信息高度同质化的环境中，单纯的信息传递很难让受众产生情感共鸣，而情感化的表达则可以拉近内容与受众的距离。情感化的内容不仅可以通过生动的语言、故事性叙述或具有感染力的画面呈现，还可以通过内容设计上的细节传达关怀与理解，增强受众的代入感。情感表达有助于内容在受众心中产生更深刻的印象，提高内容的传播效果，也更容易促使受众产生互动的意愿。

第四节　播音主持人的职业素养与专业规范

一、职业道德与伦理要求

在新媒体环境的迅速发展之下，播音主持人的职业道德与伦理要求比以往任何时候都更加严格。作为信息传播的中介，他们肩负着引导公众舆论、维护社会秩序的责任。公正、客观地传递信息不仅是职业的基本要求，也是对社会道德和伦理的基本遵循。在信息流动高度快捷、内容复杂多样的新媒体环境中，播音主持人需要警惕过度主观的陈述与个人情感的掺杂，保持对信息的中立态度，以确保受众获取真实、全面的信息。这一职业伦理规范不仅保护了受众的知情权，也为社会的和谐稳定奠定了基础。

公正客观的信息传播有助于增强公众对媒体的信任。播音主持人身处一个特殊的职业环境之中，其工作依赖的核心是受众的信任。公众对播音主持人及其所在媒体的信任程度，往往直接决定了信息传播的效果。在新媒体环境中，社交平台的兴起和信息传播的分散性导致了受众信息来源的多样化，信息的快速更新与多渠道的交错传播更容易引发误导和偏见。这种情况下，播音主持人若缺乏公正客观的职业操守，极易引发公众对信息来源的质疑，甚至动摇他们对新闻报道和媒体的信任。因此，保持公正、客观的信息传播态度，不仅是对职业的尊重，更是对受众和整个社会负责。

在多元化的信息时代，播音主持人还需警惕信息传播的偏向性。随着各类内容平台的兴起，信息的传播不再局限于传统的广播电视，而是扩展到各类新媒体和社交网络。这些平台上的信息往往夹杂着不同立场和个人观点，信息传播的复杂性与瞬时性大大增加。在这种情况下，播音主持人不可避免地接触带有偏见或误导性的信息，若不能坚守公正的态度，可能会在不经意间引导公众舆论朝着片面的方向发展。为了避免这种情况，播音主持人必须具备高度的职业素养，保持冷静和理性，不轻易被情绪左右，确保传播的信息真实无误。否则，一旦舆论引导偏向，将可能引发公众的不满和社会的动荡。

公正、客观的态度也有助于提升播音主持人的职业形象。在信息爆炸的时代，播音主持人不仅是信息的传递者，更是公众形象的代表。他们的言行举止及在信息传播中的态度，都直接影响到其公众形象和专业声誉。一个能够始终保持公正、客观态度的播音主持人，会被视为有责任感和专业素养的人，能够有效提升其在行业中的地位和社会认可度。同时，作为公众人物，播音主持人还承担着模范示范作用，其行为对观众的影响尤为深远。若其在传播信息时失去客观性，甚至出现偏袒某一方或带有强烈个人色彩的情况，不仅会损害自身形象，也会对整个行业的信誉带来不良影响。保持信息传播的公正性和客观性，是其职业形象不可或缺的组成部分，有助于其长久发展和社会认可。

在新媒体环境中，信息传播的透明性与多样性使播音主持人面临的舆论压力空前增大。公众对信息的要求不再仅仅停留在内容的准确性上，还关注信息的发布过程和传播者的态度。播音主持人一旦在传播信息时出现偏袒，便极易受到公众的批评甚至抵制，影响传播效果和社会和谐。因此，保持公正、客观的传播态度不仅是对职业道德的遵循，也是自我保护的有效手段。通过这种方式，播音主持人能够在复杂多变的舆论环境中赢得公众的信任和支持，为信息的广泛传播创造良好的氛围。

在日趋激烈的信息竞争中，公正和客观的态度是播音主持人专业能力的体现。现代信息环境下，信息的生产与传播门槛大幅降低，各类自媒体、社交平台用户均可快速生成并传播信息，内容的良莠不齐加剧了社会对信息真实与否的疑虑。这种情境下，播音主持人作为专业的信息传播者，拥有更为深厚的知识背景和传播技巧，能够更好地筛选信息、判断真伪，以公正、客观的态度进行传播。相较于普通的信息传播者，播音主持人的职业素养决定了其在社会信息传播中的特殊地位，具有不可替代性。在信息传播过程中表现出公正客观，不仅体现了其专业水平，也是其对职业道德的承诺与坚守。

二、规范语言与发音标准

在多平台发布内容时，保持语言的清晰与标准对于传递准确的信息和塑造专业形象至关重要。语言规范和发音标准是确保信息有效传达的核心要素之一。这不仅需要清晰的表达，还涉及语言的一致性和标准化，以满足不同平台受众的需求和使用场景。

在信息快速传播的今天，内容在多个平台上的发布往往会面临不同的用户群体，且这些用户的理解能力、文化背景和语言水平不尽相同。因此，选择简洁、直观且准确的词汇来传达信息变得尤为重要。这需要确保句子结构简明、逻辑清晰，避免过于复杂的句式或晦涩难懂的词语。在文字表达上，语言的准确性、连贯性和逻辑性直接影响受众的理解效果。即便是在专业领域，也需要在精准表达的同时，尽量降低语言的复杂性和专业性，以避免误解和信息的模糊化。

保持语言的标准化同样关键，这不仅意味着运用符合特定语言的语法规则和表达习惯，还包括语言风格的统一。不同平台在内容发布的方式、格式和语言风格上可能有所差异，但保持语言的一致性和连贯性对提高品牌和个人形象的可信度具有重要作用。无论是在官方媒体、社交媒体还是短视频平台上，内容的语言风格应当尽量保持统一，以确保信息在不同平台上的延续性和辨识度。在这一过程中，统一的语言风格和一致的用词习惯可以帮助受众更快地识别和记住品牌形象，进而增强品牌的影响力。此外，发音的标准化是多平台传播中语音内容需要关注的重要方面。特别是对于涉及语音输出的内容，如视频、播客等，标准的发音能够提高内容的专业性，使听众获得更好的用户体验。标准化的发音不仅指单词的正确发音，也包括语调、语速和节奏的掌控。语调要尽量自然、亲切，避免刻意的夸张或过于平淡；语速要适中，以保证大多数人都能跟上内容的节奏。对于内容复杂的部分，可以适当放慢语速，给听众一定的时间消化信息；而在内容相对简单或重要性较弱的部分，可以稍微加快语速，以便保持听众的专注力。此外，语音平台的自动字幕生成功能虽然可以帮助听众更好地理解内容，但如果发音不标准，可能会导致自动生成的字幕出现错误，从而影响听众的理解。因此，在录制语音内容时，保证发音的准确性和流畅性是不可忽视的细节。

在多平台发布中，语言的规范和标准不仅影响受众的理解效果，也关乎内容的整体质量和传播效果。无论是文字还是语音内容，保持语言的清晰与标准既是一种专业素养的体现，也是对受众的尊重。在这一过程中，适时对内容进行复核和优化显得尤为必要。对于文字内容，发布前的审校可以帮助发现并纠正可能存在的语法错误、不恰当的用词或模糊的表述，从而确保内容质量的提升。语音内容则可以通过反复练习和必要的剪辑来提升音质和表达效果。针对不同平台的需求调整内容是必要的，但语言的清晰和规范应该始终作为底线和准则贯穿于内容创作的各个环节。

参考文献

[1] 左晶 . 新媒体时代新闻传播业的变革 [M]. 北京 : 知识产权出版社 ,2016.

[2] 杨奇光 . 历史上的 "新媒体" : 电子媒介影响下的近代中国新闻业 [M]. 北京 : 人民出版社 ,2023.

[3] 谢圣华 . 新媒体的新闻观 [M]. 北京 : 中国传媒大学出版社 ,2014.

[4] 袁敬舒 . 新媒体时代下的新闻传播创新模式 [J]. 新闻研究导刊 ,2015(5):57.

[5] 黄思瑶 . 新媒体时代下的新闻传播创新模式 [J]. 中文科技期刊数据库（文摘版）教育 ,2017(12):288-289.

[6] 蒋雨鉿 . 新媒体时代下的新闻传播创新模式 [J]. 中国高新区 ,2018(1):270.

[7] 樊静 . 新媒体时代下的新闻传播创新模式 [J]. 新闻研究导刊 ,2018(24):149.

[8] 曲贺 . 新媒体时代下的新闻传播创新模式 [J]. 电视指南 ,2017(21):123.

[9] 邵迪 . 新媒体环境下新闻传播方式的创新 [J]. 传播力研究 ,2024(3):46-48.

[10] 颜浩 . 新媒体时代下的新闻传播创新模式 [J]. 科技传播 ,2017(9):25-26.

[11] 高立 . 新媒体环境下新闻传播的模式创新 [J]. 新闻研究导刊 ,2020(2):254.

[12] 周志强 . 新媒体时代下的新闻传播创新模式分析 [J]. 新闻研究导刊 ,2017(9):169.

[13] 熊雨欣 . 新媒体时代下的新闻传播创新模式 [J]. 智富时代 ,2018(2):96.

[14] 李晗 .《新闻深一度》: 新媒体时代电视新闻评论节目的创新模式 [D]. 北京 : 北京大学 ,2011.

[15] 陈佳伟 . 新媒体环境下电视媒体发展问题与策略研究 [D]. 北京 : 中央民族大学 ,2014.

[16] 段雪琼 . 新媒体环境下的中国新闻专业主义研究 [D]. 上海 : 上海师范大学 ,2014.

[17] 隗辉 . 新媒体环境下我国广告产业的转型研究 [D]. 郑州 : 河南大学 ,2011.